# 先进制造企业
# 动态核心能力演化研究

冷 单 刘志军 司志强◎著

经济管理出版社
ECONOMY & MANAGEMENT PUBLISHING HOUSE

图书在版编目（CIP）数据

先进制造企业动态核心能力演化研究／冷单，刘志军，司志强著. —北京：经济管理出版社，2021.6

ISBN 978-7-5096-8063-6

Ⅰ.①先… Ⅱ.①冷… ②刘… ③司… Ⅲ.①制造工业—工业企业管理—研究—中国 Ⅳ.①F426.4

中国版本图书馆 CIP 数据核字（2021）第 115808 号

组稿编辑：张丽原
责任编辑：郭丽娟　陈艺莹
责任印制：张莉琼
责任校对：王淑卿

出版发行：经济管理出版社
　　　　　（北京市海淀区北蜂窝 8 号中雅大厦 A 座 11 层　100038）
网　　址：www. E-mp. com. cn
电　　话：（010）51915602
印　　刷：河北华商印刷有限公司
经　　销：新华书店
开　　本：720mm×1000mm /16
印　　张：13.75
字　　数：240 千字
版　　次：2021 年 6 月第 1 版　　2021 年 6 月第 1 次印刷
书　　号：ISBN 978-7-5096-8063-6
定　　价：68.00 元

# 前言
## PREFACE

我国虽然是制造业大国，但并非制造业强国。全球化经济形势的巨变、竞争的加剧、能源环境的制约以及劳动力成本低下等趋势都是制约我国制造业进一步发展的瓶颈。而全球战略咨询公司罗兰·贝格以及全球商业咨询机构 Alix Partners 的研究报告表明，中国制造业的低成本优势将不复存在，一些跨国公司正重新考虑在中国的发展战略。中国 2013～2015 年面临着来自发达国家和发展中国家的"双向挤压"。因此，作为制造业行业发展主体和强大支撑的先进制造企业必须寻求一种更为有效的突破瓶颈的方式，以求先进制造企业不受核心能力刚性的束缚，形成能够适应国际环境剧烈变化的动态核心能力。本书在结合演化经济学理论和动态核心能力理论的基础上，从先进制造企业入手，深入研究我国先进制造企业动态核心能力产生和演化的方式和规律，寻求我国先进制造企业保持可持续动态竞争优势的有效途径，对促进我国制造业行业提升现有优势、加快转型升级以及提高国际竞争力具有重要的现实意义和理论意义。

第一，本书首先基于先进制造业、演化经济学和动态核心能力的国内外的研究现状，界定了先进制造业的概念、基本内涵与特征、动态核心能力的内涵及本质属性；其次分析了先进制造企业动态核心能力演化的四个条件，主要包括开放性、非平衡性、涨落现象及非线性。

第二，本书在确定先进制造企业动态核心能力演化基本概念的基础上，首先对企业演化进行了惯例诠释，阐述了企业演化惯例的本质，主要包括企业演化的记忆、技巧与行事规则以及目标三方面内容；其次对先进制造企业动态核心能力的演化惯例进行描述，解释了动态核心能力演化惯例的内涵和构成要素以及演化惯例与动态核心能力因子的关联关系；最后确定了先进制造企业动态核心能力演化的基本单位——动态核心能力因子，并分析了动态核心能力因子的构成及其协同效应，以动态核心能力因子为桥梁和纽带构建了先进制造企业动态核心能力的演化分析框架。

第三，本书分别利用遗传演化博弈模型、适应度景观与 NK 模型、马尔科夫链和加权熵模型等数理模型对先进制造企业动态核心能力演化的四种形式，即遗传演化、适应性学习演化、搜寻演化、分岔与突变演化，进行了深入的分析及模型构建，有针对性地分析演化结果并总结演化规律。

第四，本书识别出先进制造企业动态核心能力演化路径形成的动力影响因素，并分析了各影响因素之间的关系。通过设计和发放问卷，本书运用结构方程数学统计方法，对先进制造企业动态核心能力演化路径形成的动力影响因素进行了验证；在此基础上，借鉴生物演化的特征以及企业的生命周期理论，对先进制造企业动态核心能力的演化阶段进行了分析并确定了演化路径。

第五，本书研究了先进制造企业动态核心能力有序演化的保障措施。首先，从建立开放系统环境、拓宽资源占有宽度、制定有效战略规划三个方面，构建了先进制造企业动态核心能力有序演化的基础体系；其次，从推进政府职能转变、强化产业创新扩散、优化企业学习环境三个方面，构建了先进制造企业动态核心能力有序演化的引导体系；最后，从创建信息共享平台、升级技术咨询服务以及完善金融服务政策三个方面，构建了先进制造企业动态核心能力有序演化的支撑体系。

# Preface

China has been a big manufacturing country, but it is not a strong manufacturing country. With theglobalization economic situation changing, the competition increasing, energy environment restricting and low labor force costs trend, they all have become the further development bottleneck of the manufacturing industry in our country. But the research reports of the global strategy consulting firm Roland Berger and global business consulting firm Alix Partners indicate that the low cost advantage of China will disappear, and some multinational companies are reconsidering the development strategy in China. China will face a double-extrusion from both developed and developing countries.

Therefore, as the main body and the strong support of manufacturing industry, the advanced manufacturing enterprises must seek a more effective way to breakthrough the bottleneck in order to make the advanced manufacturing enterprises not be bound to the rigid core competence and to forming the dynamic core competence which is able to adapt to the rapid changes of international environment. This book deeply studies the formation of dynamic core competence and the ways and the rules of dynamic core competence's evolution, and seeks the effective ways to keep the sustainable dynamic competition advantages of the evolutionary economics theory and the dynamic core competence theory. This book has important practical significance and theoretical significance for promoting our country manufacturing industry upgrade of existing advantages, acce-lerating the transformation and upgrading and improving the international competitiveness.

Firstly, this book defines the concept of advanced manufacturing industry, the basic connotation and the characteristic of advanced manufacturing enterprise, the connotation and nature of advanced manufacturing enterprises dynamic core competence based on the research status of advanced manufacturing industry, evolutionary economics theory and dynamic core competence theory both at home and abroad. Then this book analyzes evolution conditions of advanced manufacturing enterprise's dynamic core competence including openness, non-equilibrium, fluctuation phenomenon and nonlinear.

Secondly, thisbook explains the evolution routine from three facts including evolution memory, skill and act rules and objectives to describe the essence of enterprise evolution. Then it describes the evolution routine of advanced manufacturing enterprise's dynamic core competence and explains the connotation and component of dynamic core competence's evolution routine and the relationship between evolution routine and dynamic core competence factor. At last, this book determines the basic unit of dynamic core competence evolution of advanced manufacturing enterprises, analyses the composition of dynamic core competence and its synergistic effect, and builds up the evolution analysis framework of advanced manufacturing enterprise's dynamic core competence based on the dynamic core competence factors.

Thirdly, thisbook uses genetic evolutionary game model, fitness landscape and NK model, Markov chain and weighted entropy model to deeply analyze and do the model construction of the four forms of dynamic core competence evolution of advanced dynamic core competence including genetic evolution, adaptive learning evolution, searching evolution, bifurcation and mutation evolution, and then it makes targeted analysis of evolution results and summarizes the evolution rule.

Fourthly, thisbook identifies the effective factors which influences the evolution path of the advanced manufacturing enterprise's dynamic core competence to be formed and analyzes the relationship between various influencing factors. Then it applies the SEM statistical method to test and verify the effective factors by designing and giving out questionnaires. On this basis, it analyzes the evolution stage and determines the evolution path of advanced manufacturing enterprise's dynamic core competence by using the characteristics of biological evolution and enterprise life cycle theory.

Finally, thisbook researches the orderly evolution supporting measures for advanced manufacturing enterprise's dynamic core competence. Firstly, it constructs the foundation system of dynamic core competence's order evolution in three facts including building up the open system environment, broadening the resources possession fields and making effective strategic planning. Secondly, it constructs the guidance system of dynamic core competence's orderly evolution in three facts including promoting the changes of government function, strengthening the industrial innovation diffusion and optimizing the learning environment. Finally, it constructs the supporting system of dynamic core competence's order evolution in three facts including establishing information sharing platform, upgrading technical advisory services and promoting the financial service policies.

# 目 录
CONTENTS

# 第1章 绪论

## 1.1 研究的背景、目的和意义

### 1.1.1 研究背景

2012年1月，罗兰·贝格战略咨询公司发布的"中国低成本制造业周期的终结"报告指出，中国制造业的低成本优势正在削弱，一些产业已开始出现滑坡，许多跨国公司正重新考虑在中国的发展战略。早些时候，全球商业资讯机构Alix Partners发布的报告也指出，到2015年，中国制造业的成本将赶上美国，印度、越南、墨西哥和俄罗斯等国的制造业成本将比中国更具竞争力。与此同时，国际金融危机后，美、英、法等发达国家也正加紧重振制造业。中国制造业面临着来自发达国家和发展中国家的"双向挤压"，有落入"三明治陷阱"的危险。在此背景下，我国作为全球制造业大国，如何客观认识挑战，发挥制造业现有优势，把握发展机遇；如何转变我国制造业的发展战略，加快制造业转型升级就成为值得研究的重要课题。先进制造企业处于制造业产业链的高端，它主导着产业链的整体竞争力，同时将决定我国能否实现从"制造大国"向"制造强国"的成功转型。因此，从产业层面对先进制造业进行深入细致的研究具有深远的理论和现实意义。1992年美国政府首次提出先进制造业的概念，将其界定为拥有先进制造技术的行业。随着全球产业价值分工时代的到来，先进制造业逐步成为一国国际竞争力的体现。全球市场及国内市场的强大需求，为我国实现经济与技术的全面追赶与超越提供了重大机遇，我国经济发展进入重要的战略转折期。因此，本书从国家竞争力层面深入研究先进制造业和先进制造企业的理论内涵，为先进制造业的发展方向指明道路，同时对我国产业结构调整升级和增强国家竞争力具有深远的意义。

先进制造企业是典型的技术密集型企业，只有构建动态核心能力才能在全球化信息网络和全球化市场一体化加快、新产品竞争日益激烈、技术变革急剧加速的复杂环境中保持企业的持续竞争优势，实现企业的可持续发展。特别是随着知识老化和更新速度的加快以及产品生命周期的缩短，先进制造企业只有通过不断的学习、创新，提高产品研发能力，不断克服核心刚性，才能在动荡复杂的竞争环境中抓住追赶和超越竞争对手的机会。因此，对先进制造企业来说，是否能够适应动态多变的社会环境和国际市场竞争多半决定了企业的兴衰沉浮。先进制造企业随着时间的推移是快速地死亡还是成长，不仅取决于先进制造企业现有出众的运营能力以及拥有能够使企业可持续发展的永续动力，还取决于动态核心能力效率，也就是企业在动态环境中获取、整合及重构新资源的能力和速度。先进制造企业动态核心能力的更新应逐步发展成为持续的惯例，并融入企业日常管理和运营过程中，而非仅仅是零星的大转变。尽管先进制造企业相对于传统制造企业而言，已经具有成熟的核心能力并能够相对适应外界变化的环境，但核心能力具有刚性，因此，先进制造企业动态核心能力的开发和提升就更为紧迫。目前绝大多数先进制造企业的动态核心能力仍未建立，直接导致企业无法适应动态多变的复杂环境。因此，为了促使先进制造企业在复杂环境中合理规避经营风险，把握市场发展机遇，本书系统揭示了动态核心能力形成和演化的基本规律及演化机理，以期为先进制造企业动态核心能力的培育和提升提供理论借鉴，从而实现企业的可持续发展。

## 1.1.2 研究目的和意义

本书借鉴演化经济学理论原理对先进制造企业动态核心能力的演化问题进行了研究，并对先进制造企业在发展过程中如何摆脱核心刚性进行了分析和判断，力求揭示先进制造企业动态核心能力系统演化的本质，探索遗传演化、适应性学习演化、搜寻演化、分岔与突变演化的本质和机理等构成动态核心能力演化的四个基本分析框架，并通过 SEM 模型实证研究总结了动态核心能力的演化路径，构建保证先进制造企业动态核心能力有序演化的政策体系，旨在完善对企业动态核心能力研究的理论体系，为先进制造业产业和企业提高动态核心能力演化水平提供决策依据，并为政府相关部门有针对性地制定产业政策提供有益参考。

本书对先进制造企业动态核心能力的演化研究具有重要的理论意义和实践意义。

（1）理论意义。企业核心能力若不能随企业发展而被连续开发，就会导致其过时或僵化，甚至产生企业战略选择的障碍。对于处于超竞争环境中的先进制造企业来说，核心能力存在随时变成核心刚性风险和能力陷阱。先进制造企业在运用其高度专业化资源的同时，也容易导致核心能力灵活性的丧失及核心刚性的产生。而企业动态核心能力理论是经济学与管理学学科交叉融合的产物，更加注重核心能力的动态性，能更好地阐释企业持续竞争优势的来源，对传统核心能力理论及现代企业管理理论具有重要理论贡献。先进制造企业虽然已经是制造企业发展的高级阶段和形式，但对于核心能力产生刚性和能力陷阱的问题依然亟待解决，这是关系到先进制造企业是否能够在今后激烈的国际化竞争中处于优势并且保持稳定增长的竞争优势的重大问题。因此，本书的研究为动态核心能力理论的完善和深入发展提供了全新的视角。

（2）实践意义。本书以演化经济学理论和动态核心能力理论为基础，明晰提炼先进制造企业动态能力的概念和本质属性；在理论分析的基础上，使用多种其他学科的理论工具和模型如：运用协同学模型、演化博弈模型、遗传算法、适应度景观和 NK 模型、马尔科夫链分析先进制造企业在动态核心能力演化的过程中对母体的复制遗传、对内外环境的适应性学习以及由于不能满足先进制造企业自身的发展需求而导致的搜寻、分岔和突变等现象的产生，系统研究先进制造企业动态核心能力的演化问题，以增强本书的应用性。在此基础上，本书还综合运用了多种理论，实证动态核心能力演化的路径，从而加深先进制造企业在保持旺盛的动态竞争优势的认识和把握，更有效地指导先进制造企业对动态核心能力演化规律的把握。同时，为先进制造企业在复杂环境中的生存和发展提供有力的分析工具，有利于先进制造企业的可持续发展，具有重要的实践指导意义。

# 1.2　国内外研究现状

## 1.2.1　国外研究现状

### 1.2.1.1　先进制造业相关研究现状

先进制造业自 1992 年被美国政府提出以来，国外学者对其内涵的研究经历了"单因素论""双因素论""三因素论"和"多因素论"四个阶段。单因素论将先进制造技术作为决定先进制造业的唯一因素,美国政府对先进制造业的界定就是基于技术这一单因素提出的。该理论的代表人物是扎伊尔(Zaire,1992)和扎穆图(Zammuto,1992),他们认为先进制造技术(AMT)是以计算机辅助设计及机器人技术为基础和主导的一类技术群。先进制造技术不仅包括以计算机为中心的数字化生产技术等硬技术,还包括如管理能力、及时式生产技术及制造资源计划等软技术。但随着先进制造技术在企业中贡献率的不断提高,学者发现,先进制造技术对先进生产力的转化还需要管理的配合。因此逐步形成了先进制造技术与先进制造管理共同作用的双因素论。马克弗洛里希(Mark Frohlich,1998)和诺里(Noori,2005)等是该理论的主要代表人物。马克弗洛里希认为先进制造技术的实施过程是技术与组织相互适应的过程;诺里指出,不充足的新技术实施计划及管理上的不充分准备都会导致先进制造技术实施的失败。随着经济和技术的不断发展,国外很多学者又对先进制造业的研究扩展到了"三因素"理论和"多因素"理论。Youssef(1992)和Gules(1998)在对先进制造研究的基础上,将现金制造技术划分为先进制造硬件技术和先进制造软件技术两类。Boyer和Pagell(1996)通过实证分析得出先进制造技术(AMT)进行了三维定义,认为设计AMT、制造AMT和管理AMT是影响先进制造业发展的三个重要因素。Snell和Dean(2007)、Swamidass和Kotha(2009)分别提出了AMT的思维定义,即产品设计技术、加工技术、物流/计划技术、信息交换技术等。

### 1.2.1.2 演化经济学相关研究现状

1982年理查德·R.纳尔逊(Richard R. Nelson)和悉尼·G.温特(Sidney G. Winter)合著的《经济变迁的演化理论》一书的出版,标志着演化经济学思想实现了从零散到系统的真正形成。纳尔逊和温特通过类比生物学或Popper哲学的变异、选择和遗传机制,分析了演化管理在经济发展中的重要性,并指出惯例的变异、选择和遗传的循环往复进行过程实现了经济系统的可持续发展。熊彼特借鉴生物学理论,通过研究得出结论:经济演变的本质是经济发展过程中的创新过程,这种过程随处可见某种质变过程引起经济的动态演化过程,即经济发展出现非均衡的现象,并且在此基础上提出了类似于古尔德"间断均衡"的生物进化观点。纳尔逊和温特在对熊彼特的创新理论和西蒙的组织行为理论批判性集成的基础上,在演化理论中融入以多样化和变异(创新)为知识载体的企业(遗传)和市场选择,同时结合自然选择理论,提出了惯例—搜寻—选择的演化进程综合分析框架。Dosi 和 Teece 等（1989）在研究动态竞争的本地搜寻学习过程中，提出了"内在一致性"的概念，他们认为企业需要通过学习创新并利用创新技能和资源来使企业惯例具有实践性，这就需要企业保持战略的"内在一致性"而非进行随机搜寻的过程。在随后的发展过程中，Nelson（1991）、Rumelt P. Richard（1995）、Foss（1997）等认为，企业适应性学习、创新能力、动态能力、战略制定等能动性特征在企业间及企业与环境的作用的企业演化过程中多样化地发挥作用，这些研究工作都促进了演化经济学的发展。Sarkis（2002）利用演化经济学的基本范式"选择—遗传—变异"，研究了制造业与电子商务的演化过程。库尔特（2004）在上述学者所提出的演化经济学理论基本框架的基础上，提出经济学选择、适应、学习的演化过程。霍奇逊（2005）在系统总结和归纳演化经济相关理论的基础上，进一步扩大了演化过程中的选择作用并提出了制度演化的新概念。约翰·福特斯（2005）将研究重点从传统的选择机制上转移到了变异机制的动力问题上，并运用复杂性的分析方法丰富了演化理论。越来越多的学者开始运用演化经济学的理论方法来分析和描述复杂的经济现象及经济发展过程。Anderson P.、Arrow K. 和 David P. Dosi 等在用动态演化的眼光理解社会发展的过程中，分别根据各自的研究主题和研究方法出版了管理理论方面的论文和专著。Pierson（2000）、Geels（2002）、Nelson（2005）、Foxon（2007）等通过对技术与制度变迁的研究，得出其对产业发展乃至宏观经济学演化具有重要影响的结论。Peltoniemi（2006）基于演化经济学理论提出了对商业系统的演化进行了研究，并在其论著中着重揭示了自组织、协同演化、选择、变异和涌向等演化相关概念。此外，还有 Mirowski（2007）、Balamurugan 和 Subramanian（2008）、Coelho（2009）等分别从不同领域、不同视角针对自己的研究内容对演化经济学的相关理论进行了深入的探讨。

### 1.2.1.3　动态核心能力相关研究现状

动态核心能力理论是在核心能力理论和动态能力理论的基础上产生的，由于核心能力具有刚性，因此需要其动态的演变来破除这种刚性从而适应环境，核心能力的这种演变过程最后形成动态核心能力。核心能力理论的创始人是普罗哈拉德（Prahalad）和哈默尔（Hamel），而动态能力理论则是在汲取了熊彼特创新理论思想火花的基础上产生的。潘罗斯（1959）在其发表的《企业成长理论》一书中从经济学视角对企业内部动态活动及企业行为进行了系统分析，并认为企业成长的主要动力来自知识的积累和管理功能的提升。潘罗斯的思想为动态核心能力动力观的产生奠定了理论基础。纳尔逊和温特（1982）在合著中用动态演化的角度阐述了经济变迁的原理，同时融汇了动态能力的观点，提出导致经济变迁的关键机制是动态演进的企业和市场自然选择的过程。Leonard-Barton（1992）将核心能力和核心刚性比作一枚硬币的正反面，在研究企业的产品开发过程中得出，各种知识的集合能够为企业的发展提供有效的竞争优势，而体现这种竞争优势的知识集合主要表现在蕴含于员工自身的知识和技能、蕴含于技术型员工的知识和技能、蕴含于管理系统中的知识创造过程以及知识创造过程中所体现出的有价值的嵌入知识和规范四个方面。Teece 和 Pisan（1994）首次提出动态核心能力的概念，指出整合（Integrate）、建立（Build）以及重构（Reconfigure）是动态核心能力形成的三个阶段，组织过程、组织位置和发展路径则是评判动态能力的关键要素。Thorbjorn Knudsen 和 Tage Koed Madsen（2002）认为企业内部组织的动态相互作用及与外部条件的辅助作用的结合影响企业出口战略的制定。此外，还有很多学者对企业的动态核心能力进行了深入研究，如 Henderson 和 Clark（1998）、Eisenhardt 和 Martin（2001）、Griffith 和 Harvey（2001）、Zahra 和 George（2002）、Helfat 和 Peteraf（2003）、Zahra 和 Sapienza（2006）、George（2007）分别作用于技术的企业整合能力、企业战略管理能力、企业组织学习能力和企业知识管理能力四个方面对动态核心能力的内涵及作用机理进行了深入的剖析。Meyer 和 Utterback（2008）重点研究了企业技术创新能力如何对动态核心能力的形成和可持续发展发挥作用。

## 1.2.2 国内研究现状

### 1.2.2.1 先进制造业相关研究现状

随着全球信息化、模块化、网络化的发展，国外发达国家形成了多种适合本国先进制造企业发展的生产制造模式和管理模型。国外学者普遍认为，先进制造模式是一类作用于先进制造系统的具备相似特点的先进生产方式或生产方法的总称。在提高先进制造企业全球竞争力、促进国际合作及扩大品牌效应的过程中，先进制造模型和先进管理模式发挥了关键作用。因此国内很多学者在已有技术和管理的基础上对我国的先进制造业进行了相关研究。并在单因素论和双因素论的基础上发展了三因素论和多因素论等研究体系。肖高和刘景江（2007）通过案例研究对先进制造企业的自主创新能力进行了研究，并总结出三条提升先进制造企业自主创新能力的途径。李慧和崔茜茜（2008）认为产业、技术、惯例和模式的先进性充分体现了先进制造业的先进性。郑锦荣和徐福缘（2009）基于技术创新能力对先进制造企业的市场表现进行了研究，并通过构建博弈模型证明了技术创新能力强的制造商拥有优先于供应商谈判的权利。张保胜（2010）认为先进制造业不仅要具有先进的制造技术、管理技术和制造模式，还要有完善的创新网络和极强的创新能力，并在理论研究的基础上以先进制造业为例对创新网络治理、动态嵌入与 GVC 升级三者的关系进行了研究和探讨。张慧云（2012）在对我国先进制造业发展的影响因素研究中认为人力资本、固定资产投资、外商直接投资、研究与开发以及企业集聚是制约我国先进制造业可持续发展的重要因素，并通过模型设定验证对所做假设进行了实际验证。

### 1.2.2.2　演化经济学相关研究现状

国内学者以演化经济学为基础开展了演化的研究，并将演化理论应用于企业发展的各方面，对企业发展产生了巨大的促进作用，实现了企业的可持续发展。韩国文（2005）运用演化经济学的分析框架展开对金融创新的分析，创新了演化理论的实践应用，但他的研究仅是在演化理论的大背景下运用演化模式分析，并未提出具体的演化模式。金雪军和杨晓兰（2005）对演化范式进行了总结，认为从本质上演化是以有限认知为假设前提，采用过程研究的方法，重点研究主体的互动过程。商孟华（2007）在博士论文中研究了股票定价的演化范式，指出系统思维方法以及个体发生与整体发生相结合的方法等演化范式的研究方法。杨勇华和吴有根（2009）从企业内部和环境激活两方面提出基于技术创新的动力演化范式。此外，俞荣建（2010）、黄凯南（2010）、杨勇华（2010）、黄庆华和牛飞亮（2010）等以纳尔逊和温特的理论为基础对企业演化范式展开了深入研究。卢珊和赵黎明（2011）认为促进创业投资机构与科技型中小企业的协同发展有利于实现科技创新，同时运用协同学理论和演化博弈的方法，探寻支配企业与创投协同行为的关键影响因素，并对其演化过程进行分析，揭示了两者协同行为的复杂性。

### 1.2.2.3　动态核心能力相关研究现状

国内学者围绕核心刚性、企业生命周期与动态核心能力的关系展开对动态能力理论的研究。易法敏（2005）认为企业过分追求既定的目标导致了企业的核心刚性，而其产生的本质则是路径依赖。同时，他还指出构建基于知识的企业动态核心能力是实现企业长期竞争优势的重要手段。梁桂川（2006）在深入探讨核心能力产生与发展的历程及动态核心能力观理论的基础上，系统比较了动态能力观与传统核心能力观之间的区别于联系。牟绍波和任家华（2008）等从动态核心能力视角提出了基于吸收能力、创新能力、市场能力、社会资本与集群文化五力集群动态核心能力钻石模型，并提出了实现产业集群持续成长的保障机制。吴裕明和蒋文辉（2008）等从要素动态过程管理和能力动态转化角度对高新技术企业的动态核心能力的更新机制进行了系统性的分析，并探究了学习、柔性资源、创新和管理四大要素在高技术企业动态核心能力的形成模型中不同的作用机理。侯艳龙（2009）通过对动态核心能力构成要素的分析，指出动态核心能力是能力要素与行为主体构成的复杂适应系统，探讨了基于能力要素涌现的企业动态核心能力适应机制。韩凤晶、谭旭红和石春生（2009）等运用结构方程模型对企业家精神与企业动态核心能力之间的影响关系进行研究，研究结果表明企业家精神对企业动态核心能力存在显著的正向影响。王丽华、韩凤晶、石春生（2010）认为企业动态核心能力的构建是在整合企业评估能力、整合能力、学习能力和技术创新能力的基础上；调整企业内外部资源，可以实现企业在动态复杂环境中竞争优势的提升和保持。武建龙和王宏起（2011）等指出解决核心刚性问题是维持企业持续竞争优势的关键，解决问题的关键就是科学构建动态核心能力培育机制的框架，而准确识别动态核心能力则是培育和运用动态核心能力的前提。

## 1.2.3 国内外研究现状综述

综上所述，国内外学者对本书研究内容的相关理论进行了大量的有益探索，在一定程度上为本书的理论研究和实践研究相结合提供了借鉴。其中，对先进制造业、演化经济学和动态核心能力理论的现有研究为本书奠定了理论层面上的研究基础和实际操作层面上的技术支持。但是，从国内外研究现状来看，还存在着一些不足，具体表现在以下几个方面：

（1）用于指导先进制造企业发展的相关基础理论有待进一步充实。现有的国内外相关理论仅限于对先进制造业内涵的界定和解释阶段，缺乏对先进制造业和先进制造企业有针对性理论研究。在目前的研究成果中，国内外学者对先进制造企业研究的文献并不多，截至目前，基于演化理论和动态核心能力理论对先进制造业和先进制造企业的文章主要停留在理论描述层面，对实际应用问题的探讨也不算深入。

（2）通过对动态核心能力研究文献的总结可以看出，目前动态核心能力理论研究还相对分散，尚未形成统一完整的理论体系。而当前国外学者对该问题的研究往往集中于如何解决动态竞争环境中企业经营管理中产生的各种问题。国内学者虽然关注核心刚性、企业生命周期及动态核心能力等问题，但从根本上说国内的研究还仅仅是在动态核心能力理论的边缘徘徊，研究的重点还停留在动态核心能力的概念及内涵等方面。很少有文献深入研究动态核心能力演化惯例的内涵和、本质属性和构成要素以及在此基础上对动态核心能力演化惯例的内涵及其构成要素进行深入细致的研究。

（3）国内外学者对于企业演化的研究，虽然在理论研究上主要以达尔文的演化主义作为基础，但其中的各种观点层出不穷，缺乏统一的承接关系，各种研究之间也缺乏明显的逻辑关系。此外，对于企业演化的研究比较泛泛，研究思路尚处于"理论导向型"，没有一套系统的思路将企业演化的过程中关于演化惯例、演化方式、演化路径等问题阐述清楚，更多关注理论引用和解释的合理性，缺乏有针对性的操作性指导。

（4）在目前的研究成果中，基于演化视角研究企业的文献较多，其中也包括对演化规律解释和演化路径确认的研究。但将演化经济学理论、动态核心能力理论以及其他相关理论相结合，对先进制造企业这个具有行业代表性的研究对象进行综合研究的文献还不多。

# 1.3　总体思路和研究内容

## 1.3.1　总体思路

本书以现有的演化经济学理论和动态核心能力理论作为研究基础，构建了先进制造企业动态核心能力的演化分析框架和确认演化路径。首先，在界定先进制造企业的基本内涵及特征、先进制造企业动态核心能力的内涵及本质属性的基础上，对先进制造企业动态核心能力演化条件进行了详细阐述；其次，以先进制造企业动态核心能力演化惯例的内涵及构成要素作为切入点，提出了先进制造企业动态核心能力演化的分析框架；再次，深入分析了先进制造企业动态核心能力的遗传演化、适应性学习演化、搜寻演化及分岔与突变演化四种演化形式，并构建了相应的数学模型；最后，通过发放调查问卷的形式对先进制造企业动态核心能力的演化路径进行 SEM 模型实证，并提出了先进制造企业动态核心能力有序演化的保障对策。

## 1.3.2　研究内容

本书的研究内容主要有以下三部分。

第一部分为基础研究，包括第 1 章。主要介绍本书的研究背景、目的和意义，并对相关领域的国内外学者的研究情况进行归纳、整合和总结，奠定了本书的理论基础，并在此基础上提出本书研究的主要研究框架、研究方法和创新之处。

第二部分为系统研究，包括第 2~7 章。第 2 章主要对本书研究涉及的基本概念进行界定和分析，在此基础上对先进制造企业动态核心能力的演化条件进行了分析。第 3 章详细分析了先进制造企业动态核心能力演化的惯例并且提出了演化的基本分析框架。第 4~7 章是本书研究的重点和难点。第 4 章研究动态核心能力的遗传演化，首先对先进制造企业动态核心能力遗传演化进行基本描述，包括对遗传演化的界定以及遗传演化特征的介绍；其次构建先进制造企业动态核心能力遗传演化的博弈模型并进行 ESS 策略分析；最后分析先进制造企业动态核心能力遗传博弈的影响因素并进行结论分析。第 5 章研究动态核心能力的适应性学习演化，首先对先进制造企业动态核心能力的适应性和系统适应性学习的内涵进行界定；其次对动态核心能力的信用分派机制、新规则发现过程进行分析，并在此基础上构建适应性学习的概念模型；最后运用适应度景观与 NK 模型的基本原理，对动态核心能力的适应度景观进行实证分析，并揭示动态核心能力景观对先进制造企业适应性学习演化的启示。第 6 章研究动态核心能力的搜寻演化，首先对先进制造企业动态核心能力搜寻的目的进行分析；其次确定先进制造企业动态核心能力的状态空间；最后通过运用马尔科夫链模型，对先进制造企业动态核心能力演化的过程和演化结果进行了分析。第 7 章研究动态核心能力的分岔与突变演化，首先对动态核心能力逐级分岔序列进行分析；其次分析动态核心能力演化的突变类型与条件分析，在此基础上运用加权熵模型确定突变与分岔的控制参量，并运用调查问卷和 SPSS 软件进行综合分析得出主导动态核心能力突变与分岔演化的各控制参量的加权熵模型权重。

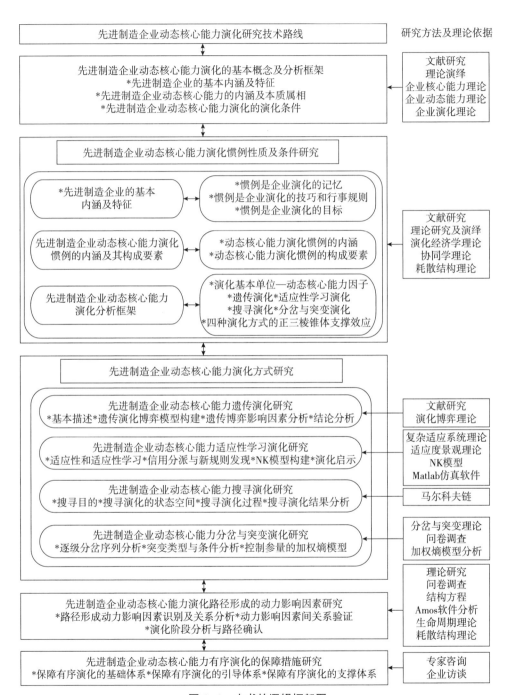

图 1-1　本书的逻辑框架图

第三部分为实证分析及对策研究，包括第8章、第9章。第8章主要采用调查问卷的方式和结构方程，对先进制造企业动态核心能力演化路径形成的动力影响因素及影响因素之间的关系进行了实际验证。通过问卷统计和模型演算最后得出动态核心能力演化的路径，从而验证了本书系统研究部分理论的实际可应用和可操作性。第9章分别构建基础体系、引导体系、支撑体系三个方面对动态核心能力有序演化的保障措施进行了研究。

本书的研究框架如图1-1所示。

# 1.4 研究方法

（1）规范分析与实证分析相结合的方法。规范分析和实证分析都是被可续研究所广泛运用的重要方法，一般地，前者强调对于研究对象的理性判断，后者则侧重于研究对象的客观描述。在阅读大量国内外相关文献的基础上，本书首先对先进制造企业及先进制造企业动态核心能力理论基础进行了深入分析和研究，对先进制造企业动态核心能力的演化方式做出合理判断；其次通过企业座谈、专家咨询和调查问卷等方式，对先进制造企业动态核心能力的四种演化方式以及演化路径形成研究中的诸多问题进行实证研究。

（2）理论研究与应用研究相结合的方法。先进制造企业动态核心能力演化的基本分析框架是在充分吸收演化经济学、核心能力、动态能力等理论研究成果的基础上搭建起来的，具有一定的理论研究高度。同时，先进制造企业动态核心能力的四种演化方式的提出、演化规律的解释和演化路径的确认又为先进制造企业的发展研究提供了有效工具，满足了先进制造企业动态核心能力进行有序演化的实践需求，具有一定的应用价值。

（3）数学建模的方法。本书在研究的过程中，将生物学、经济学、管理学、协同学、社会学等学科中的方法应用于其中，如引入演化博弈模型，建立了先进制造企业动态核心能力的遗传演化模型；引入NK模型，建立了先进制造企业动态核心能力的适应性学习演化模型；引入马尔科夫链，建立了先进制造企业动态核心能力的搜寻演化模型；引入加权熵模型，建立了先进制造企业动态核心能力分岔与突变模型；引入SEM模型，建立了动态核心能力演化路径形成的动力模型。

　　（4）仿真集成的方法。本书第 5 章前半部分是理论部分，通过运用 Matlab 仿真软件模拟出这种"山峰状"的崎岖景观，后半部分是实证部分，通过使用 Matlab 仿真软件集成布尔超立方体（Boolean Hypercube）综合描绘先进制造企业动态核心能力的适应性学习能力适应度景观。

# 第2章　先进制造企业动态核心能力演化的基本概念及条件研究

## 2.1　先进制造企业的基本内涵及特征

### 2.1.1　先进制造企业的基本内涵

#### 2.1.1.1　先进制造业的概念界定

先进制造业是相对于传统制造业而言，指制造业不断吸收电子信息、计算机、机械、材料以及现代管理技术等方面的高新技术成果，并将这些先进制造技术综合应用于制造业产品的研发设计、生产制造、在线监测、营销服务和管理的全过程，实现优质、高效、低耗、清洁、灵活生产，即实现信息化、自动化、智能化、柔性化、生态化生产，取得很好的经济社会和市场效果的制造业总称。本书认为先进制造业主要包含：电子及微电子、航空航天、光机电一体化、生物工程、新材料、新能源、环保技术、海洋工程、医药及医学工程、精细化工、信息技术等产业。

先进制造业中的"先进"主要体现在以下三个方面：①产业先进性，指处于世界生产体系高端的制造企业，具有较高的附加值和技术含量，通常指高技术产业或新兴产业；②技术先进性，指通过运用高新技术或先进适用技术改造的制造企业，并非先进制造业必须是高新技术产业或者新兴产业，作为传统产业，只要其改变现有的技术水平和创新效率，在制造技术和研发方面保持先进水平，同样可以成为先进制造业；③管理先进性，指高效率运用制造管理技术的制造企

— 14 —

业。广义的管理制造技术主要包括生产组织管理技术、生产成本管理技术、质量控制管理技术等；狭义的制造管理技术就是指生产资源的组织协调配置，即生产组织方式。从传统的订货点法、物料需求计划（MRP）、闭环 MRP、制造资源计划（MRPII）到现今的企业资源计划（ERP）以及有些学者提出来的比较先进的供应链资源计划（SCRP）。先进制造企业的首要任务就是必须适应快速变化的生存环境，而 SCPR 是帮助先进制造企业保持这种竞争优势的一种先进有效的制造管理技术。

### 2.1.1.2　先进制造企业的内涵

先进制造企业从广义上来说就是从事上节所述先进制造业相关内容的、处于国内外市场环境中的高端制造企业。先进制造企业是传统制造企业的高级阶段和表现，其与传统制造企业有着本质区别。本书通过查阅国内外相关文献，对先进制造企业和传统制造企业进行了比较并总结归纳了二者之间的差异，具体从制造模式、生产要素的获取、竞争策略的主旨以及创新竞争战略四个方面进行描述（见表 2-1）。

**表 2-1　传统制造企业与先进制造企业的区别**

|  | 传统制造企业 | 先进制造企业 |
|---|---|---|
| 制造模式 | 福特生产管理模式下的高标准化的流程管理。 | 融合信息技术和职能化手段的多种新型制造模式，旨在主动应对市场需求变化、更加高效地利用资源，降低对环境的负面作用，实现定制化、节能化与绿色生产导向。 |
| 生产要素的获取 | 以自身的工厂为中心，生产要素获得和配置相对封闭。 | 在自身工厂基础上加以延伸，利用企业外部的多元要素和资源，加以集成。 |
| 竞争策略的主旨 | 基于规模经济的大批量生产，通过降低成本提高生产效率。 | 应对市场需求的多变，追求更加灵活的满足个性化要求的制造模式，致力于通过产品创新来提高竞争力。 |
| 创新竞争战略 | 通过购置先进的生产设备和生产工序的标准化管理提高生产效率、降低成本。 | 在提高生产效率的同时，致力于利用外部资源从事供应网络和客户关系的创新。 |

从表2-1可以看出，传统制造企业一般追求规模经济，通过降低成本获得竞争优势，强调单个企业完成价值链全过程；而先进制造企业主要以提升"先进性"为主，这种先进性集中体现在先进制造企业在资源的利用方式和价值链工序组织方面的升级，通过专业化和精细化分工、服务环节外包或分立，强调形成价值网络共同完成价值链全过程。在产业创新进程推进和国际生产体系变革的背景下，先进制造企业的内涵可以归纳为以下三个方面：

第一，信息技术革命的成果已经在当今飞速发展的国际市场环境中被越来越广泛地应用，各类企业都纷纷应用最前沿的技术成果如数字化、网络化、智能化、虚拟化，形成了属于自己的、独一无二的竞争优势。这些技术的应用有力地推动着制造企业的集成创新进程，而集成创新的成功运行能够使制造企业形成持续的竞争优势，从而形成别人难以模仿和超越的核心竞争力。先进制造企业的发展目标逐渐由原来的追求产品规模经济转向优质量、高效率、低耗能、清洁与灵活生产的多元组合，这与先进制造企业的定义相吻合。

第二，先进制造企业与其他企业一样，企业发展的最高目标都是利润最大化。因此，先进制造企业要想扩大自身的利润空间就必须增强服务活动，而这些服务活动会强烈影响企业的经营策略制定和随环境变化而转型。先进制造企业目前所处的市场环境，生产型服务活动与制造活动之间呈现出"融合形态"，生产型服务活动要想与制造活动很好地链接，先进制造企业自身就必须应内在日趋强烈的要求向"微笑曲线"的两段进行延伸并转移更多资源。先进制造企业必须通过品牌建设和知识强度，积极地谋求外部专业化服务商取代原本的内生服务。

第三，近十年来，全球大型制造业跨国集团的经营策略已经从高端生产设备和高质量产品导向的"硬目标"转向谋求服务功能高级化的"软目标"。而由"硬"到"软"的转变需要制造企业在发展过程中努力进行企业创新，从而提升研发能力、品牌效应以及供应链管理能力。先进制造企业作为制造业国际化的主体，在自身的发展过程中更致力于市场需求分析、客户关系管理和开放式供应网络管理等环节，发展趋势符合国际市场环境的剧烈变化，突破传统的供应链组织与管理方式，谋求新的创新和规划，致力于从"工厂中心型"规模经济导向的先进制造企业向"外延扩展型"的生产与服务融合导向的先进制造企业发展。在先进制造企业的发展战略规划中，为国内外市场提供的产品已经演化为将产品、服务和知识创新融合为一体的集合体，先进制造企业已经将这种"非技术性差别战略"作为实现其核心价值升级的关键内容。

通过总结以往文献并结合对先进制造企业内涵的分析，本书认为狭义的先进制造企业是指通过融合先进制造技术、信息技术和其他技术，采用先进制造模式，通过组织创新、技术创新和知识创新，创造出更先进的生产方式和更高的生产效率，以实现经济社会效益、市场效益和生态效益高度统一的制造企业。

## 2.1.2　先进制造企业的特征

2012 年 1 月，罗兰·贝格战略咨询公司发布的"中国低成本制造业周期的终结"报告指出，中国制造业的低成本优势正在削弱，制造业以及相关产业已经开始出现"滑坡"现象，许多发达国家纷纷制订各种计划促进传统制造业向先进制造业转变，同时发达国家的跨国公司正在重新考虑在中国的发展战略。因此，从世界制造业发展态势看，未来制造业发展具有六大时代特征，即全球化市场竞争、制造技术变革、制造业信息化、产品技术知识密集、用户需求个性化以及资源环境条件约束强化。将以往学者的研究和文献进行整理，得出先进制造企业具有以下五大特点，如表 2-2 所示。

表 2-2　不同学者提出的先进制造企业特征

| 提出者 | 主要内容 |
| --- | --- |
| 李京文和黄鲁成（2003） | 一是先进的制造模式，即在社会范围内建立起虚拟制造系统（Virtual Manufacturing System）和敏捷制造系统（Agile Manufacturing System）；就企业而言，建立了柔性制造系统（Flexible Manufacturing System）、计算集成制造系统（Computer Integrated Manufacturing System）和精良生产（Lean Production）等。二是先进的制造技术（工艺），即企业能够实施快速制造技术（Rapid Manufacturing Technology）、重新制造技术（Re-manufacturing）、机器人技术、数控技术、集成技术、CE 技术、CAD 技术、超精密加工技术等。三是先进的管理模式，即能实施有效的企业资源计划（Enterprise Resources Planning）、MRPII、JIT 等。四是全方位的制造活动，即不仅能够生产最终消费品，也能生产先进的制造设备；不仅能实施常规的机械制造，也能实施生物制造、绿色制造等。 |
| 谭杰和孙成良等（2004） | 先进制造业是国内新近提出的经济概念，主要是指以先进制造技术为主要生产手段的制造业。先进制造企业要突出"先进性"，发展先进制造业就是运用先进的制造技术，创造更先进的生产方式和更高的生产效率。 |

续表

| 提出者 | 主要内容 |
| --- | --- |
| 秦世俊（2005） | 相对于传统制造业而言，先进制造业指制造业不断吸收电子信息、计算机、机械、材料以及现代管理技术等方面的高新技术成果，并将这些先进制造技术综合应用于制造业产品的研发设计、生产制造、在线检测、营销服务和运营管理的全过程，实现优质、高效、低耗、清洁、灵活生产，即实现信息化、自动化、智能化、柔性化、生态化生产，取得很好经济社会和市场效果的制造业的总称。 |

（1）信息化。先进制造企业广泛应用先进制造技术，在此过程中要重视信息技术与其他先进制造技术的融合。一是通过"融合"过程驾驭生产过程中的信息流，实现制造过程的高速信息化。二是通过信息化管理和网络化经营可以形成更有效的生产方式和生产组织，进一步提高生产效率和产品质量，从而提升企业的市场竞争力。

（2）自动化。先进制造企业系统一定是综合利用计算机、通信技术、系统工程和人工智能等成果的高级自动化系统，由于先进制造企业又属于知识密集型企业，对过程自动化、机械制造自动化和管理自动化的程度要求相对较高，这样有利于知识资源和技术技能的柔性渗透和传承。

（3）智能化。数字化、智能化技术是产品创新和制造技术创新的共性技术，它是新的工业革命的核心技术，同时也是先进制造企业快速变革自身生产模式以适应产业形态的关键。先进制造企业的机械产品是信息化与工业化深度融合的产物，也就是所谓的"智能一代"。如现在风靡一时的"3D打印""数控技术"等都是制造装备全面创新升级的体现，也是先进制造企业大幅度提高功能、性能与自动化程度的重要研究内容。

（4）柔性化。先进制造企业在发展过程中，外界环境比传统制造企业的外界环境更具有动态性和不可预测性，因此先进制造企业识别外部环境变化、应对变化的行动中能够快速投入资源并运用自如的投放资源能力更强，这体现的是先进制造企业对资源的掌控更柔性化。先进制造企业资源柔性化主要体现在：资源被利用的范围较大，资源从一种用途转变到另一种用途的成本和难度较小以及资源转换效率较高。

（5）生态化。先进制造企业是制造企业的高级表现，处于制造业行业的高端领域；它能够创造更先进的生产方式和更高的生产效率，因此它对能源和资源的利用具有再思考（Rethink）、减量化（Reduce）、再使用（Reuse）、再循环

（Recycle）和再修复（Repair）5R 生态化功能，以实现良好的经济效益、社会效益和生态效益。

## 2.2　先进制造企业动态核心能力的内涵及本质属性

### 2.2.1　先进制造企业核心能力刚性产生

核心能力（Core Competence）这一概念是由哈默和普拉哈拉德首先提出来的，两位学者认为："核心能力是组织对企业拥有的资源、技能、知识的整合能力。"它一般具有稀缺性、可延展性、价值性和难以模仿性四个重要特征。企业的核心能力是企业立足于现有市场并能够保持长期持续发展的永续动力，它所表现出来的最重要特征是历史依存性和一贯性。企业的核心能力是保障企业可持续发展的内在动力机制，从而限定了企业的业务领域和战略规划设计。因此，核心能力虽然能够为企业创造竞争优势，但是当内外部环境发生变化时，企业现存的核心能力会表现出不易被改变的核心能力刚性，成为束缚企业变革和发展的障碍。根据学者邓亚玲和王朝全（2006）的研究认为：越成熟、越大型、越先进的企业的核心能力刚性越容易产生。先进制造企业是知识导向和技术导向的高端企业，因此先进制造企业比传统制造企业更容易产生核心能力刚性。如果先进制造企业的核心能力没有随着时间的推移而持续被开发，原有的核心能力就可能随时过时或僵化，这样就会限制企业未来的发展方向和战略选择。但是，如果能力变成企业内部一种制度化的东西或成为企业固化的竞争优势时，它可能会使企业所获取的资源和能量减少，或者使企业所识别和考虑的战略规划空间变得狭窄，从而限制先进制造企业在激烈竞争环境中的战略转化速度与时效。Teece（1989）等同样认可此观点，企业惯例在高度竞争的环境下，会阻碍创新的产生，严重制约企业的战略选择，核心能力就会变成核心刚性或能力陷阱。如果先进制造企业想及时地进行战略规划转换和调整，把竞争优势建立在核心能力之上，它可能就会追求、强调新产品与新市场。由此可见，一旦核心能力变成了核心刚性，企业就会迅速走向衰败。企业若要再次在一个新市场上变得有竞争力，就必须培养新的核心能力，即消除以往核心能力所产生的刚性。企业核心能力刚性的产生原因比较复杂，对于先进制造企业来说，其核心刚性的产生有其特定的行业特点，根据纳尔逊和温特（Nelson 和 Winter，1982）、马奇（March，1970）、亨德森和克拉克（Hendemon 和 Clark，1990）以及卡恩曼（Kahneman，2002）等对核心能力刚性产生的原因的研究，对先进制造企业核心能力刚性产生的原因做如下分析：

（1）现有知识和惯例限制。根据纳尔逊和温特在《经济变迁的演化理论》中所指出，企业由于一些稀缺性和企业特定性的资产可以形成某种变动范围狭窄的核心能力，即所谓核心刚性产生的原因。先进制造企业在发展的过程中由于具有路径依赖性，因此过去的企业行为会对现在的企业行为产生影响。先进制造企业会习惯过去成功案例的做法和经验，而将其惯性应用到新的决策中。先进制造企业通过学习所获得的知识往往会制约企业高层管理者和普通员工的思维与行为，使他们认为依照原来成功的经验去做才是最正确的选择。对于外部环境输送的知识和信息，如果要想被组织内部消化和吸收就可能会相对滞后，而先进制造企业在发展的过程中要求速度和时效更胜一筹。因此，为了节省时间和成本，那些与现有知识、经验无关的知识资源往往会被过滤掉。长时间的积累会使企业形成一种墨守成规的习惯，这种习惯制约着先进制造企业新知识的输入和组织机构的调整，限制了先进制造企业的创新活动以及从外部吸收新知识的能力，形成牢不可破的核心能力刚性。

（2）认知能力与认知行为限制。美国学者马奇认为：当人们面临不确定的外部复杂环境时，由于受自身行为的限制以及信息的不对称等原因影响，人们的行为总是遵循一个"试错"的过程。"试错"的过程中会产生很多的合理经验，这些合理经验决定了企业成员认知与决策的局限性。对于企业管理者而言，在管理企业的过程中他们会很快熟悉市场环境，形成很多种必备能力，也总是习惯于利用已有的成功经验去进行统筹和决策；而对于企业内部的员工而言，一旦员工熟悉了所掌握的技术和能力，也总是习惯于在原有的技术和能力的基础上搜寻新的技术与能力，员工的认知行为会在长期实际操作中形成一种习惯来束缚员工的思维和行为，这些思维和行为会形成不利于创新的倾向。这样长期下去，企业的核心能力会产生很多重保护膜，使外界新鲜的知识资源和信息资源难以进入或者根本无法进入。先进制造企业对于先进技术和能力的要求更高，其有用的知识资源和信息资源较其他普通企业来说也更多。首先，先进制造企业的规模和员工数量较之普通企业要大得多；其次，不管是先进制造企业的管理者还是员工，他们的行为认知能力和决策判断能力更强，因此先进制造企业所形成的保护膜也更多，在这种情况下企业更容易陷入已有的核心能力中无法自拔，最终造成企业核心能力的刚性。

（3）组织学习过程限制。先进制造企业也属于知识密集型企业，组织学习能力和知识的积累对先进制造企业尤其重要，但是从组织学习的角度来看，组织的现行学习过程也会限制它认可外部变化并做出反应的能力。亨德森和克拉克认为：在一个对某个既定的技术设计而言是较稳定的环境里，组织会很自然地把学习重点放在特定产品的结构上，即组织技术人员集中精力学习产品的组成成分及这些成分相互关联的方式。最终这个知识就物化在组织实践和规程中，只要产品的基本设计保持稳定，组织就不会轻易改变原有的状态。但是，对于先进制造企业来说，企业的知识和技术创新对其持续发展有着极其重要的作用，而且产品的创新必须要跟随和适应市场环境的剧烈变化。一旦产品的结构发生了变化，就产生了两个问题：第一，先进制造企业在过去的组织学习过程中已经主动将学习集中在旧的技术结构中，在大规模的生产制造过程中，旧的技术已经形成体系或者已经在员工的认知中深深扎根，因此组织对激烈的技术变化反应可能比较迟缓，组织也许无法立即认识到技术变化的重要性，规模化的生产使先进制造企业不能及时有效地吸收新技术，重构产品新结构。第二，先进制造企业组织一旦承认了一种结构创新的性质，其有效的反应也具有滞后性。因为旧产品结构的知识已经长久地固化和沉淀在组织内部环境中，而不管是新的技术创新还是新的产品结构创新都需要先进制造企业改变原有的学习方式，从一种学习形式转换到另一种学习形式，进行面对复杂形势的适应性学习，但是由于已经固化在组织内部的知识具有一定的惯性，这种转变比较复杂，先进制造企业目前具备的学习能力可能成为新能力培养的障碍。

（4）资产专用壁垒限制。根据诺贝尔经济学奖获得者卡恩曼的研究表明：企业在创建核心能力或者创新现有核心能力的时候就意味着要放弃原有的部分市场与客户资源，放弃原有的知识与技能的积累，甚至放弃现有的已形成的固定资产。对于先进制造企业来说，投入的固定资产较普通企业来说会更多，这些资产所带有的专用性更强，所以先进制造企业很难放弃和改变现有的资产分配状况，只是在现有的资产上进行追加投资，这时就会形成大量的沉淀资产，不利于企业资产的更新。对于先进制造企业的高层管理者来说，意味着要形成和建立新的具有爆发力的决策技巧和认知经验；对于先进制造企业的员工来说意味着要吸收新的知识与技能；对于先进制造企业整个系统来说，需要面对的是崭新的市场竞争和与客户建立新的关系，在此基础上形成新的核心能力。但是先进制造企业要面临新的环境和新的开始需要规避很大的风险，这也加剧了其认知的局限性。那么当先进制造企业面对不确定的崭新环境时，因为害怕承担风险，无论是企业的管理者还是普通员工都有可能保守遵循原有的经验积累，阻碍目前先进制造企业核心能力的更新。

## 2.2.2　先进制造企业动态核心能力的内涵

根据哈默和普拉哈拉德的理论，一般来说企业的核心能力是企业所特有的，不会轻易被竞争对手模仿并可以在企业进入各种相关市场环境和参与竞争的过程中为客户创造价值。如图 2-1 所示，对于先进制造企业来说，它的核心能力也具备稀缺性、可延展性、难以模仿性及价值性这四个普通制造企业的基本特征，保持持续的动态竞争优势是先进制造企业立足于激烈市场竞争中的重要内容。但先进制造企业是整个行业的典型代表，其更要与时俱进且各方面能力都需要强于同行业中的其他制造企业，与普通制造企业核心能力所具有的四个基本特征相比，先进制造企业的核心能力要更具有强时效性。这里的强时效性是指：在未来市场竞争的性质和规则发生变化时，先进制造企业要迅速捕捉这种变化，并给出创新性反应，远远超过其他的企业，获得先发优势，在短时间内形成具有动态竞争优势的核心能力，即动态核心能力。

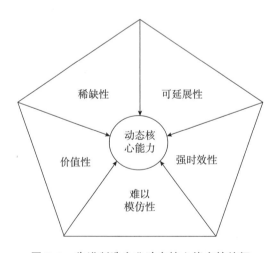

**图 2-1　先进制造企业动态核心能力的特征**

在复杂的市场环境中，先进制造企业作为引领行业发展的表率，必须开发、培育一系列独特的资源以便为战略转换创造基本条件，这些独特的资源培育了先进制造企业的核心能力。在竞争强度和速度不断提高的背景下，很多制造企业制定战略和实施战略的能力并没有保持高度同步。在快速变化的市场环境中，动态核心能力才是先进制造企业依赖的根本和其发展的基础，先进制造企业的发展战略也必须随着时间和市场需求及时而高效地转换，才能进行自我更新保障自身不被激烈变化的市场所淘汰。然而，先进制造企业战略规划的转换必然需要资源和能源作为依托。动态核心能力的构建可以分为两个层次：一个层次是保持柔性组织，迅速响应环境变化；另一个更高层次是站在产业的领先位置，适应对自身有利的环境变化，保持竞争优势，实现战略目标。

## 2.2.3　先进制造企业动态核心能力的本质属性

先进制造企业之所以要在发展的过程中形成动态核心能力，是为了自身在与外部环境互动过程中更具适应性。因此，先进制造企业动态核心能力的本质属性包括动态性和适应性两点内容。

首先，动态性是先进制造企业动态核心能力的本质之一，国内学者张学锋和张威（2001）认为，先进制造企业与传统企业相比其核心能力更容易刚化，因此先进制造企业在发展的过程中其核心能力必须是动态的提升过程，要符合外界市场环境并与时俱进。其次，只有动态的核心能力才能适应外界环境强烈的变化，因此先进制造企业动态核心能力的另一个本质就是适应性。在与外界环境中的资源和信息进行快速交换的过程中，只有先进制造企业的动态核心能力具有超强适应性，才能使其在竞争中处于优势地位。先进制造企业动态核心能力的适应性需要通过企业的适应性学习来体现。先进制造企业应该构建开放式的组织机构，每一个企业成员都处在"知识媒体"当中，通过自身原有知识、技术、经验与适应性学习系统进行交互活动来获得知识、技术与能力，提高先进制造企业组织的适应能力。先进制造企业通过适应性学习提高其适应性，以及企业在市场竞争中生存的能力。适应性学习是先进制造企业提高适应外界环境能力而应具备的基本条件，先进制造企业的适应性学习能力的培养随着经验的积累、知识的储备以及不断变化的企业行为规则来帮助实现，最终帮助先进制造企业形成具有优势的动态核心能力。

先进制造企业要想具备良好的动态核心能力，要求先进制造企业学会如何更多更优于其他传统制造企业吸收外界变化环境中的信息、知识和资源，并将其转化为先进制造企业适应环境的"超级能力"。从企业演化的角度出发，先进制造企业动态核心能力的本质属性主要体现在先进制造企业惯例的适应性学习能力，而先进制造企业惯例的适应性学习能力要求先进制造企业的组织结构具有较高的开放度，这也符合其本质属性的动态性要求，能够与外界环境保持高度畅通的沟通与交流。因此，先进制造企业首先需要保持具有更高开放度的组织机构，并时刻注重企业惯例的识别和培养。如图2-2所示，先进制造企业动态核心能力的适应性基础是企业惯例的适应性学习，而且需要从外界环境中不断吸收物质、能量、知识和信息，以满足企业自身生存和发展的需要。

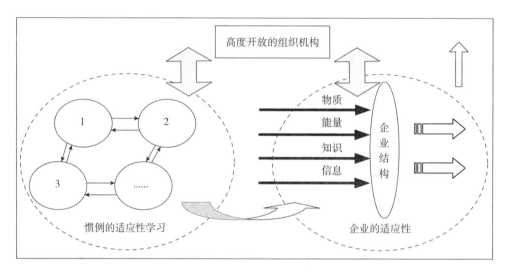

图2-2 先进制造企业的适应性和适应性学习

## 2.3 先进制造企业动态核心能力演化条件

根据德国物理学家Haken的观点，组织从其进化形式的角度可以分为他组织和自组织。他组织的形成依靠外部指令，自组织的形成是依靠系统在不存在外部指令的情况下以某种原则自动。自组织现象普遍存在于自然界和人类社会，自组织理论以一个新视角和方法去研究各种复杂系统。一个系统自组织具有强大的功能，能够促进其维持此功能，并在此基础上不断产生新功能。例如，人类社会的功能高于动物界，所以人类社会的自组织能力高于动物界；同理，先进制造企业比传统制造企业要高级，因此它具有更强大的自组织能力，而这种强大的自组织能力来源于先进制造企业的开放性相对较高，从而能够吸收更多更好的资源和知识，通过积累和沉淀进行持续的升级发展。根据库兹涅茨（Simon Kuznets）的理论：一切企业的行为都会依赖于企业现有的知识状况，并且会随着知识的改变而变化，先进制造企业更是如此。如果先进制造企业不是开放性的系统，企业行为根本不会随着知识的改变而变化，也就无法进行演化升级。将此理论与自组织理论结合，我们可以得出一个结论：如果一个系统处于封闭状态是根本无法发生演化的，这也是先进制造企业提升动态核心能力的先决条件。先进制造企业如果要想建立一个能够发生演化的有序结构，除了具备开放性这一先决条件，还必须具备远离平衡态、涨落、非线性三个重要条件。

## 2.3.1　先进制造企业动态核心能力演化开放性

在一个开放的系统中，先进制造企业动态核心能力会不断形成和演化。先进制造企业通过持续的创新以获取竞争优势和领先地位。因此，创新不仅是国家经济发展的根本动力，也是企业获取持续竞争优势的根本源泉。市场环境的不断变化，要求先进制造企业进行持续的创新，提高自身动态核心能力水平，使之与市场需求相适应。先进制造企业应该与外部环境相联系，获取必需的信息、技术和知识等，同时采购与之配套的生产原料和高端智能技术装备，先进制造企业为自身量身打造的提升动态核心能力的战略规划一定要与国家政策、国内外市场大环境趋势相协调和适应；先进制造企业"先进性"要符合工业技术变迁的潮流，不断持续调整和更新。

耗散结构理论由比利时物理学家普里戈金在经过 20 年的研究探索之后提出来的，并得出研究结论：假若一个系统是开放的，经过一段时间以后系统内部的某一个参量达到了所设定的阈值后就会向远离平衡态的非线性区域移动，在系统从无序向有序转化的过程中可能会出现由于涨落而引起的突变，从而产生化学振荡一类的自组织现象。普里戈金的耗散结构理论科学论证了开放性是自组织的必要条件，即 $dS = d_iS + d_eS$。其中，$d_iS$ 是系统内部混乱产生的熵，称为熵产生，根据热力学原理可知此熵为正值，即 $d_iS > 0$；而 $d_eS$ 是系统通过与外界环境相互作用而交换来的熵，称为熵交换，此熵值可正可负。因此，系统在演化过程中可能出现以下四种现象，具体如表 2-3 所示。

表2-3　系统演化过程可能出现的四种现象

| 条件 | 现象 |
|---|---|
| $d_eS = 0$ | 这种组织的系统是封闭的，与外界没有任何交换，内部的熵产生使系统混乱度不断增加，不可能产生自组织进化，只能进入有组织的退化。 |
| $d_eS > 0$ | 即系统与外界交换得到的是正熵，总熵变 $dS > 0$，此时系统将以比封闭状态下更快的速度增加混乱度，不会发生自组织进化。 |
| $d_eS < 0$<br>$\|d_eS\| < d_iS$ | 此时系统通过对外开放从环境获得负熵，但是其获得的负熵不足以抵消系统内部的熵增加，即总熵变 $dS = d_iS + d_eS > 0$，因此，系统不会发生自组织。 |
| $d_eS > 0$<br>$\|d_eS\| > d_iS$ | 在这种情况下，从外界环境中得到的负熵大于内部的熵增加，即总熵变，系统出现熵减过程，即系统发生自组织现象。 |

本书令 $dS$ 表示先进制造企业动态核心能力形成和演化过程中熵的变化，$d_eS$ 表示先进制造企业动态核心能力形成过程中各要素与外界存在的熵流交换所带来熵流的变化，$d_iS$ 表示先进制造企业动态核心能力形成过程中各要素相互作用不可逆过程产生的熵值，根据普里戈金的系统熵平衡方程有：

$$dS = d_iS + d_eS \qquad (2-1)$$

这表示先进制造企业系统熵的变化量等于动态核心能力演化系统内部不可逆的熵值增加，以及熵流带来的熵增加或熵减少的算术和。如果先进制造企业动态核心能力演化系统是一个封闭的系统，即 $dS = d_iS \geq 0$，随着熵值增加，系统内将更加无序，最终达到完全无序的定态。演化在封闭系统中无法进行，因此只有处于开放状态的系统，在熵增加的同时，与外界进行能量、物质和信息交换，形成负熵流，演化才有发生的可能；当 $d_eS$ 为负且 $d_iS < |d_eS|$ 时，$dS < 0$，即系统熵增加为负，系统内由无序逐步趋向到有序状态，直至形成远离平衡态的区域形成动态稳定有序结构，这也是企业自组织过程。这阐明了演化实现的关键在于开放系统拥有一种能令系统从无序变成有序的熵减机制，当系统有序之后，还能够保持一个低熵的非平衡结构。

如图2-3所示，在先进制造企业动态核心能力演化系统中，存在着一条活动的边界，将系统整体、内部因子与外界环境三者之间连通，使系统所需要的资源能够相互流通、相互协调和相互转化，而系统的发展亦将影响环境的存在方式。先进制造企业作为一个系统，其动态核心能力的演化是通过吸收外界有形的资源——产品原材料和无形的资源——知识、信息及能量等，并把它们转化成为具有更多附加值的产品与服务的开放系统。如果先进制造企业处于封闭状态，有形的资源和无形的资源未得到及时的摄取与更新时，自身系统无法将具有价值增值效应的产品和服务输送给外界市场和环境时，系统熵增加，先进制造企业的动态核心能力提升速度缓慢或者无效，此时先进制造企业维持已存在的竞争优势，必然会走向混沌无序、解体和消亡。

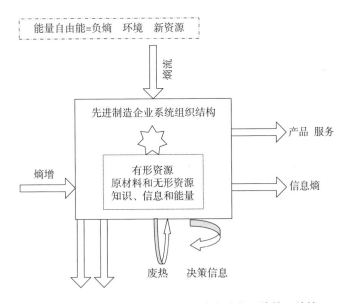

图 2-3　先进制造企业动态核心能力演化系统的开放性

## 2.3.2　先进制造企业动态核心能力演化的非平衡性

平衡态在热力学中被定义为经过无限长时间后，孤立系统达到的最均匀无序的稳定状态。而先进制造企业系统的平衡态是指先进制造企业不与外界环境联系的稳定状态。非平衡态是指一种系统的组成要素和组织在各种资源的分布上是不对称且不均匀的状态。由最小熵产生原理可知：当非平衡线性区与平衡区很近时，到达与平衡态类似的、熵产生最小的非平衡定态是系统演化的最后结果，当环境使系统逐渐接近孤立系统时，此非平衡定态将平滑地变为平衡态，系统根本不可能形成有序结构。因此，远离平衡是系统会要求远离平衡，以促进有序结构的出现。

在激烈的市场竞争中，系统开放性能够影响先进制造企业动态核心能力的演化过程，由此可知其演化系统处于非平衡状态主要集中在四个方面：①根据早些时候，全球商业咨询机构 Alix Partners 发布的报告指出：到 2015 年，中国制造业的成本将赶上美国，印度、越南、墨西哥和俄罗斯等国的制造业成本将比中国更具竞争力。与此同时，国际金融危机后，美、英、法等发达国家也正加紧重振制造业。中国制造业面临着来自发达国家和发展中国家的"双向挤压"，有落入"三明治陷阱"的危险。先进制造企业身处其中，由于国内外市场环境的风云变幻，我国的先进制造企业虽然处于制造业产业链的高端地位，但是有些时候先进制造企业必须打破原来的平衡状态。不断变革技术和组织结构，以应对外部环境的变化，都将打破先进制造企业原有结构的平衡状态。在这种情况下，先进制造企业通过不断的自组织、自学习和自适应，以形成动态核心能力。②美、英、法等发达国家正加速重振制造业以广大发展中国家成为国际产业转移的新阵地，对我国先进制造企业的产品和服务竞争造成了巨大的压力，先进制造企业的产品和服务急需实现转型升级来满足市场需求。因此，目前先进制造企业的产品和服务之间存在差异性和不对称性。③在规模化经济发展模式下，来自发达国家和发展中国家的双重压力，使先进制造企业所面临的市场进入门槛不断提高，能够达到要求顺利进入的先进制造企业数量减少，先进制造企业系统处于非平衡状态。同样，对于先进制造企业的持续发展起决定作用的动态核心能力微观系统也处于非平衡状态。④先进制造企业的创新是不可逆和非平衡的。由于先进制造企业的创新同其他企业一样也是逐步开展的，但需要更高的效率。因此，创新过程中创新个体和创新知识的分布就更具有差异化和非平衡性，创新信息与创新机会的发现和获取，创新思想与创新成果的形成在个体及职能部门之间的分布也是非平衡的。

## 2.3.3　先进制造企业动态核心能力演化的涨落现象

由耗散结构原理可知，随机涨落能够促进系统从无序到有序演化的实现，先进制造企业动态核心能力演化是依靠涨落实现有序的，在这个过程中，存在涨落持续性和间断性的介入。涨落使系统达到有序是通过如下原理实现的：①涨落有序原理。涨落理论的最基本原理是通过涨落使系统达到有序。通常来说，涨落幅度越小，能量就越小。由此可知，当原有轨迹附近有部分涨落轻微波动时，很难导致系统偏离。微涨落现象是指系统结构的稳定及抗干扰能力会使涨落对系统造成的冲击越来越小。这种现象有利于系统自我调整，回归正轨，保持平衡态。②涨落放大效应。当微涨落受到较大冲击时，就会变成巨涨落，并且会蔓延至整个系统。在耗散结构里，在不稳定出现之后，增长最快的涨落能够决定宏观有序是否出现。当这种起决定作用的涨落处于系统的主导地位，它会同化其他各种微涨落，促进决定性涨落的数量不断上升，进而同化更多的微涨落和子系统，促使系统新稳态的形成，即耗散结构，可以说涨落是形成新结构的杠杆。

企业的内、外部环境能够影响先进制造企业动态核心能力的形成，因此涨落可以分为内涨落和外涨落，这些涨落的形成是以企业开放和远平衡态为条件，它们具有很强的随机性。因此，由涨落造成的变革可能促进或阻碍先进制造企业的动态核心能力系统自组织协同涨落。如果动态核心能力系统中的一个子系统阻碍先进制造企业变异时，企业就要将一些能够促进企业发展的微涨落扩张培育为巨涨落，以促进企业变异和系统跃迁。

## 2.3.4　先进制造企业动态核心能力演化的非线性

系统的非线性是一种组分之间相互作用的数量特征，这种性质是不可叠加的。设 $X_i(i = 1, 2, \cdots, m)$ 为先进制造企业动态核心能力系统的状态变量，$C_i(i = 1, 2, \cdots, N)$ 表示先进制造企业动态核心能力系统的控制参数，则先进制造企业动态核心能力的演化方程可一般性地表示为：$X_i = f_i(X_1, X_2, \cdots, X_m, C_1, C_2, \cdots, C_n)$。如果 $f_i$ 均为线性函数，则先进制造企业的动态核心能力系统为线性系统；如果 $f_i$ 中至少有一个是非线性函数，那么先进制造企业的动态核心能力系统即为非线性的。在提升动态核心能力的过程中，先进制造企业加大对劳动和资本的投入，不会使系统的产出率上升，甚至有可能出现下降。这时，如果先进制造企业的动态核心能力因子状态变量值上升，就不能用这些状态变量值增加量的简单叠加来判断动态核心能力微观系统的状态 $(X_1, X_2, \cdots, X_m)$。组织动态核心能力系统中子系统之间的相互作用是非线性的，因此也不能简单叠加，而且它们会不断产生新性质。非线性的正负反馈机制存在于先进制造企业动态核心能力系统的演化过程中。在动态核心能力系统中，有的状态变量对整个系统演化起到正反馈加强作用；有的状态变量起负反馈弱化作用；有的则在一定条件下起加强作用，而在其他条件下起弱化作用。

从自组织理论可以看出，微涨落能够被放大的原因在于：在远离平衡态的开放系统中可以产生与线性作用不同的非线性相互作用。这种作用可以令系统中的各要素不再独立，形成双向信息传递的催化循环关系，促使微涨落不断扩大转变为巨涨落。哈肯认为：非线性是控制自组织方程的本质特征。开放的先进制造企业动态核心能力系统内部各要素之间存在诸多的非线性相互作用，这是先进制造企业破除发达国家和发展中国家"双向挤压"的根本机制。先进制造企业动态核心能力的提升过程包括新产品设计方案、发展目标确定、发展战略制定、产品研究开发、先进制造技术运用、企业整体运营等诸多环节，是先进制造企业、包括高校在内的科研院所、政府和市场等相互作用的产物，是其动态核心能力系统内部各要素之间的非线性相互作用和技术成果形成、筛选、实用化和商用化的结果，体现了先进制造企业动态核心能力系统的复杂性。

先进制造企业动态核心能力的演化过程中的非线性相互作用还表现为动态核心能力系统的竞争和协同上。先进制造企业的动态核心能力系统演化发展的不平衡性是竞争存在的基础，动态核心能力系统内部各子系统要素或不同先进制造企业的动态核心能力系统之间对外部环境和条件的适应性和反应能力都是不同的。先进制造企业动态核心能力系统要演化成为一个良好的运行系统，能够破除"中国低成本制造业周期的终结"状态，重新获得更多的竞争优势，向我国制造业价值链高端冲击，通过动态核心能力的提升加快先进制造企业的转型升级，离不开有形资源、无形资源以及市场和政府的多方面支持。先进制造企业动态核心能力的强弱高低不同，获取外界物质、能量以及信息的质量也存在差异，如何避免争相获取的有形资源和无形资源会在传递的过程中发生损耗是造成竞争的主要原因。又由于不同的先进制造企业之间、动态核心能力系统之间等诸多内外部要素必须保持合作性、集体性的状态和趋势，这就会产生某种协同现象，即各市场竞争参与者需求信息在网络某一节点产生后，就会沿着相互之间的关系网传递、循环和反馈，这种非线性相互作用使系统内各要素产生协同作用，将系统中微小涨落放大，使先进制造企业的动态核心能力系统走向有序发展。

先进制造企业动态核心能力系统的演化具备开放性、非平衡性、涨落现象介入和非线性等特点，使先进制造企业动态核心能力系统具备形成耗散结构的前提条件和演化实现的基本条件。

# 第3章 先进制造企业动态核心能力演化惯例及分析框架研究

## 3.1 企业演化的惯例解释

对于演化一词的解释，包括狭义和广义演化两种。从狭义角度理解的演化，仅仅是包括自然界内的一切生物有机体向前发展的动态过程；从广义上说，演化则是一切事物内部经过一系列组织变革和进步之后所取得的结果。"演化"一词从生物学角度指生物在不同世代之间具有差异的现象，以及解释这些现象的各种理论。演化的主要机制是生物的可遗传变异，以及生物对环境的适应和物种间的竞争。自然选择的过程，会使物种的特征被保留或是淘汰，甚至使新物种诞生或原物种灭绝。生物学关于演化的解释注重表达生物在适应环境及其变化过程中的演化结果，对于生物物种的演化过程，法国博物学家拉马克在1809年发表的《动物哲学》一书中，系统地阐述了他的进化理论，即拉马克学说。他提出了"用进废退"与"获得性遗传"两个法则，并认为这两个法则既是生物产生变异的原因，又是其适应环境的过程。英国动植物学家达尔文则认为生物种群之间在所处的自然环境中会发生生存争斗，通过自然选择的力量改变生物组织结构和功能而出现演化过程。

根据广义演化理论，可以将企业演化认为是企业在适应外部环境的过程中为蓄积生存能力和维持可持续发展而产生的一系列变化过程和获得的结果。企业演化包含两个层面的意思：首先，企业演化具有时间性，演化时间性主要表现为企业在生存和发展的过程中具有萌芽、成长、成熟、衰退、再造的生命周期特性；其次，企业演化具有复杂性，企业演化内容包括企业的组织机构、企业的运营规律、企业的战略设计、企业的管理模式以及企业文化等转变。

演化经济学中，"惯例"是研究企业演化的基本分析单位，是分析企业演化的关键要素，企业内部惯例的演化也逐渐成为学者关注的热点问题，具体如图 3-1 所示。企业惯例的演化遵循达尔文提出的"选择—遗传—变异"演化机制，企业惯例可以被解释为企业生存和发展的基本单位——基因。类比生物基因，企业惯例具有稳定性特质，可以通过对环境的适应性学习发生遗传。此外，企业惯例在长期发展过程中会随着外部环境和组织内部的改变而发生变异，企业发生变异的大多数情况都是企业盈利状况不佳，此时企业会作出重大战略规划的调整，这种变异发生的实质是企业惯例发生了"基因突变"。

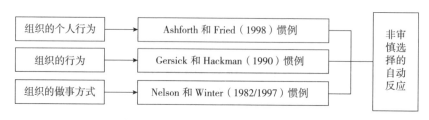

**图 3-1　惯例的基本概念**

资料来源：吴光飙．企业发展的演化理论［M］．上海：上海财经大学出版社，2004.

### 3.1.1　惯例是企业演化的记忆

惯例可以类比生物有机体成为企业演化的基因，在企业演化过程中蕴藏着大量企业的有效信息。因此，惯例也是企业演化的记忆。惯例记载着企业在生存和发展过程中的演化轨迹，它的本质表现为默会性、实践性、学习性和累积性，具体如图 3-2 所示。

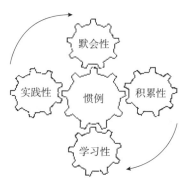

**图 3-2　企业演化惯例的本质表现**

首先，惯例具有默会性。在企业惯例的引导下，企业不需要重新学习或掌握新的知识，可以直接默认进行而不用进行深入的思考即可成熟地进行某个操作程序。企业在生存和发展的过程中，对很多重复的操作或事件已经经历过很多次，所以当再次进行此次操作和事件发生时，其应对的本能不会做出任何反射，而是迅速准确地将其完成。这种情况在逻辑性上是无法解释的，这就是所谓企业行为的惯例。惯例的默会性是企业记忆的核心，决定企业惯例的功能。

其次，惯例具有实践性。企业所储存的记忆通常通过符号、文字、资源、文化等来进行传递，因此企业惯例具有实践性。惯例实际存储的企业程序，实际也是企业行为。由于企业系统内部结构包含不同的组织构成和人员构成等要素，因此，企业在从事各种生产活动过程中，经过长时间的积累往往会有一套固定的处事原则，这套原则经过积累和沉淀就会形成企业惯例，时刻规范和约束企业生产运营的每一个实践操作环节。

最后，惯例具有累积性和学习性。作为企业记忆的表现形式，惯例不是一成不变的，会随时间推移不断更新和改进。因此，企业惯例对环境的适应性提升也需要通过学习和积累的方式完成。当企业惯例自身无法满足发展需求时，这时的企业就会从外部环境中进行惯例搜寻和惯例变异，这两个过程能够帮助企业不断搜寻到优秀的惯例，以弥补企业基因缺位。惯例的添补能够改变企业组织内部结构和显性特征，通过惯例模仿和惯例变革两种形式能使之达到最优状态。

## 3.1.2　惯例是企业演化的技巧和行事规则

（1）惯例是企业演化的技巧。在《经济变迁的演化理论》中，纳尔逊和温特将企业惯例和个人技巧进行类比，认为技巧是一种行为能力且其光滑序列协调一致。技巧的形成是企业通过无数次的行为尝试总结和积累出来的，企业技巧的形成意味着企业惯例的形成。企业技巧体现的重点是企业行为对自身的感知能力，即企业能够更加明确自身发展过程中的竞争优势和劣势。同时，企业技巧也体现了企业演化惯例本质中的默会性特征，企业通过内部组织和外部环境汲取的默会知识累积形成企业演化需要的技巧。

（2）惯例是企业演化的做事方式。企业组织的做事方式是形容惯例的另一种形式，形容技巧更加贴切。惯例的优越性能够决定生产交易过程的效率、员工激励程度、企业运营成本、管理模式先进性等。同时，企业惯例决定了不同环境中企业的做事方式不同。企业可能根据同一种惯例在企业发展的不同阶段或者面对不同的外部环境，企业所做的战略规划设计和高层管理者的决策都是不同的，所以惯例具有替代性。惯例的执行效率和熟练程度也是影响企业做事方式的重要因素，复旦大学吴光飚博士认为价值判断惯例、生产和交易惯例、监督控制和激励惯例决定企业演化的做事方式，它们分别对应着企业不同种类的活动，具体如图 3-3 所示。

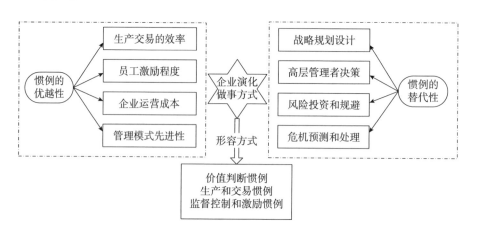

**图 3-3　企业演化的做事方式分类**

### 3.1.3　惯例是企业演化的目标

在市场经济的通常情况下，作为市场主体的企业一般以盈利为目标，只有当经济效益大于生产经营成本时，企业才能在市场中生存和发展，但这不是企业进行演化的唯一目标。企业演化最主要的目标除获取盈利之外，就是获得能够长期适应外部环境的永续动力，以保证企业的可持续长足发展。永远长青的企业是不存在的，企业不可能永远追逐于短期的经济利益，而必须为企业长期的发展做好充足准备。因此，企业需要在不同发展阶段中不断寻求符合环境并且符合自身发展的企业目标，这是企业演化的最终目的，即形成良好的企业惯例，并保持这种惯例的适应性和连续性。现代企业可以看成是生命有机体，企业的惯例即企业发展的基因，企业作为一个复杂的生命系统如何适应外界环境的变化，并且能够提供高度适应环境且在企业生存和发展的过程中能够帮助企业获取超额利润的服务和产品，是企业在生命周期发展过程中需要长期关注的问题。在演化过程中，企业如何通过惯例搜寻的方式获取和选择适应企业发展的惯例，并保持惯例的连续性是企业演化的根本目标。企业能够通过某种程序或技巧参与市场竞争的决定性因素是企业惯例的存在。此外，惯例的反馈作用推动了企业演化的进程。

# 3.2　先进制造企业动态核心能力演化惯例的内涵及构成要素

如前文所述，先进制造企业动态核心能力演化过程由企业惯例的遗传、适应性学习、搜寻、分岔与突变来实现，因此探讨先进制造企业的动态核心能力演化惯例是有必要的。先进制造企业的动态核心能力演化包含很多含义，其是通过先进制造企业动态核心能力惯例来实现的。先进制造企业动态核心能力的升级是由动态核心能力因子来实现的，动态核心能力因子的辨识可以更加清晰地把握先进制造企业动态核心能力的演化规律。先进制造企业动态核心能力演化需要从惯例演化与动态核心能力演化二者相结合的角度进行研究。通过分析先进制造企业动态核心能力的内涵和本质属性可知，其演化惯例的识别是为了寻求先进制造企业动态核心能力因子。

## 3.2.1　先进制造企业动态核心能力演化惯例的内涵

先进制造企业动态核心能力的演化主要是针对开放性系统而言，因为为了维持自身生存和发展，先进制造企业需要不断同外界进行大量的物质、信息和能量交流。复杂性是开放性系统最基本的特征之一，主要有企业自身结构的复杂性、企业所处环境的复杂性和企业与环境互动过程的复杂性等。所以企业惯例并不唯一，具有多样和隐蔽的特性。先进制造企业动态核心能力演化所关注的惯例不是普通的企业惯例，而是众多惯例中的关键惯例，它们在企业动态核心能力演化的临界点能够起到重要作用。20 世纪 70 年代联邦德国学者哈肯教授在其创作的协同学理论中阐述了序参量的作用，认为在一个动态复杂系统中，序参量是影响处在临界值系统的关键变量。哈肯教授还得出以下结论：影响系统演化的变量有快变量和慢变量，当系统演化发展到临界点时起主导作用的是慢变量，慢变量同时对快变量具有支配作用。协同学理论为企业演化研究奠定了重要基础，哈肯教授把研究对象假设成为由子系统构成的复杂系统，通过子系统间物质、信息和能量的互动，形成复杂系统的整体效应或组织内部的新型结构。因此，本书借鉴哈肯教授的协同学理论认为企业系统演化的序参量是先进制造企业动态核心能力演化惯例的本质。

序参量首先被应用于物理系统的耗散结构理论中，它与协同学理论都以序参量为中心来分析系统的演化过程。根据这两种理论，本书认为先进制造企业动态核心能力系统的演化也是由系统中各种变量之间的相互作用而导致的非平衡演化结果。先进制造企业的动态核心能力系统是一个开放的系统，当系统达到某种临界状态时，外界环境压力和内部因素突变会使大多数变量由于遇到阻尼作用对系统的影响逐渐变弱，甚至会随着系统跃迁过临界值而消失。当动态核心能力系统处于临界值边界时，在外界环境和内部因素的共同作用下，系统内有少数变量会对系统产生积极的反馈作用，加速系统向新平衡状态的跃迁，新平衡状态的系统相比原来运行更加有序。这些少数变量始终影响系统的演化过程并引导着系统的演化方向，在演化过程中它们对系统的控制作用被迅速放大，甚至会影响系统的演化结果和未来新平衡状态系统的结构和功能。上述变量就是序参量，虽然数量不多，但是在系统演化过程中会直接影响系统的有序性和稳定性。因此，在众多企业惯例中识别出直接影响动态核心能力系统演化的关键惯例是非常重要的。先进制造企业动态核心能力演化管理具有序参量的特征，其判断依据如下：

（1）先进制造企业动态核心能力演化惯例具有支配企业系统的作用。序参量在系统运动中具有决定性作用，协同学把序参量在企业演化过程中起主导作用的现象称为"役使原理"。先进制造企业动态核心能力演化惯例同序参量一样，主导系统的演化过程，决定先进制造企业系统与环境的适应度。在先进制造企业动态核心能力演化过程中，若不存在演化惯例，系统的有序性将被打乱处在杂乱无章的混沌状态。即先进制造企业动态核心能力演化惯例的役使力量是促使动态核心能力系统有序演化的重要作用。

（2）先进制造企业动态核心能力演化惯例的形成具有时间性。在系统演化过程中序参量是系统发展运动过程中对众多变量进行自身筛选而产生的，先进制造企业的动态核心能力演化惯例的形成过程也是如此。先进制造企业的动态核心能力自身会产生各种惯例，但只有经过不断学习及长时间的积累的惯例才会成为演化惯例。这种演化惯例是先进制造企业系统的慢变量，是系统推陈出新的不稳定因素。先进制造企业动态核心能力系统的演化总是从序参量开始的，序参量的变化支配着子系统的运动，从而影响整个系统的演化过程。

（3）先进制造企业动态核心能力演化惯例可以衡量动态核心能力系统的有序程度。协同学认为系统演化的发展阶段和有序程度是用序参量来衡量的。作为社会经济系统的子系统，先进制造企业的动态核心能力系统既具备社会特性也具备生态特性。因此，衡量先进制造企业动态核心能力的生态性特征和做事方式是必要的。当系统的技巧、习惯或做事方式发展成惯例后，可通过衡量动态核心能力惯例来评估动态核心能力系统演化过程的有序状态。

## 3.2.2　先进制造企业动态核心能力演化惯例的构成要素

先进制造企业动态核心能力系统的运动和外部环境密不可分。因此，对先进制造企业动态核心能力的关注点主要是系统演化的影响因素及其与环境的协调程度。在研究先进制造企业动态核心能力惯例时要综合考虑内部因素和外部因素，企业惯例存在于系统内部，因此内部因素起主导作用，外部因素主要起刺激作用。企业系统外部宏观环境主要包括政治、经济、技术、文化等因素，根据迈克尔·波特的竞争理论外部环境可以更细致地分为政治/法律、人口、经济、社会文化、全球化、技术六方面，具体如图3-4所示。

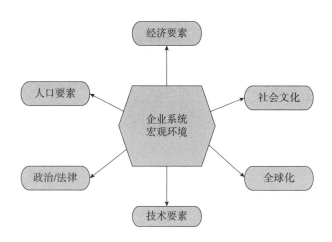

**图3-4　企业系统外部宏观环境**

资料来源：迈克尔·A. 希特. 战略管理：概念与案例［M］. 北京：中国人民大学出版社，2009.

政治法律要素涉及政策制定、政策连续性、市场准则制定及其他行政措施等；经济要素通过市场机制影响企业系统的发展运行，主要影响货币、信息及物品等的交换活动；人口要素是企业市场扩张要考虑的重要内容，包括人口数量、年龄结构、收入状态及地理分布等；社会文化要素涉及消费者的价值观、地区风俗习惯等，是社会发展的价值取向，是其他各要素发展变化的动力；技术要素涉及新产品新技术等知识的转化，可以促进企业的技术创新，以及新流程、新材料和新产品等的产出。

企业的外部环境还包括影响企业竞争行为的行业环境要素，主要包括新进入者、供应商、替代品、顾客及现有竞争者，如图3-5所示。这五种力量决定了当前行业的盈利能力与发展潜力，对先进制造企业的发展至关重要。

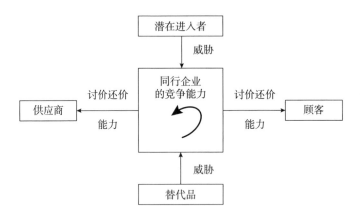

**图 3-5 行业环境五种力量**

先进制造企业系统的外部环境具有复杂性，对先进制造企业动态核心能力系统演化过程的影响具有间接性，通过改变企业的投资策略、促进技术创新等手段才能对系统产生影响。经济学中将生产投入要素主要定义为劳动力、资本和技术，本书用资本、人力、技术等先进制造企业的动态核心能力系统的外部控制变量来定义外部环境影响下的投入要素。外部投入要素作为控制变量同动态核心能力系统的内部要素有严格区别。先进制造企业动态核心能力是一种能快速、高质量地将企业的投入转变为产品和服务并从中获取可观利润的能力。业务、管理和资源三者的互动协调将促进企业动态核心能力的提升。因此，本书把评估状态、适应性学习状态、整合状态和创新状态定义为先进制造企业动态核心能力系统的状态变量来反映企业的业务、管理和资源状态。序参量产生于先进制造企业动态核心能力系统内部，长期对系统演化产生影响，是系统宏观特征的体现。根据协同学理论的定义，一定条件下系统的状态变量可以转化为序参量。因此，一定条件下先进制造企业动态核心能力系统的状态变量可以转化为系统的序参量，可以转化为系统演化过程中的惯例。先进制造企业的内部要素组合在外部环境刺激下将转化为动态核心能力系统的演化惯例，企业内部要素的四个状态变量分别对应四种系统演化惯例，具体如图 3-6 所示。

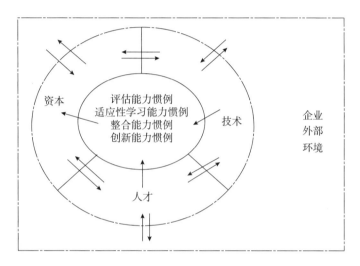

**图 3-6　先进制造企业动态核心能力演化惯例的构成**

评估能力惯例对应动态核心能力系统的评估状态变量。评估能力惯例是先进制造企业资源特征的体现，主要衡量先进制造企业有效利用有限资源的程度。评估惯例包括先进制造企业从外界获取的有形资源和无形资源，是先进制造企业在一定的生产周期内通过对产品和服务的研发与创新的成果，反映了产品和服务周期的初始状态，具体用固定资产、总资产、资本积累率等资源类指标进行衡量。

适应性学习能力惯例对应动态核心能力系统的学习状态变量。适应性学习能力惯例是先进制造企业效率特征的体现，主要衡量先进制造企业对知识有效运用的程度。在先进制造企业演化的过程中，适应性学习惯例反映产品和服务周期中端阶段的规模，具体用知识获取的速度、知识消化的速度、知识转移的程度、知识共享的程度、知识利用的比率等效率类指标来进行衡量。

整合能力惯例对应动态核心能力系统的整合状态变量。整合能力惯例是先进制造企业运营特征的衡量，主要衡量先进制造企业掌握和运用先进制造技术或其他标准操作等具体程序的程度，它是先进制造企业做事方式的记忆整合和集合过程。在先进制造企业演化的过程中，整合能力惯例也反映产品和服务周期中端阶段的规模，具体用应收账款周转率、存货周转率、流动比率、速动比率等运营类指标进行衡量。

创新能力惯例对应动态核心能力系统的创新状态变量。创新能力惯例是先进制造企业盈利特征的衡量，主要衡量先进制造企业产品和服务创新周期的长短以及创新效率的高低，是先进制造企业利润和其他经济效益的重要函数。在先进制造企业动态核心能力演化过程中，创新惯例反映产品和服务周期终端阶段的规模，同时也是先进制造企业动态核心能力演化循环往复的初始端，具体用市场占有率、销售利润率、成本费利润率、先进制造技术更新效率等盈利类指标进行衡量。

在先进制造企业动态核心能力系统的演化过程中，众多微观子系统或子元素自组织成为动态核心能力演化惯例，描述了系统的宏观状态。当控制变量达到系统阈值条件时，动态核心能力演化惯例会长时期作用于系统促进系统的演化。由此可以看出：阈值条件下的动态核心能力演化惯例具备序参量的特征，随着企业战略资源扩张，优势企业将继续复制惯例来保持组织记忆的连续性，因此，识别动态核心能力系统序参量的过程也是分析系统演化惯例的过程。很多学者提出了不同层面的序参量，如核心理念、企业价值、创新、持续成长能力、企业领导者等。用先进制造企业动态核心能力演化惯例能解释这些序参量从产生、进步到发展的全过程。

# 3.3 先进制造企业动态核心能力演化的分析框架

与产品的生命周期类似，先进制造企业动态核心能力也有萌芽、成长、成熟、衰退、再造的过程。但本书认为产品是资源和能力的组合体，先进制造企业动态核心能力的生命周期超越了其生产的产品，动态核心能力生命周期与产品的生命周期并非一一对应。Helfat 和 Peteraf 认为组织能力演化的一般模式路径是"组建—开发—成熟"，这也是组织能力的异质性来源；达尔文的演化经济学提出了"选择—遗传—变异"的演化范式，Zott 也认为能力演化是"变化—选择—保留"的过程。其中变化是指企业想通过内部的实验和外部的模仿两种方式来确定企业的发展方向，即所谓的发展过程中要进行经常性的搜索；选择是指企业在发展中需要对各种能力进行有效的、及时的评估；保留是指通过实施、复制和能力转移，使企业间能力传递或实践传导达到最佳状态。本书在结合 Helfat 和 Peteraf、达尔文以及 Zott 三者的思想与理念的基础上，借鉴生命周期理论的相关内容，提出了先进制造企业动态核心能力演化的四种方式：遗传演化、适应性学习演化、搜寻演化、分岔与突变演化。

## 3.3.1　演化的基本单位——动态核心能力因子

在先进制造企业动态核心能力演化的过程中，可以看出动态核心能力的演化是惯例演化引导的更高层面的企业与外部环境间的互动。在演化过程中，必然有一个或多个因子主导系统的演化，我们称这种因子为动态核心能力因子，它们可以显著改变先进制造企业动态核心能力的演化进程，每个因子在先进制造企业不同演化阶段发挥的作用也截然不同。动态核心能力是先进制造企业演化不可或缺的主导因素。因此，在不同阶段并不能随意增强某一因子的作用或者忽略某一因子的作用，应依据当时市场环境而定，保持动态核心能力因子的平衡对先进制造企业的演化具有极其重要的意义。

先进制造企业动态核心能力的演化由动态核心能力因子主导，所以在整个演化的分析中首先要在影响因子中识别出主导因子，这需要先进制造企业根据自身的特点利用科学有效的方法从企业的内外部环境因素中选取和界定。先进制造企业动态核心能力演化因子要起到桥梁和纽带的作用就一定兼具适应性和演化特征。从协同学理论的观点看，动态核心能力因子可以被看作是先进制造企业动态核心能力系统演化的序参量。

### 3.3.1.1　动态核心能力因子的构成

国外学者 Eisenhardt 和 Martin（2001）、Griffith 和 Harvey（2001）、Zahra 和 George（2002）、Helfat 和 Peteraf（2003）、Zahra 和 Sapienza（2006）以及 George（2007）等分别从企业战略管理能力、组织学习能力和知识管理能力视角对动态核心能力的内涵进行了剖析；Meyer 和 Utterback（2008）从企业技术创新过程对企业动态核心能力进行了分析。国内学者任学峰和张威（2001）、范太胜

（2003）、路甬祥和郭庭廷（2006）、赵建华（2007）、吴裕明（2008）、梁广华（2009）、陆燕荪（2010）、韩凤晶和石春生（2010）等学者分别从先进制造业特征研究先进制造企业的动态核心能力的形成过程。本书结合先进制造业自身特点以及上述学者有关动态核心能力的研究成果，将先进制造企业的动态核心能力因子构成分为：评估能力因子、适应性学习能力因子、整合能力因子和创新能力因子。

（1）评估能力因子。先进制造企业的评估能力是指企业在其动态核心能力形成的初始阶段为获取持续的竞争优势而对从外部获取的资源进行全局性的判断和辨识，这个过程所表现出来的能力即评估能力。企业为了适应外界环境的剧烈变化和自身的可持续发展需要及时做出可行性判断，只有做出正确的评价与估量之后，才能营造出对企业发展有利的动态核心能力。企业的评估能力主要由机会辨别能力、适应环境能力、判断决策能力、认知反应能力构成。评估能力具体表现为先进制造企业把从外部获取的各种有形资源和无形资源重新架构起来，并将分布在企业内部的知识资源紧密联系起来，最终实现先进制造企业内部以知识资源为主的流通和共享。先进制造企业系统在整体发展和演化过程中，评估能力协助先进制造企业将相对独立的各知识单元联系起来，增强企业内部组织对知识单元的把握度和控制力。先进制造企业为适应外部环境而进行的有效适应学习过程中，组织个体直接学习是有一定难度的，评估能力阶段可以通过对企业发展战略和组织结构的设计和整体把握在一定程度上控制知识资源框架。

（2）适应性学习能力因子。先进制造企业是市场环境交易中的先进主体之一，为保持自身竞争优势需要对所处市场环境变化即时做出敏捷反应，这就需要企业自身具有能够适应剧烈变化环境的能力，这种能力的培养需要先进制造企业随着经验的积累，通过不断学习外界环境中的知识以及变化其行为规则来帮助实现。先进制造企业在动态核心能力形成过程中的学习有别于其他过程，这里的学习更侧重于与环境互动和匹配的动态适应性学习，先进制造企业在自身适合周围的环境和与对手相互竞争的过程中，理解、掌握和运用新知识和新思想形成新的外部信息价值，使之被应用直至把它们转化为商业成果，先进制造企业的适应性学习是企业自身不断适应环境与先进知识库不断融合的过程。根据已有文献研究，本书认为先进制造企业适应性学习能力是知识获取、共享、转移和利用的能力。适应性学习能力可以通过改变组织内部知识单元的设计和企业对知识单元的控制而不断提升，随着先进制造企业内部知识库与外部知识库的相互作用及企业个体行为不断适应性环境学习过程，从而不断拓宽组织内部现有的知识存量和蓄积程度，在学习的过程中，通过学习获取企业发展过程中所需要的独特资源至关重要。由于企业动态核心能力是以知识转化为核心的，因此企业若要具备更高的学习能力首先要建立和完善知识管理体系。

（3）整合能力因子。先进制造企业的发展是一个动态响应环境的过程，因此先进制造企业动态核心能力的形成和发展也是一个持续不断变化的过程，而资源的重新配置和利用影响企业的可持续发展程度高低。因此，企业需要进行由静向动的转变。先进制造企业的整合能力是指企业对外部环境快速做出反应重新整合内部资源的能力。整合能力是先进制造企业动态核心能力演化的最重要阶段，包括协调能力、重组资源与社会资本能力、知识整合能力和社会网络关系整合能力。整合能力一方面对已经获取的外部知识资源进行整理和消化，另一方面将整理和消化后的知识资源与内部存在的知识资源、企业运行规则、各部门职能和产品、技术专业领域进行融合。整合能力既能反映先进制造企业在适应性学习过程中各个知识单元之间的相互联系，又能体现各种显性知识和隐性知识交互作用形成动态网络的过程。先进制造企业在资源配置过程中不再局限于一些静态资源（如采购资源、财务资源、人力资源和信息资源等），而是将更多的注意力转移到组织内部各种资源的重新协调和配置以及业务流程的更改与升级等；这些与动态资源整合相关的问题上。先进制造企业从适应性学习过渡到整合的过程中，也体现出企业组织内部知识架构的演化过程，即表现为相对独立的知识单元单向或双向的联系演化成多向和动态的联系，这种动态交互的过程一定程度上加速推动先进制造企业新研发的具有较高技术含量和附加值产品的商业化，并使先进制造企业进一步自主创新成为可能。动态交互过程的频率越高，先进制造企业系统内部知识整合效率和技术创新效率就越高。

（4）创新能力因子。先进制造企业系统在发展和演化的过程中，竞争优势主要来源于企业长期发展过程中形成的独特资源，而企业所拥有的这种独特资源主要蕴藏在技术创新的过程中，因为企业的技术创新能够为企业带来持续不断的竞争优势。企业的技术创新能力是指企业利用新技术、新知识和新管理方法来创造新财富的能力。企业技术发展和核心产品的演化对企业动态核心能力的培养与提高有重要的影响。产品和生产工艺等静态技术资源的优势并不能促使企业具备可持续发展能力，竞争对手的模仿、购买、引进等策略会削弱企业现有的静态优势，因此企业要通过提高技术创新能力来实现企业的可持续发展，技术创新能力主要包含技术引进和消化能力、产品创新能力、原始创新能力、工艺创新能力、研发创新能力以及集成创新和引创能力。

### 3.3.1.2　动态核心能力因子间的协同效应

虽然这四种因子各自都有自己的职能，但是在先进制造企业动态核心能力的演化过程中四者缺一不可，只有四种因子密切配合才能保证先进制造企业系统的协同演化，同时保障先进制造企业动态核心能力演化的实现。评估能力因子、适应性学习能力因子、整合能力因子和创新能力因子共同作用于先进制造企业动态核心能力的演化过程。在先进制造企业动态核心能力演化过程中，起始端是先进制造企业评估能力因子的作用。在评估能力因子的引导下，先进制造企业系统与外界环境之间不断进行能量、物质和信息的交换，从而从外界获取先进制造企业可持续发展过程中所需的资源。评估能力因子的效果通常体现在先进制造企业的各种投入，包括人力资源、先进制造技术资源、财力资源等的投入。从成本的角度出发，评估能力因子还尤其影响到先进制造企业的成本管理，在资源的获取过程中先进制造企业系统也在不断付出各种形式的成本，这需要先进制造企业根据外部环境以及自身的实际情况作出具有预见性的辨识和判断，包括时间、人力和金钱等，所以评估能力因子的优越性主要体现在先进制造企业资源的获取能力和成本管理能力两个方面。

先进制造企业的适应性学习能力和整合能力主导的是企业投入产出转化的过程，先进制造企业得到各项资源充足的投入之后，在内部必然需要某种转化过程。将投入转变为产出，这时需要通过先进制造企业技术的积累和制度的更新来实现适应性学习能力因子和整合能力因子的优化，这两种因子对先进制造企业动态核心能力演化的影响是评估能力因子影响的延伸。在评估能力因子作用之后适应性学习能力因子和整合能力因子才开始作用，因此评估能力对先进制造企业系统的影响是以适应性学习能力因子和整合能力因子为基础的，在它们二者的作用下，先进制造企业系统通过将企业资源的转化向社会提供一定的产品和服务，同时采取各种具有先进性的竞争策略获得更稳固的竞争优势和超额利润，创新能力因子由此成为主导先进制造企业获取利润的主要因素。

如图3-7所示，横向维度描述的是先进制造企业动态核心能力的模块性，表示先进制造企业动态核心能力是基于单个知识单元或者每个知识单元联系和合并的能力相关，纵向维度描述的是先进制造企业动态核心能力的可控性。这个维度上，可控性与不可控性是相对的，因为构成四种能力因子的知识大部分是隐性的。因此，关键在于先进制造企业的高层管理者能否直接控制这些能力。先进制造企业的创新能力因子是先进制造企业动态核心能力演化过程的逻辑终端，也是动态核心能力演化循环的起始端，在此过程中先进制造企业通过运用相关知识创造新产品，并形成强大的知识创新能力和知识增量能力。知识创新能力发挥作用时导致产生的知识增量中知识单元形成的整体性下降，系统通过重新与外界交互作用寻求新的知识联系，评估能力因子、适应性学习能力因子和整合能力因子同时发挥作用实现先进制造企业核心能力的螺旋演化。

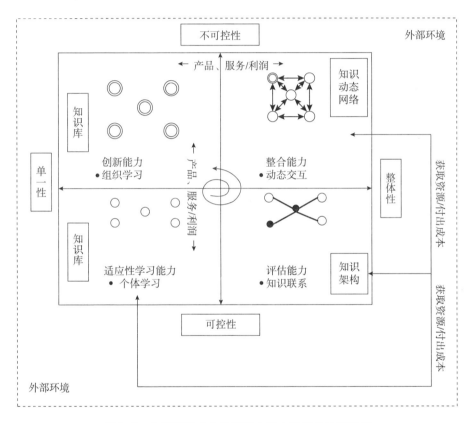

**图 3-7　先进制造企业动态核心能力因子的协同效应**

先进制造企业的评估能力因子、适应性学习能力因子、整合能力因子和创新能力因子是整个先进制造企业系统有效可持续运行的纽带，可以解释先进制造企业作为投入产出系统的全过程活动。如果以资源进入先进制造企业系统到成为产品和服务的过程为例，那么评估能力因子主导的是先进制造企业系统运行的初始端，是先进制造企业系统原始资源的获取和积累过程；适应性学习能力因子和整合能力因子主导的是先进制造企业系统运行的中端，是资源在先进制造企业系统中有效的利用和转化；创新能力因子主导的是先进制造企业系统运行的终端，是先进制造企业的产品和服务在投向社会的过程中为先进制造企业创造的价值所在。四种能力因子之间是一种连续分工与合作的过程，本书认为四种因子对先进制造企业所产生的是层层递进的效应，这种效应主要依据资源在进入先进制造企业系统之后的使用效果，如图3-8所示。

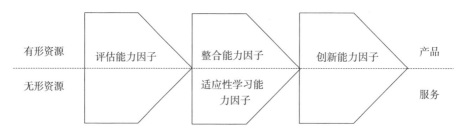

**图3-8　先进制造企业动态核心能力因子递进关系**

在先进制造企业动态核心能力因子的演化过程中，四种因子之间有机地联系在一起，每一种因子都有可能成为先进制造企业发展过程中的独特竞争优势。四种因子之间除了合作，有时也具有竞争关系，即回到研究先进制造企业的动态核心能力可持续发展过程中哪种能力因子占据支配地位的问题。四种动态核心能力因子的关联关系必然将它们形成一个整体，而哪种因子更具有主导地位与先进制造企业自身的结构、发展的状态、战略规划的目标以及所处外界环境的状态差异等因素有关。在先进制造企业动态核心能力演化的过程中，在动态核心能力因子的共同作用下，即使在外界环境发生急剧变化时也能保障先进制造企业的动态核心能力演化过程有序进行。

### 3.3.2　动态核心能力的遗传演化

先进制造企业作为一个生命有机体，如同一个健康的人拥有健康的机体、良好的心理世界和价值观以及强大的能力等，健康的先进制造企业要有良好的企业结构、企业文化和企业能力等。单个的先进制造企业通过演化的形式形成自身的惯例，企业的惯例是企业在长期发展过程中逐渐形成的、习以为常的做事习惯和行为模式。惯例如同先进制造企业的基因一样，帮助企业保存技能、知识和动态核心能力，提供多种潜在选择的柔性资源和柔性行为模式，是反复和持续的、集体的、不需要协商的，以及自发的，具有过程性、嵌入性和路径依赖性。这些惯例间的差异性构成了企业间相互区别的特性，先进制造企业动态核心能力的演化惯例的遗传可以通过复制、学习等方式实现。初始状态的动态核心能力惯例是企业从外部环境学习模仿或自身创造出来的，即遗传从前的知识和经验，具有很强的路径依赖性。遗传过程最重要的就是把先进制造企业的优良基因也就是企业惯例遗传下去，惯例的运行本质也是运用资源、知识和信息的过程，先进制造企业在一段时间的整合之后走上了正式的轨道，其优良的遗传基因得以被复制、保留，使先进制造企业处在一个相对稳定的状态之下。

### 3.3.3　动态核心能力的适应性学习演化

适应性学习的概念是由西蒙最早提出来的，他认为学习行为采取的是一种选择性的、试错式搜寻的方式，以前成功的学习行为为企业解决问题提供了努力的方向，当再次遇到同样问题时，主体倾向于选择以前的惯例尝试解决。西蒙的适应性学习强调，学习是通过反馈机制发生作用的，以前的成功案例让企业再遇到类似问题时能够沿用以前的旧惯例进行解决，而过去的失败案例又能促使人们尝试或搜寻新的惯例。先进制造企业动态核心能力系统的演化本质之一也是一个不断进行适应性学习的过程，当系统的内外部环境发生变化时，系统主体先会尝试搜寻旧的惯例来解决问题以适应外界环境的变化。当运用旧的惯例解决不了新问题或者即使能够把问题解决但是效果不能达到满意时，系统主体就会尝试搜寻新的惯例解决问题，在先进制造企业动态核心能力系统不断改进和修正的过程中，系统得以向更有序方向演化。

### 3.3.4　动态核心能力的搜寻演化

先进制造企业在发展的过程中积累了大量的内存知识，而这些知识随着企业的发展已经具有显著"刚性"，不能被重复利用和吸收，因此先进制造企业必须要主动地、有选择性地、有目的性地进行组织忘记，即消除原有企业知识存量的"废旧知识"。例如，企业文件资料的销毁、企业经营模式和组织战略的改变以及企业人员的流动等。先进制造企业的组织忘记也是学习的过程，是企业改变企业记忆系统进入再学习过程的开始，有利于企业记忆系统的更新和有效转变。先进制造企业的组织再学习依赖于企业记忆的更新，先进的制造企业需要再学习而又不得不忘记，因为整个系统的记忆库存是有限的。企业的忘记学习是为了获取新的知识而并非纯粹地丢弃，企业丢弃的是不能再被继续利用创造更多价值的知识，将内存空间空出好进行创造性思维和吸收新知识的学习，避免企业陷入惰性，阻止先进制造企业核心能力刚性的产生。同时，先进制造企业忘记无用知识过程为下一步的学习提供了更大的记忆存储空间和知识搜索速度。吸收新知识必须有原有知识和记忆空间两个因素的阐释，因此企业知识系统的无用知识的存在减少了潜在的新知识存储空间，也降低了利用原有知识阐释新知识时的搜索速度，因此必须要通过忘记学习来摒弃这部分知识。

先进制造企业在"再学习"过程中应该采取的行为联结方式是搜寻，如图 3-9 所示。搜寻是指先进制造企业以自我为原点，以一定的长度（依据先进制造企业自身规模判定）作为半径搜寻画圆，搜寻此范围内适合先进制造企业自身发展的新知识，因为在此区域内搜寻到的企业可能是同类的也可能是不同类的，因此先进制造企业需要在限定区域范围内通过自我分类的方式先对搜寻到的企业是否是同类型企业进行判断和识别。先进制造企业对于搜寻到的同类企业知识也要进行内部识别，如果搜寻到的知识与先进制造企业自身匹配并适用于企业自身发展即处于搜寻满意状态，则可以将这部分知识放入企业的知识库存中，如

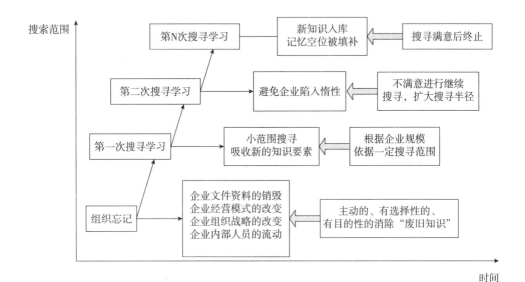

**图 3-9 先进制造企业动态核心能力搜寻演化过程的组织忘记和知识搜寻**

果搜寻结果处于不满意状态则需要扩大半径进行更大范围的搜寻，直至搜寻到满意的结果为止。先进制造企业进行搜寻学习不仅能够让其快速地与同类企业进行有效的沟通和交流，而且能够快速地将忘记学习过程空出的"记忆空位"补上，将学习来的新知识迅速注入企业内部缩短了先进制造企业更新自我的速度并提高了获取持续竞争优势的效率。

## 3.3.5　动态核心能力的分岔与突变演化

先进制造企业规模的逐渐扩大导致动态核心能力因子数目的增多，造成了先进制造企业内部组织的复杂化。先进制造企业动态核心能力系统就会从系统结构、功能等各方面出现分岔与突变等现象。动态核心能力的构成因子通过自身调节、集聚功能势差对先进制造企业所处的环境系统产生影响，同时先进制造企业所处的行业环境和宏观环境都对企业动态核心能力的涌现现象产生一定的影响，先进制造企业与外部环境主要通过信息、知识和资源的交流传递来实现这种涌现对撞。信息交流的重要职能之一就是对各动态核心能力因子、先进制造企业系统与外部环境之间的信息、知识、资源的传递和交流来进行管理，促使先进制造企业的动态核心能力发挥出最大的主动性和能动性。

先进制造企业动态核心能力的生命中期内在反映了知识的传导过程和能力的获得随着时间推移而发生变化，这种变化导致先进制造企业的企业行为也发生了不同层次的变化。动态核心能力在一定程度上以获取的资源和知识作为基础，同行业其他先进制造企业或企业个人获得必要的学习机会时，这些动态核心能力会通过知识的传导功能而得到广泛的扩散，渗透到先进制造企业内部组织，形成具有一定辐射功能的动态工具。当基础性知识被员工和企业管理者所熟知时，动态核心能力的扩散和渗透就会更加迅速，甚至一些隐性的知识也会被复制。

## 3.3.6　四种演化方式的正三棱锥体支撑效应

先进制造企业动态核心能力演化的四种方式，即遗传演化、适应性学习演化、搜寻演化、分岔与突变演化，四种演化方式是并列的关系。本书将先进制造企业看作是一个正三棱锥体，动态核心能力位于正三棱锥体的正中心，四种演化方式位于正三棱锥体的四个顶点位置，对先进制造企业动态核心能力的演化过程起重要的支撑作用。四种演化方式对于动态核心能力的演化过程来说同等重要，不分先后也不分轻重。先进制造企业在生存和发展的过程中在不同的时间和空间节点，会根据外部环境和内部惯例所呈现出来的不同状态选择一种、两种或者几种演化方式作为主导演化方式推动动态核心能力的演化进程。

第一，纳尔逊和温特提出了"惯例"的概念，企业惯例可以解释为企业知识和经验的载体，企业间的相互区别的特征是由企业惯例之间的差异性引起的。对先进制造企业来说，外部环境的刺激作用会在其发展过程中被放大，如果先进制造企业的运转能够保证企业获得满意的收益，那么先进制造企业内部存在的这种惯例就会通过遗传的方式保留下来，此时先进制造企业动态核心能力演化的方式采取的是遗传演化，发展战略的选择更多地具有路径依赖效应。

第二，若先进制造企业运转失常导致企业收益低于某一限度，此时先进制造企业动态核心能力的状态根本无法满足无法支撑先进制造企业的后续发展。但先进制造企业可以通过较快的适应性学习过程，将动态核心能力的状态很快提升到适应先进制造企业的发展要求，此时的先进制造企业会摒弃动态核心能力进行遗传演化的战略而是采取适应性学习演化，使动态核心能力的状态尽快与外界环境和先进制造企业自身匹配。

第三，如果先进制造企业的运转出现异常而使收益低于企业所能接受的最低限度，但是先进制造企业通过遗传和适应性学习的方式都无法改变现有状态，需要对企业内部的惯例进行大幅度调整时，就需要进行惯例的变异。惯例变异的方式包括搜寻和分岔与突变，搜寻是在已有技术和惯例（先进制造企业自身、行业）中寻找，而分岔与突变则是通过自主研发形成原来没有的技术和惯例，先进制造企业的这两种突破动态核心能力现有状态的方式即搜寻演化和分岔与突变演化两种演化方式的实现过程。

不管先进制造企业处于发展过程中的什么阶段以及动态核心能力处于什么状态，根据每个阶段的实际情况和先进制造企业自身的特点而需要采取何种演化方式进行动态核心能力状态的改变以适应外界环境的变化，先进制造企业动态核心能力的遗传演化、适应性学习演化、搜寻演化和分岔与突变演化始终是与动态核心能力紧密联系的，且对整个演化过程起到稳固的支撑作用，具体如图 3-10 所示。

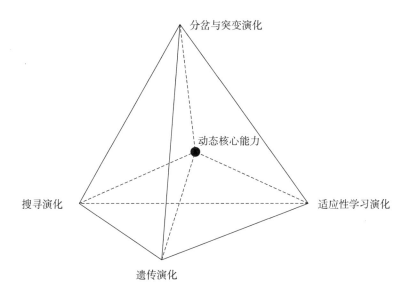

**图 3-10　四种演化方式的正三棱锥体支撑效应**

# 第4章　先进制造企业动态核心能力遗传演化研究

## 4.1　先进制造企业动态核心能力遗传演化的基本描述

遗传在生物学中的定义是"通过细胞染色体由祖先向后代传递的品质"，描述了生物世代之间的连续性和相似性。纳尔逊和温特所提出的"惯例遗传"在演化经济学中备受推广，他们认为所谓"惯例遗传"是指作为企业基因的惯例具有存储企业的技术、信息和知识的功能，这种功能的发挥主要通过复制和学习两种方式进行，企业可以通过复制和学习将企业优秀的基因得以传承和改良。他们还认为"惯例遗传"不仅仅只表现为时点时间的遗传现象；其还具有时间连续性，即对之前惯例的复制和学习过程是分阶段连续的，因此"惯例遗传"具有显著的拉马克选择遗传特征。

本书在前文的研究中已经详细分析了先进制造企业动态核心能力演化惯例的内涵及构成要素，并提出了先进制造企业动态核心能力演化的基本单位——动态核心能力因子，也是动态核心能力的主要构成要素，二者的功能和实践特征对先进制造企业动态核心能力系统的整体演化具有统一性。遗传演化最重要的过程特征就是注重惯例的引导作用，因此本书将惯例引导作用认为是先进制造企业动态核心能力的遗传机制。在评估能力因子、适应性学习能力因子、整合能力因子和创新能力因子四种因子的共同作用下，动态核心能力发生变迁。在先进制造企业动态核心能力演化过程中，动态核心能力系统首先要确定其可持续发展的最佳状态，但这种最佳状态是动态核心能力的理想状态，在很长的一段时间内可能根本达不到。相对于动态核心能力的这种理想状态，动态核心能力的演化是对先进制造企业动态核心能力发展客观实际的描述，是先进制造企业动态核心能力寻求最优动态核心能力的过程。

## 4.1.1　先进制造企业动态核心能力遗传演化的特征

先进制造企业动态核心能力遗传演化主要包括模仿遗传和学习遗传两种形式，先进制造企业通过这两种遗传方式保留企业内部的优秀基因（如先进制造企业技术、先进制造企业管理模式、先进制造企业的自主研发平台等）并将其传承。遗传演化是动态核心能力进行演化的最基本的方式，它是当前先进制造企业资源占有情况和动态核心能力状态传递、延续的关键。在遗传机制的作用下，先进制造企业会受到企业原有惯例的正确引导，把握外部环境的动态变化，从而能够及时有效规避环境刺激带来的不稳定因素。

### 4.1.1.1　通过模仿遗传

先进制造企业动态核心能力的遗传演化具有模仿特征，这主要类比和模仿生物学中的遗传复制机制，即生物亲代的染色体特征通过复制的方式被子代所取代的过程。先进制造企业在新的动态核心能力形成过程中也会保留之前动态核心能力状态的部分特性，使这些特性能够长久地延续下去。在前文 3.1.1 的研究中提到企业的惯例具有默会性特征，这种特征也通过企业以往的技术、信息和知识等资源被不自觉地保留和延续过程所体现，呈现出企业自组织复制过程。先进制造企业动态核心能力实现上述生物学中的模仿，主要体现在动态核心能力构成因子的模仿过程，这种模仿过程贯穿于先进制造企业动态核心能力的遗传演化过程中，在先进制造企业投资规模、运营方式及资金运作等方面都有所体现。

评估能力因子的遗传特征体现在先进制造企业自身机会辨识能力、适应能力、判断能力、认知能力和反应能力的经验积累；整合能力因子的遗传特征体现在先进制造企业协调与整合能力、重组资源与社会资本的能力、知识整合能力和整合社会网络关系的能力等特征传承；适应性学习能力因子的遗传特征体现在先进制造企业保持持续学习和拥有很高学习效率的特征传递，通常包括知识获取能力、知识消化能力、知识转型能力、知识循环和知识利用能力等；创新能力因子的遗传特征体现在先进制造企业创新效率的传递，通常包括技术引进能力、技术消化能力、原始创新能力、集成创新能力和引创能力。

### 4.1.1.2 通过学习遗传

先进制造企业动态核心能力的遗传演化还具有学习特征。Smith（1999）认为人类的学习过程是包括记忆和感知、洞察力、信息识别与处理等有意识的"内在心智过程"。先进制造企业动态核心能力进行遗传演化过程中的学习特征主要是一种有意识地适应外部环境的企业行为，这种学习行为具有高级性和复杂性。因为先进制造企业需要对外部环境的刺激做出快速的判断和分析，这样才能不断强化、巩固动态核心能力，提升自身动态核心能力的演化深度和广度。从知识的角度来说，先进制造企业的这种学习过程是一种新信息的抽象和编码，也是一种不断搜寻与动态核心能力具有因果关系的新事物的过程。动态核心能力因子在遗传演化过程中起主导作用，在它的引导下先进制造企业会自动启动学习程序，并且能够有意识地学习和获取来自组织内部及外部环境的各种资源。四种动态核心能力因子将以适应、匹配外界环境为目的获取新的知识，以响应环境给先进制造企业带来的刺激作用。当然，在形成新的动态核心能力过程中，先进制造企业也会参照过去旧的惯例来完成遗传演化的全部过程，并倾向于先进制造企业动态核心能力已有状态下的频率，即所谓的遗传演化效率。

## 4.1.2 先进制造企业动态核心能力遗传演化必然性分析

先进制造企业在进行遗传演化的过程所采用的两种遗传模式并没有显著改变先进制造企业的组织结构。因此，二者是一种相对吻合的演化方式，不会引起先进制造企业动态核心能力从量变到质变的飞跃。通过动态核心能力状态不断适应外界环境的过程来引导先进制造企业实现动态核心能力的遗传演化过程，在性质上与原有的动态核心能力状况类似而且并没有太大反差。因此，先进制造企业的高层决策者可以对企业产生的效益进行预先评估。预先评估能够规避外部环境变化带来的风险，所以遗传演化方式也是先进制造企业动态核心能力在演化过程中采用概率较大的遗传方式，这种演化方式进行具有一定的必然性。

### 4.1.2.1 企业结构性惰性

结构性惰性理论首次在《结构惰性和组织变革》中被 Hanman 和 Freeman 提

出，两位学者认为：一般情况下，企业组织内部利益相关者都会对企业变革和组织结构大规模调整具有一定抵触心理，因为企业相关利益者会在这种情况下偏向于企业组织的可靠性和稳定性，而不会做出让企业面临巨大风险的决策。这种在组织变革过程中企业利益相关者倾向于保护组织的制度化和常规化特性被称为企业的结构性惰性，如图 4-1 所示。

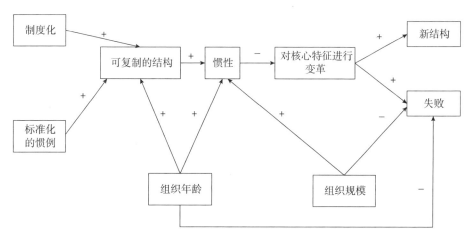

**图 4-1　组织的结构性惰性**

在企业结构惰性的影响下，先进制造企业在动态核心能力形成的最开始会比较倾向于继承原有动态核心能力的特征，并且希望能够将这种特征传承下去。从演化的视角来看，企业结构性惰性能够帮助先进制造企业维持动态核心能力状态的稳定，从而在一定程度上能够规避由于外界环境刺激作用而带来的不确定风险。但是，先进制造企业动态核心能力的状态不可能永远不改变，由于先进制造企业在行业中无论是制造技术、管理模式还是产品研发都具有领先主导地位，如果先进制造企业动态核心能力系统过度受到结构性惰性的影响将不利于其演化的发生和可持续发展进程的加快。先进制造企业的动态核心能力在选择遗传演化方式进行动态升级的过程中可以完美继承亲代所有的优秀基因，并且能够促使先进制造企业正向发展。因此，先进制造企业在进行动态核心能力遗传演化的过程中要把握好时机并且适当克服企业内部的结构性惰性，具体如图 4-2 所示。

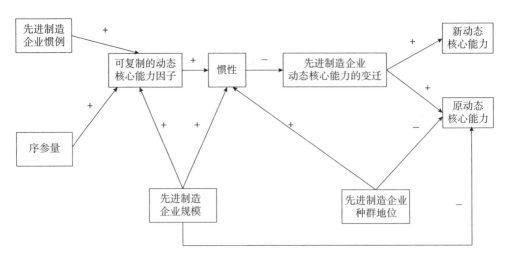

图 4-2　先进制造企业动态核心能力遗传演化的惰性

### 4.1.2.2　企业行为路径依赖效应

路径依赖效应于 20 世纪 80 年代被逐渐引入演化经济学的分析中，很多国内外学者都认为路径依赖效应一直存在于企业演化过程的始终，路径依赖效应主要体现的是一种惯例的力量。盛昭瀚教授给路径依赖的定义是：一个具有正反馈机制的体系，一旦在外部性偶然事件的影响下被系统所采纳，便会沿着一定的路径发展演进，而且很难被其他潜在的甚至更优的体系所取代。企业在发生路径依赖效应的过程中，惯性力量会驱使先进制造企业首先巩固和强化自身。先进制造企业动态核心能力的遗传演化也必然会遵循路径依赖效应，先进制造企业的高层管理者在作出决策之前，会首先考虑企业在过去的发展过程中经过模仿和学习等形式所形成的企业惯例。高层管理者会根据已有惯例的状态作出促进动态核心能力演化的决策，这种决策充分体现了路径依赖效应对动态核心能力遗传演化的正反馈机制，它将决定先进制造企业动态核心能力演化升级的成功与否。但即使高层决策者作出动态核心能力发生变迁的决策，由于路径依赖效应的影响，先进制造企业也会保留一部分原有动态核心能力的特征。

# 4.2　先进制造企业动态核心能力遗传演化博弈模型的构建

　　传统博弈理论将研究重点放在静态均衡和比较静态均衡上，而演化博弈理论不同于传统的博弈理论，它将研究重点放在动态均衡的研究上。演化博弈理论不要求参与人完全是理性的，也不需要具备完全信息条件。演化博弈理论最大的优点就是把博弈理论分析和动态演化过程分析相结合，形成动态分析演化过程的视角。斯密斯（Smith）和普瑞斯（Price）于 1973 年提出了演化博弈理论中的基本概念——演化稳定策略（Evolutionary Stable Strategy）。随着研究的深入，越来越多的学者开始专注于演化博弈相关问题的研究，并将此理论应用到经济学的各个领域，用于分析包括产业机构调整、金融市场、社会制度变迁等被民众所普遍关注的经济问题，从另一个视角为博弈理论的深入研究寻找到新的突破口。随后，威布尔（Weibull，1995）、克瑞斯曼（Cressman，1992）和萨缪尔森（Samuelson，1997）等学者也在其相关著作中将研究视角由对称博弈扩展到非对称博弈，并总结归纳形成一套比较完整和系统的演化博弈理论。先进制造企业动态核心能力的遗传演化，涉及先进制造企业的动态核心能力状态在现有条件下，"变迁"和"不变迁"的基本选择问题，所以根据以往学者的研究文献和论著，本书用博弈模型进行分析。由于先进制造企业动态核心能力具有连续性和动态性的本质特征，因此本书利用演化博弈模型对其动态核心能力的遗传演化过程进行深入分析。本书在利用演化博弈理论分析先进制造企业动态核心能力的遗传演化的实际问题时，首先明确了两个概念：演化稳定策略（ESS）和复制者动态方程（Replicator Dynamics）。

　　演化稳定策略（ESS）是指在生物种群中，较小概率的突变者并不能影响占据群体多数个体的选择而形成的演化稳定状态。在自然选择条件下，生物种群中的小部分突变者只能选择两种策略，即选择演化稳定策略与大多数个体保持一致，或者退出此群落而消失。演化稳定策略是演化博弈的一种均衡分析，即在现行策略执行过程中，给群体带来突变的部分个体采取的策略在收益上比现行策略低，系统的演化趋于动态稳定。演化稳定策略的数学表达如下：种群中多数个体采用的策略用 $s_0$ 来表示，种群中的突变者的策略用 $s_1$ 来表示，所以演化稳定策略需要实现如何保持 $s_0$ 策略的持续发展，以及让 $s_1$ 策略逐渐消亡。假设种群中的突

变者的比例为 $\varepsilon$，$\varepsilon$ 表示突变者占种群的比例有 $\varepsilon \in (0, 1)$。所以种群中突变者采取 $s_1$ 策略的概率是 $\varepsilon$，这时突变者的期望收益函数如式（4-1）所示：

$$u_1 = (1 - \varepsilon)E(s_0, s_1) + \varepsilon E(s_1, s_1) \qquad (4-1)$$

同理，种群中其他个体的期望收益函数如式（4-2）所示：

$$u_0 = (1 - \varepsilon)E(s_0, s_0) + \varepsilon E(s_0, s_1) \qquad (4-2)$$

因为突变者的最终采取消亡或同化的策略，所以必然存在一定的 $\bar{\varepsilon}$ 使式（4-2）大于式（4-1），如式（4-3）所示：

$$(1 - \varepsilon)E(s_0, s_0) + \varepsilon E(s_0, s_1) > (1 - \varepsilon)E(s_0, s_1) + \varepsilon E(s_1, s_1)$$
$$(4-3)$$

通过式（4-3）可以看出，只要存在一定的 $s \in (0, \bar{\varepsilon})$，这种演化稳定策略（ESS）一直成立。

演化博弈分析的是有限理性个体，并认为群体中的博弈行为者并不能始终对自身决策做出准确预测，只能通过个体间不断模仿、复制、学习等过程来完成。因为这种复制过程具有动态性，由此而建立的方程更能预测群体博弈行为的变化趋势。以单群体博弈模型为例，假设群体的总体个数为 $N$，群体中所有个体的策略集合为 $s_i = (i = 1, 2, 3, \cdots, n)$，用 $x_i(t)$ 表示种群中个体采取第 $i$ 种策略占总体的比例，则有种群个体演化的复制者动态方程如式（4-4）所示：

$$\frac{\mathrm{d}x_i(t)}{\mathrm{d}t} = [f(s_i, x) - f(x, x)] x_i \qquad (4-4)$$

其中，$\mathrm{d}x_i(t)/\mathrm{d}t$ 表示种群中采取这种策略的个体比例随时间而变化；$f(s_i, x)$ 表示选择第 $i$ 种策略的期望收益函数；$f(x, x)$ 表示种群的平均期望收益函数。

先进制造企业动态核心能力的遗传涉及对其动态核心能力变迁的决策问题，即先进制造企业在当期状态下是否需要改变自身的动态核心能力状态，是否需要寻求先进制造企业种群中的更优动态核心能力状态，以促进自身的演化升级。因为先进制造企业外界环境比其他企业更具不稳定性，且自身在所处环境中与其他先进制造企业竞争激烈。因此，企业系统不具有理性人特征，先进制造企业的种群中其他参与者的策略也不能提前预测，所以传统博弈论在解决这种决策问题时无能为力。演化博弈论的有限理性人假设为解决先进制造企业动态核心能力是否进行遗传演化提供了方法，演化博弈论的动态分析过程可以合理地分析先进制造企业的动态核心能力在遗传演化过程中的重复判断过程，通过多次博弈后得到最终演化稳定策略。演化博弈分析得到的演化稳定策略是先进制造企业实现动态核心能力遗传演化的结果，能够体现出先进制造企业动态核心能力在遗传演化方式过程中所呈现的特征，为先进制造企业动态核心能力的动态升级和战略方案制定提供依据。

### 4.2.1  演化博弈模型的基本假设

先进制造企业动态核心能力的遗传演化是在时间轴上的动态博弈过程。先进制造企业需要在动态核心能力的遗传和变迁战略决策中选择合适的策略。先进制造企业在一定的条件下可以选择遗传的方式，保持现有动态核心能力的特征。从动态核心能力的本质来看，它的遗传演化过程是先进制造企业整个系统演化的重要组成部分。先进制造企业动态核心能力的遗传演化博弈模型的基本假设如下。

假设 1：先进制造企业动态核心能力遗传演化遵循演化博弈论中博弈行为主体的有限理性。先进制造企业在其动态核心能力的演化过程中并不能完全知道博弈参与者的全部信息，虽然它处于行业的高端层级，但由于受到市场结构、产业结构和空间结构等的局限性的影响，对自身制定的战略和战略决策预期效果不能完全做出准确预测。先进制造企业作为博弈的主体，只能凭借自身丰富的经验，以一定的概率预测行业内竞争对手的行为，同时用期望值对自身收益进行评估。这种概率事件的发生，是先进制造企业对自身以及博弈参与者信息无法完全预测而采取的最有效的评估方法。在一定时间段内，这种概率发生事件会趋于演化稳定。

假设 2：先进制造企业动态核心能力的遗传演变博弈属于混合策略博弈。因为先进制造企业处于制造企业全方位发展的高级阶段，所以先进制造企业作为行为主体在博弈过程中所体现的最重要特征是多样性，行为主体所采取的策略也具有多样性。混合策略博弈的支付矩阵如表 4-1 所示。

表 4-1  混合策略博弈的支付矩阵

| 主体 2 | 主体 1 | |
| --- | --- | --- |
| | $S_1$ | $S_2$ |
| $R_1$ | $a, r$ | $c, d$ |
| $R_2$ | $b, f$ | $d, m$ |

从混合策略的收益矩阵可以看出，两个行为主体的期望收益不再是传统博弈

论中的单一收益。对演化博弈的混合策略期望收益的计算需要考虑各种策略发生的概率。如假设主体 1 中选择 $S_1$ 的概率为 $p$，主体 2 选择 $R_1$ 的概率为 $\varepsilon$，则 $S_2$ 发生的概率为 $1-p$，$R_2$ 发生的概率是 $1-\varepsilon$。所以对于主体 1 的期望收益的计算如式（4-5）所示：

$$E_1 = p[\varepsilon a + (1-\varepsilon)b] + (1-p)[\varepsilon c + (1-\varepsilon)d] \tag{4-5}$$

同理可以计算出主体 2 的期望收益。

假设 3：先进制造企业动态核心能力遗传演化博弈模型遵循随机匹配的原则。在先进制造企业种群内，先进制造企业个体的数目以及企业规模都是不确定的。所以，通过对先进制造企业种群个体随机抽样可以保证博弈事件发生的客观性。

假设 4：先进制造企业动态核心能力遗传博弈是多次博弈过程。动态核心能力遗传博弈过程并不是单次博弈行为，博弈的最优结果不会马上知道。博弈主体需要通过结合自身的经验采取多种策略，而参与对象具有随机性。

## 4.2.2 演化博弈支付矩阵的构建

先进制造企业动态核心能力遗传博弈模型描述的是，先进制造企业的动态核心能力是否根据内外部环境的变化进行状态调整，从而进入新状态的选择博弈过程。对于同一基准水平的先进制造企业，本书随机从先进制造企业种群中选取两家企业参与动态核心能力演化的博弈过程。对于动态核心能力的遗传演化过程，先进制造企业 $A$ 可以选取的动态核心能力发展路径有"遗传"和"变迁"两种，分别用 $A_1$ 和 $A_2$ 来表示。在先进制造企业 $A$ 做出动态核心能力是进行"遗传"还是"变迁"决策时，参与博弈的对方先进制造企业 $B$ 可以采取针对先进制造企业 $A$ 的策略，分别为"打击"和"接受"两种，用 $B_1$ 和 $B_2$ 表示。

表 4-2　先进制造企业动态核心能力遗传演化博弈模型的支付矩阵

| 企业 $A$ | 企业 $B$ | |
|---|---|---|
| | $B_1$（打击） | $B_2$（接受） |
| $A_1$（变迁） | $R_1 + \dfrac{R_0}{2} - C,\ R_2 - \dfrac{R_0}{2} - C$ | $R_1 + R_0 - C,\ R_2 - R_0$ |
| $A_2$（遗传） | $R_1 - R_0,\ R_2 + R_0 - C$ | $R_1,\ R_2$ |

假设先进制造企业 A 进入新的动态核心能力状态预期收益为 $R_0$，$R_0$ 也等于先进制造企业 A 进入市场后而给先进制造企业 B 带来的损失；假设先进制造企业的动态核心能力状态发生变迁的成本为 $C$，同时定义先进制造企业 B 打击先进制造企业 A 的进入而需要付出的成本也为 $C$；用 $R_1$、$R_2$ 分别表示先进制造企业 A 和先进制造企业 B 在各自当前动态核心能力状态下的收益。先进制造企业动态核心能力遗传演化博弈模型的支付矩阵如表 4-2 所示：表中建立的支付矩阵显示了先进制造企业动态核心能力的"遗传"和"变迁"两种策略选择分别对应的收益。参与博弈主行为的主体收益与先进制造企业在当前动态核心能力状态下的收益、博弈对方在当前动态核心能力状态下的收益、博弈主体对新的动态核心能力的预期收益、博弈对方对博弈行为的预期损失和博弈行为主体动态核心能力变迁成本等因素有关。

## 4.2.3　复制动态方程的构建

假定在先进制造企业 A 选择"变迁"策略的概率为 $x$，则选择"遗传"的概率为 $1 - x$；先进制造企业 B 选择"打击"策略的概率为 $y$，那么选择"接受"的概率为 $1 - y$。

（1）先进制造企业 A 的复制动态方程。对于先进制造企业 A 来说，选择两种不同策略的期望收益分别为 $U_{A1}$、$U_{A2}$，如式（4-6）所示：

$$\begin{cases} U_{A1} = y \cdot \left( R_1 + \dfrac{R_0}{2} - C \right) + (1 - y) \cdot (R_1 + R_0 - C) \\ U_{A2} = y \cdot (R_1 - R_2) + (1 - y) \cdot R_1 \end{cases} \tag{4-6}$$

解式（4-6）得 $U_{A1}$、$U_{A2}$，分别如式（4-7）所示：

$$\begin{cases} U_{A1} = -\dfrac{R_0}{2} \cdot y + R_1 + R_0 - C \\ U_{A2} = -R_0 \cdot y + R_1 \end{cases} \tag{4-7}$$

先进制造企业 A 的期望收益如式（4-8）所示：

$$\overline{U}_A = x \cdot U_{A1} + (1 - x) \cdot U_{A2} \tag{4-8}$$

分别代入 $U_{A1}$、$U_{A2}$ 的值可以得到先进制造企业 A 的期望收益如式（4-9）所示：

$$\overline{U}_A = -\frac{3}{2} R_0 \cdot xy + x \cdot (R_0 - C) - R_0 y + R_1 \tag{4-9}$$

所以先进制造企业 A 参与博弈的复制动态方程建立如式（4-10）所示：

$$\frac{\mathrm{d}x}{\mathrm{d}t} = x(U_{A1} - \bar{U}_A) \tag{4-10}$$

通过代入具体的参数可得先进制造企业 A 的复制动态方程为（4-11）：

$$\frac{\mathrm{d}x}{\mathrm{d}t} = x \cdot (R_0xy + Cx - R_0x + R_0y + R_0 - C) \tag{4-11}$$

（2）先进制造企业 B 的复制动态方程。同理，可以计算出先进制造企业 B 的复制动态方程，过程如式（4-12）所示：

$$\begin{cases} U_{B1} = x \cdot \left(R_2 - \dfrac{R_0}{2} - C\right) + (1 - x) \cdot (R_2 + R_0 - C) \\ U_{B2} = x \cdot (R_2 - R_0) + (1 - x) \cdot R_2 \end{cases} \tag{4-12}$$

化简式（4-12），得到式（4-13）：

$$\begin{cases} U_{B1} = -\dfrac{3}{2}R_0 \cdot x + R_2 + R_0 - C \\ U_{B2} = -R_0 \cdot x + R_2 \end{cases} \tag{4-13}$$

分别代入 $U_{B1}$、$U_{B2}$ 的值可以得到先进制造企业 B 的期望收益如式（4-14）所示：

$$\bar{U}_B = yU_{B1} + (1 - y) \cdot U_{B2}$$

$$\bar{U}_B = -\frac{R_0}{2}xy + y \cdot (R_0 - C) - R_0x + R_2 \tag{4-14}$$

所以先进制造企业 B 的复制动态方程为（4-15）：

$$\frac{\mathrm{d}y}{\mathrm{d}t} = y(U_{B1} - \bar{U}_B)$$

$$\frac{\mathrm{d}y}{\mathrm{d}t} = y \cdot (-R_0xy + Cy - R_0y + R_0x + R_0 - C) \tag{4-15}$$

## 4.2.4  演化博弈策略分析

（1）先进制造企业 A 的演化稳定策略。先进制造企业 A 的复制动态方程可以转变为式（4-16）：

$$\frac{\mathrm{d}x}{\mathrm{d}t} = x \cdot (1 - x) \cdot \left(\frac{R_0}{2}y + R_0 - C\right) \tag{4-16}$$

可以明显看出该复制动态方程有三个稳定点，即：

$$x_1^* = 0;\ x_2^* = 1;\ x_3^* = \frac{2(C-R_0)}{R_0}$$

演化稳定策略需要对复制动态方程再次求导，并要求 $\frac{d^2x}{dt^2} < 0$，所以对式（4-16）再次求导有：

$$\frac{d^2x}{dt^2} = (1-2x)\left(\frac{R_0}{2}y + R_0 - C\right)$$

有演化稳定策略的判断条件可以得出如下结论：

其一，当 $\frac{2(C-R_0)}{R_0} < 0$ 时，恒有 $y > \frac{2(C-R_0)}{R_0}$，即在式（4-16）中只需要 $(1-2x) < 0$ 即可，此时 $x_2^* = 1$ 为演化稳定点。此时复制动态方程的相位如图 4-3 所示，表明在此种情况下先进制造企业选择动态核心能力变迁策略。

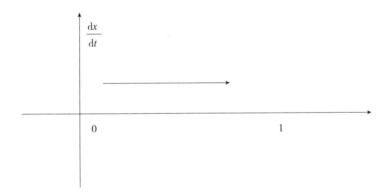

图 4-3　先进制造企业 A 复制动态相位图（2（$C$-$R_0$）/$R_0$<0）

其二，当 $0 < \frac{2(C-R_0)}{R_0} < 1$ 时，演化稳定均衡由 $y$ 两种情况决定，演化稳定点如式（4-17）所示：

$$\begin{cases} y > \dfrac{2(C-R_0)}{R_0} & x_1^* = 0 \text{ 为稳定点} \\[3mm] y < \dfrac{2(C-R_0)}{R_0} & x_2^* = 1 \text{ 为稳定点} \end{cases} \tag{4-17}$$

此时的复制动态相位图如图 4-4 和图 4-5 所示。

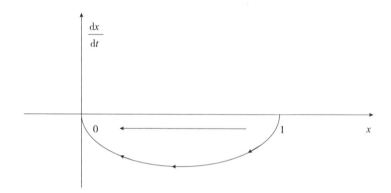

**图 4-4　先进制造企业 A 复制动态相位图（$y>2$（$C-R_0$）／$R_0$）**

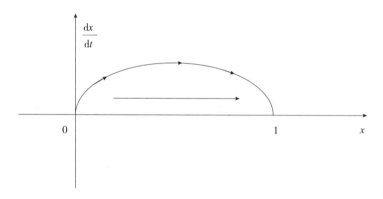

**图 4-5　先进制造企业 A 复制动态相位图（$y<2$（$C-R_0$）／$R_0$）**

图 4-4 的相位图表示了 $x_1^* = 0$ 为稳定点，但是需要经过一定的动态博弈，先进制造企业将选择"遗传"策略，图 4-5 则表示了 $x_1^* = 1$ 为稳定点，同样经过重复博弈之后，先进制造企业动态核心能力演化过程选择"变迁"策略。

其三，当 $\dfrac{2(C-R_0)}{R_0} > 1$ 时，有 $C > \dfrac{3}{2}R_0$，此时先进制造企业 A 动态核心能力变迁的成本远高于预期收益，所以先进制造企业选择动态核心能力遗传演化是最优策略，即 $x_1^* = 0$ 是演化的稳定点。此时的复制动态相位图如图 4-6 所示，先进制造企业必然选择"遗传"演化策略，这样才能保证先进制造企业的利益最大化。

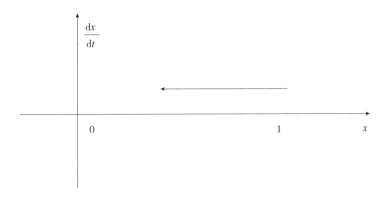

**图 4-6　先进制造企业 A 复制动态相位图（$C > 3/2\,R_0$）**

（2）先进制造企业 B 的演化稳定策略。先进制造企业 B 的复制动态方程可以转变为式（4-18）：

$$\frac{\mathrm{d}y}{\mathrm{d}t} = y \cdot (1 - y) \cdot \left(-\frac{R_0}{2}x + R_0 - C\right) \tag{4-18}$$

同理，该复制动态方程有三个稳定点：

$$y_1^* = 0;\ y_2^* = 1;\ y_3^* = \frac{2(R_0 - C)}{R_0}$$

对式（4-18）再次求导有式（4-19）：

$$\frac{\mathrm{d}^2 y}{\mathrm{d}t^2} = (1 - 2y)\left(-\frac{R_0}{2}x + R_0 - C\right) \tag{4-19}$$

由演化稳定策略的判定条件可以得出如下结论：

其一，当 $\dfrac{2(R_0 - C)}{R_0} < 0$ 时，恒有 $x < \dfrac{2(C - R_0)}{R_0}$，即在式（4-19）中只需要 $(1 - 2y) > 0$ 即可，此时 $y_2^* = 0$ 为演化稳定点。此时复制动态方程的相位图如图 4-7 所示，表示在这种情况下，先进制造企业 B 将优先选择"接受"策略，即无论先进制造企业 A 采取何种策略，先进制造企业 B 也会安于现状，不采取任何行动。

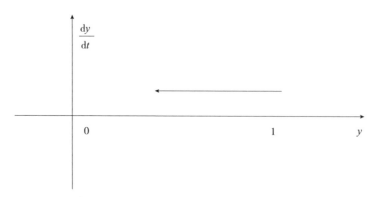

**图 4-7　先进制造企业 B 复制动态相位图（2（$R_0$-$C$）/$R_0$<0）**

其二，当 $0 < \dfrac{2(C - R_0)}{R_0} < 1$ 时，演化稳定均衡由 $y$ 两种情况决定，演化稳定点如式（4-20）所示：

$$\begin{cases} x > \dfrac{2(R_0 - C)}{R_0} & y_1^* = 1 \text{ 为稳定点} \\[3mm] y < \dfrac{2(R_0 - C)}{R_0} & y_2^* = 0 \text{ 为稳定点} \end{cases} \qquad (4\text{-}20)$$

此时的复制动态相位图如图 4-8 和图 4-9 所示。与先进制造企业 A 的动态博弈过程类似，当 $y_2^* = 1$ 为稳定点时，先进制造企业 B 在经过多轮博弈之后，最终将选择"打击"策略，即使先进制造企业 A 的动态核心能力不发生变迁，先进制造企业 B 也会选择"入侵"策略占有资源；当 $y_2^* = 0$ 为稳定点时，先进制造企业 B 就会优先选择"接受"策略，即先进制造企业 B 不做任何改变。

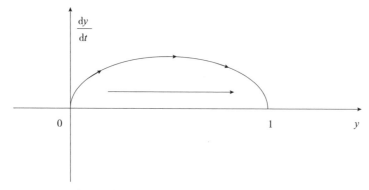

**图 4-8　先进制造企业 B 复制动态相位图（$y$>2（$R_0$-$C$）/$R_0$）**

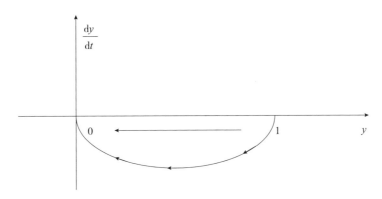

**图 4-9　先进制造企业 B 复制动态相位图（$x<2（R_0-C）/R_0$）**

其三，$\dfrac{2（C-R_0）}{R_0}>1$，有 $C<\dfrac{1}{2}R_0$，此时先进制造企业 B 会优先选取"打击"策略，可以带来更高预期收益，即 $y_2^*=1$ 是演化稳定点，此时的相位图如图 4-10 所示，在这种博弈的状态下，由于先进制造企业 B 的预期收益远远高于预期付出成本，所以先进制造企业 B 必然会选择"打击"对手 A 作为唯一策略。

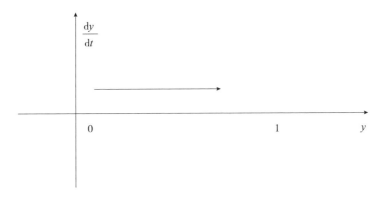

**图 4-10　先进制造企业 B 复制动态相位图（$C<1/2R_0$）**

# 4.3 先进制造企业动态核心能力遗传博弈的影响因素分析

## 4.3.1 初始条件的敏感性和依赖性

对构建的先进制造企业动态核心能力遗传博弈模型进行分析，得出先进制造企业进入新的动态核心能力状态的预期收益 $R_0$ 与付出成本 $C$ 能够影响遗传博弈演化稳定均衡。博弈双方在参与博弈时，应该首先考虑先进制造企业的预期收益 $R_0$ 这一参数。在一种博弈过程中，当预期收益对先进制造企业不具有足够的吸引力时，那么这种博弈发生的概率就很低。先进制造企业动态核心能力的遗传演化过程中，对新的动态核心能力状态给先进制造企业带来的预期收益是促使先进制造企业进行动态核心能力演化的主要驱动力。先进制造企业处于行业产业链的高端位置，其保持持续竞争优势的关键因素之一是动态核心能力。因此，动态核心能力是否随着环境等因素进行实时变动，是先进制造企业能否传承自身优良基因的关键。本书在阐述预期收益概念的基础上，分析了预期收益对博弈过程产生的影响，但是没有探讨预期收益在实际博弈过程中，能否影响先进制造企业动态核心能力博弈成功率的问题。预期收益不仅应从先进制造企业经济收入的增长来衡量，而且应兼顾先进制造企业外部特征的经济性和社会性，内部特征的动态性和成长性等各方面因素。在先进制造企业动态核心能力的遗传演化过程中的预期收益层面上，需要关注新的动态核心能力状态下先进制造企业的平均收益率、市场占有率、技术创新频率以及对先进制造企业声誉的影响等因素。此外，也需要预测博弈对手的预期收益，在传统博弈论中可以比较准确地对对手的收益进行预测，因为演化博弈论是从概率的角度对对方的预期收益进行预测。所以，不同于传统博弈论，先进制造企业动态核心能力遗传博弈演化稳定策略会受到博弈对手的预期收益的影响。

在新的动态核心能力状态下，先进制造企业需要付出的成本 $C$ 对先进制造企业动态核心能力遗传博弈行为具有较大的影响力。第一，在先进制造企业动态核心能力选择变迁策略的情况下，构成成本 $C$ 的主要要素之一是现有动态核心能力的能量损失。先进制造企业在自己所在的种群中会长时间占据种群的空间和资源，这种行为会促进其在动态核心能力状态下竞争优势的形成。所以，当动态核心能力发生变迁时，该优势的保留和延续可能存在风险，也可能不存在，先进制造企业回旋的可能性较低。第二，构成成本 C 的另一种重要因素是从当前动态核心能力的状态转换到新的动态核心能力状态中的转换成本。动态核心能力的变迁能够体现先进制造企业新状态下的角色和地位，所以在新的状态下先进制造企业的运营和管理可能会受到原有动态核心能力状态特征的影响。先进制造企业在这种大的转变中，由于自身先进性保持的要求，需要花费相应的时间来适应和改变，转换成本能够决定先进制造企业动态核心能力转变成功率的高低。第三，当先进制造企业参与动态核心能力选择博弈时，需要考虑博弈对手的打击力度。在先进制造企业动态核心能力的遗传演化博弈模型中，当将竞争对手对企业造成的损失忽视掉时，支付矩阵会偏离实际情况，先进制造企业领导者在博弈过程中就可能做出错误的决策，阻碍先进制造企业的发展。

## 4.3.2 动态核心能力因子对博弈过程的影响

先进制造企业在动态核心能力的遗传博弈演化过程中，博弈行为取决于动态核心能力因子对先进制造企业的影响程度。本书已经阐述动态核心能力因子对动态核心能力演化的影响，其中评估能力因子和适应性学习能力因子是先进制造企业动态核心能力获取充足资源的关键，而整合能力因子和创新能力因子能够对先进制造企业系统的运营效率以及动态核心能力系统在产品和服务端运营过程中获取利润的多少产生巨大的影响。四种因子的综合作用是影响先进制造企业动态核心能力遗传博弈行为的先决条件。

用 $\lambda$ 表示四种动态核心能力因子对先进制造企业在演化发展过程中所产生的综合作用，可以表示为式（4-21）：

$$\lambda = f(AF, \ SF, \ OF, \ IF) \tag{4-21}$$

其中，$AF$、$SF$、$OF$、$IF$ 分别表示评估能力因子、适应性学习能力因子、整合能力因子和创新能力因子。评估能力因子和适应性学习能力因子影响先进制造企业资源获取能力和企业知识存量，所以在先进制造企业动态核心能力遗传博弈产生之前应首先判断和衡量先进制造企业系统。先进制造企业通过评估能力因子首先影响先进制造企业的判断，其次通过适应性学习能力因子决定当前的动态核心能力状态是否具有进入新的动态核心能力状态的条件。整合能力因子和创新能力因子从效率角度衡量先进制造企业自身的运营效果和成长性状态，当前先进制造企业动态核心能力促使企业运行效率高、成长速度快并不代表进入新的动态核心能力状态时先进制造企业同样拥有高效率。所以，通过整合能力因子和创新能力因子作用的适应性和持久性能够判断先进制造企业能否选择新的动态核心能力状态。例如，先进制造企业当前的整合能力和创新能力都相对较低，虽然拥有较高的水平和地位但短时间内创新效率低，导致先进制造企业运营效率也低，进入新的动态核心能力状态以后除支付巨额的付出成本以外，运营效率也不可能突然提高，也就是先进性和可持续发展能力不可能突然提高很多，这时的先进制造企业如果选择进入新的动态核心能力状态就会出现巨大的危机。评估能力因子和适应性学习能力因子衡量当前先进制造企业的竞争优势现状，也是博弈行为中确定先进制造企业预期收益的参考依据。先进制造企业目前的评估能力和适应性学习能力仅针对当前的动态核心能力和先进制造企业的竞争优势状态，如果发生动态核心能力变迁，这种趋势可能会被中断。

先进制造企业动态核心能力遗传博弈过程中，即使最后先进制造企业动态核心能力选择进行变迁策略，动态核心能力因子不仅会在先进制造企业决定动态核心能力遗传博弈产生之前对先进制造企业是否参加博弈产生影响，而且在博弈双方的多次博弈过程中以及博弈达到演化稳定后，对先进制造企业做出决策以及决策执行力的影响一直都存在。

## 4.4 先进制造企业动态核心能力遗传演化的结论分析

（1）先进制造企业动态核心能力遗传演化是动态核心能力演化的基本方式，但并不代表是动态核心能力演化的主流方向和最终选择。先进制造企业动态核心能力的演化具有多种方式，如搜寻、分岔与突变等，遗传演化也被包含在其中。从演化均衡的角度来分析先进制造企业动态核心能力遗传博弈模型，可知先进制造企业 A 有两个以"遗传"为最优的决策稳定点，在某些特定条件下此类"遗传"策略并不是最优的选择策略。因此，先进制造企业动态核心能力选择遗传策略与动态核心能力因子的状态、先进制造企业同质性先进制造企业发展状态等企业自身状态因素有关。站在演化稳定策略的角度观察选择"遗传"策略，发现其在一定情况下对先进制造企业的发展可能会产生一定的阻力。先进制造企业动态核心能力遗传演化方式与其他演化方式并非绝对分开，在不同的情况下，先进制造企业的动态核心能力可能同时发生多种演化方式。所以，当先进制造企业动态核心能力进行演化时，企业的决策者很容易忽略企业通过遗传和继承获得的东西，他们往往比较注重"先进"的东西。

（2）先进制造企业动态核心能力遗传是一种相对保守的发展策略。遗传演化方式具有自身的优点，所以不少先进制造企业选择动态核心能力遗传演化方式来应对企业间的竞争。在新动态核心能力状态下，当先进制造企业的预期收益 $R_0$ 小于预期付出成本 $C$ 时，由先进制造企业动态核心能力的遗传博弈模型可知，先进制造企业应该采取遗传演化策略。在市场竞争中，先进制造业企业会面临诸多风险。例如，当前动态核心能力状态下利益的损失、竞争对手会打击企业新的动态核心能力的形成以及动态核心能力变迁过程中发生的转换风险等，而遗传演化的方式可以让企业规避这些风险。先进制造企业在运用这种保守的动态核心能力演化方式时，虽然不能使企业有明显的收益增加，但同时也不会让它们承受太多损失。那些处于先进的制造企业种群中的企业，经过长时间的发展已经形成了一定的规模，它们受到高频转化成本的制约往往倾向于采取遗传演化方式。

（3）先进制造企业动态核心能力遗传演化方式会受到先进制造企业种群的平均收益率的影响。在先进制造企业动态核心能力实现遗传演化的过程中，先进制造企业要不断和同类种群进行竞争。企业种群的平均收益是指企业种群中净收益与总投资的平均比率，它能够反映整个企业种群的经营状况。高投资收益率是先进制造企业的必要条件，投资收益率是先进制造企业净收益和企业总投资的比例。在特定的时刻，先进制造企业对当前动态核心能力状态下的投资收益率与企业种群的平均收益率进行比较，根据比较结果会做出以下三种决策：当先进制造企业的投资收益率超过所处行业的平均水平时，先进制造企业将会选择保留当前动态核心能力的现有状态，不选择进行演化；当先进制造企业的投资收益率略低于所处行业的平均水平时，先进制造企业会为了使自己获得竞争优势和领先地位对现有状态进行改革；当由于某种大的境遇变动先进制造企业的投资收益率远远低于行业内部平均水平时，先进制造企业为保持其"先进性"和现有竞争优势，但是以目前的平均收益率可能又无法实现更大的发展时，先进制造企业此时可能会选择退出该种群，进而寻找新的先进制造企业种群。

# 第5章　先进制造企业动态核心能力适应性学习演化研究

## 5.1　先进制造企业动态核心能力适应性学习的相关概念

### 5.1.1　先进制造企业动态核心能力的适应性

很多学者在对适应性的研究过程中，对企业适应性的定义有多种，分别从不同的角度对适应性进行了分析，并提出了自己的观点，具体如表5-1所示。

**表5-1　不同学者对适应性的理解和分析**

| 提出者 | 具体内容 |
| --- | --- |
| Chandler | 分析了环境、战略与组织结构的关系，阐述了企业的战略规划应该如何适应环境的变化，同时组织结构应该随着企业外部环境的变化适应企业战略的改变（Structure Follows Strategy） |
| 伊丹敬之、Oktemgil 和 Greenley | 认为企业成功的本质在于企业战略对环境的高度适应性，即企业战略随外界环境改变的能力和效率 |
| Chakravarthy | 认为企业的适应性是企业对现有的市场环境和技术机会的识别和投资能力，企业为了修正其现有规则就必须通过企业分层适应，以达到提高整体适应性的目的 |
| Matti Tuominen 等 | 认为企业的适应性是企业高水平创新的体现，是企业适应环境变化所体现的高级状态 |

| 提出者 | 具体内容 |
| --- | --- |
| Robertson | 认为研究企业行为不仅要单独研究企业的个体行为，还要研究与其密切相关的外界竞争环境，重点研究企业行为对环境的适应程度 |
| Claus E. Heinrich | 认为企业适应性是其对剧烈变化的环境的应急反应 |
| Holland | 认为从生物学的角度来说，适应是企业作为类生物体调节自己以适应环境的过程 |

先进制造企业动态核心能力的适应性是指动态核心能力通过不断调整自身状态以适应外部环境的过程。动态核心能力在不断地适应过程中逐渐积累丰富的经验，并依据经验不断变换规则和调整惯例，从而在先进制造企业发展的不同阶段，能够形成与环境高度匹配的适应策略。对于先进制造企业先进性的体现，是其动态核心能力系统比其他传统制造企业更具有智能性特点，即先进制造企业的动态核心能力系统具有的适应性体现的是自适应能力，突出表现为动态核心能力能够通过演化系统的搜寻目的，综合从外部环境中汲取的信息而进行自我学习，并在学习的过程中将动态核心能力提升到一个最佳状态。外界环境不断变化给先进制造企业带来的压力与企业自身想要维持可持续发展的动力结合在一起，促成动态核心能力的不断演化。因此，先进制造企业需要不断地提高自身对外部环境的快速适应能力和响应能力，才能最终提升整体的动态核心能力，在激烈竞争的环境中保持住自身的竞争优势。根据达尔文进化论的"物竞天择，适者生存"原则，最有可能先进行演化的先进制造企业是能够适应环境的企业。

## 5.1.2　先进制造企业动态核心能力系统的适应性学习

在先进制造企业的动态核心能力演化过程中，不管演化的状态和程度如何，都会形成相应的知识积累，以往积累的知识会对以后先进制造企业的各项活动产生重要影响，先进制造企业可持续发展的痕迹以知识的方式存在于先进制造企业的动态核心能力系统中，当积累到达一定程度时，在原有先进制造技术水平上的创新便随之产生。新的先进制造技术几乎都是在以前的学习和知识基础上产生的，而作为具有创新能动作用的先进制造企业动态核心能力系统，也是要在已有的知识和技能基础上通过适应性学习来实现的。其中隐性知识对动态核心能力系统的创新行为至关重要，隐性知识主要分布在：①研发人员头脑中有关具体项目或创新成果的构思、设计以及在设计过程中所隐藏的类隐性知识，包括洞察力、直觉、感悟、价值观、心智模式等；②制造研发人员和生产操作人员在具体的试验、生产以及组织运营的各阶段操作过程中的技能、技巧、经验和诀窍类隐性知识；③蕴藏于先进制造企业组织内部团队的默契和组织文化等要素，以使企业掌握自主知识产权的独特的核心技术，以及在此基础上实现新产品的价值。隐性知识是一种经验式的知识，它不会像被编码的显性知识那样容易转移，它是先进制造企业与行业中的其他企业之间存在显著竞争优势差异的关键原因，也是其他先进制造企业很难学习模仿或者成功复制的难点所在，隐性知识的传播要求系统内成员之间具有较高水平的交流和深层次理解的能力。因此，隐性知识传播的企业行为在先进制造企业内部表现较为广泛和频繁。知识为先进制造企业动态核心能力系统的发展和提升提供了创新资源和竞争优势，而知识又是通过学习的方式获取的。先进制造企业动态核心能力系统内各子系统的适应性学习是以满意为目的的，学习的效果取决于先进制造企业动态核心能力系统中，各主体的学习主动性和吸收知识的强度。先进制造企业动态核心能力系统内的适应性学习来源于各子系统内部、子系统外部和子系统之间，分别将其定义为自我强化式学习、纵向闭合式学习和并联共生网络式学习。

（1）自我强化式学习。先进制造企业动态核心能力系统的主体，通过自身学习实现满意目标的学习方式称为自我强化式学习。这种学习方式获得的知识来源于系统主体内部，强调组织在过去的得益，即组织采取某一个行动的概率是随着过去采取此行动取得的收益的增加而增加的。当过去采取此行动获得了满意的收益时，组织就会自动遵循由这些知识和经验构成的惯例，从而在今后的发展中通过此惯例而获得满意的目标。先进制造企业动态核心能力系统主体的满意导向，不仅是其生存和竞争的目标，还是促进其进行适应性学习的动力。如果原有惯例一直能够使先进制造企业的动态核心能力系统得到满意的结果，那么此惯例就会被一直复制下去。然而在实际中，环境具有多变性和难以预测性。第一顺位的惯例不可能总是能够满足所有的情况，当出现先进制造企业动态核心能力系统不能接受和满意的结果时，系统内主体就会进行第二顺位惯例的学习或搜寻，以此类推，较高顺位的惯例通常都是比较稳定的。动态核心能力系统主体在不断地搜寻、学习和选择的过程中，被选择的惯例得以强化，这种自我强化的方式是通过"干中学""用中学""创新研发中学习"和"共享学习"等方式来实现的。

（2）纵向闭合式学习。如前文所述，先进制造企业动态核心能力系统中存在多个子系统，而每个子系统又受多种因素的影响，各个子系统之间作为一个独立的个体与其他子系统之间形成互动学习和交流，共存于动态核心能力系统内部形成纵向闭合式学习。纵向闭合式学习最重要的体现就是构成先进制造企业动态核心能力系统的各个子系统之间形成一个闭合行为联结，即每个子系统内部又是由很多个细微的影响因素组成，它们之间通过物质流、能量流串联起来，既是一条闭合回路也是一条通路。其中，物质和能量的传递与联系是各个子系统相互学习交流的最好方式。

这种学习交流的最好方式需要建立网络信息平台，以便于更好地收集信息资源、提升信息传递速度、延伸和拓宽产业链。通过纵向闭合式学习能够使先进制造企业的动态核心能力系统迅速集聚各种资源优势，形成强大的动态核心能力，具体如图 5-1 所示。

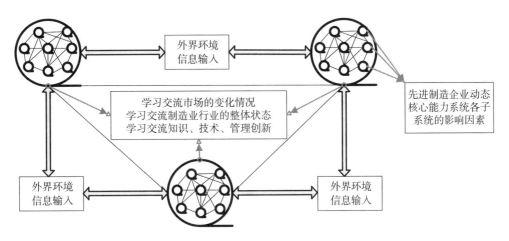

**图 5-1  先进制造企业动态核心能力系统的纵向闭合式学习**

（3）并联共生网络式学习。先进制造企业动态核心能力系统的自我强化式学习和纵向闭合式学习对先进制造企业的可持续发展是至关重要的，然而它们又都存在着各自的弊端。自我强化式学习过于强调自身的收益，其满意的目标通常以收益指标来衡量，对外界环境关注得较少。纵向闭合式学习虽然能够为先进制造企业的动态核心能力提升集聚更多的资源优势，但是它并不是最主要的学习方式，与外界环境的互动较小导致先进制造企业的动态核心能力系统升级不能有序地依赖外部环境输送的新知识。因此，自我强化式学习和纵向闭合式学习除需要配合存在之外，还要融入外界多变的环境中。只有这样，先进制造企业动态核心能力系统的各个子系统才能形成自己独特的创新惯例和竞争优势，从而形成一种新的学习方式并联共生网络式学习。

并联共生网络式学习是指先进制造企业的动态核心能力系统，在自我强化式学习和纵向闭合式学习相互融合的基础上，同时与外界环境中的其他先进制造企业的动态核心能力系统通过合作，形成发展联盟的方式，在彼此链接互动模仿学习的基础上，不断地进行自我强化，这种高水平链接合作能够产生高强度动态的交互学习，在先进制造企业的动态核心能力系统内形成正式和非正式的网络。处于并联共生网络式学习的先进制造企业，每个先进制造企业的动态核心能力系统根据各自的特点和习惯，形成共存于行业整体环境中的小状态群体。它们之间是并列关系，这些子系统可以共同拥有一个信息平台，这个信息平台接受外界环境所输入的各种知识资源，每个先进制造企业的动态核心能力系统通过网络平台进行知识的互换、共享和交流。先进制造企业之间在相互学习的过程中，将各自的动态核心能力系统又提升到了一个新的水平。并联共生网络式学习能够因地制宜，节约土地空间，适合先进制造企业的动态核心能力可持续发展要求，并且在内生群体内部，可以获取最大的综合效益，如图5-2所示。

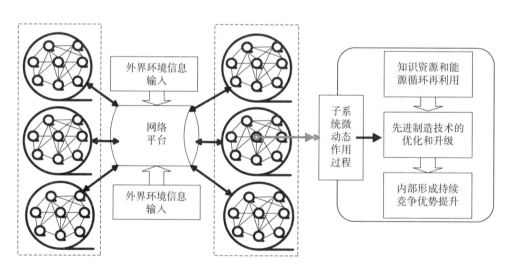

图5-2　先进制造企业动态核心能力系统的并联共生网络式学习

先进制造企业动态核心能力系统的先进性应该体现在生产的结果和生产的过程两个方面。并联共生的学习方式能够保证动态核心能力子系统顺利完成有形资源和无形资源的循环利用，保证动态核心能力状态的优化和升级，从而提升持续竞争优势，这个过程称作"子系统微动态过程"。具体的作用效果有以下两个方面：①从生产的结果看，在产品层面，由于知识资源和能源进行循环再利用节省了制造成本，则其先进性主要体现在产品，依靠低廉的要素成本获取国际竞争力并且在国际市场上具有定价能力；②在产业层面，将节约的成本投入到新产品的研发从而将产品的品质和信誉进行有效的升级。从过程来看，技术的优化能够为先进制造企业节省大量的时间，将其有效地利用在经营理念的先进性的提升、管理和生产组织方式先进性的提升，服务先进性的提升以及营销手段先进性提升等各个方面。同时，当一个动态核心能力系统与另一个动态核心能力系统进行知识的互换时，将是另一个高水准先进性的体现。因为先进制造企业在发展过程中将产品的国内外产品市场占有率、企业运营规模以及行业竞争力作为发展的最高目标，企业与企业形成集群后就是行业规模由小到大的过程，更是先进性的体现，使每个并联集群内的先进制造企业更具有影响力和较高的区域品牌知名度，更具有吸引各种知识要素的能力，形成高附加值的最终产品。

在先进制造企业的动态核心能力系统中，资源共享、互惠信任以及知识流动是系统特有的发展资本。在面对千变万化的外界环境时，先进制造企业动态核心能力系统的适应性学习演化行为主要表现为动态核心能力系统主体的不断学习、搜寻和选择活动。学习和探索存在于先进制造企业动态核心能力系统适应性学习演化的整个过程，实现了对系统现有状态的破坏、对新的系统状态的适应和系统的转型。

# 5.2　动态核心能力的信用分派机制与新规则发现过程

## 5.2.1　动态核心能力的信用分派机制分析

霍兰（Holland John，1994）提出的复杂适应系统（Complex Adaptive System，CAS）理论引进了适应性主体的概念，从主体和环境的互动作用去认识、描述复杂系统行为，揭示了由适应性主体组成的复杂系统是如何演化、适应、凝聚、竞争、合作，以及产生多样性、新颖性与复杂性的。霍兰教授认为将类似"染色体"的主体规则存放于个体内部，主体规则必须在一定条件下被选择，且不会随意被应用。支配主体行为的规则并非只有一种，可能同时存在好几条相互竞争的规则，这些规则如果能够帮助支配主体适应外部环境就会被吸收和采纳，如果当支配主体遇到新环境时不能够帮助支配主体适应环境，则会有新的规则产生。信用分派的本质就是向支配主体所在的主体提供评价和比较规则机制，如上所说能够给支配主体带来好处的规则就会被系统强化和选用，反之就会被淘汰和弃用。企业应具备内部规则的信用分派能力，不仅对环境刺激要做出反应，还能够根据这些反应的效果改变自身的行为方式，甚至企业组织内部结构。在与环境的交互作用中，企业能够实现经验的自我调节和创新，不断吸收和优化自我，进而获得适应性和免疫力。先进制造企业适应性学习的信用分派机制是指先进制造企业动态核心能力系统的规则集中发现最有效（即适应度最高）的规则。因此，本书在上述研究的基础上依据遗传算法确定了先进制造企业动态核心能力系统的规则适应度。

在遗传算法的计算过程中，我们用个体对环境的适应程度来作为衡量个体优劣的尺度。待优化的决策问题在本书所研究的先进制造企业动态核心能力系统演化过程中，可以认为是求解极大值和极小值，即：

$$\max f(x) \text{ 或 } \min f(x) \quad x \in \Omega \tag{5-1}$$

式中，$f(x)$ 是待优化问题的目标函数，遗传算法的计算过程通常会将目标函数转化为适应度函数，本书计算极小值的适应度公式如下：

$$Fitness = 1 - (f(x) - \min f(x))/(\max f(x) - \min f(x)) \tag{5-2}$$

式中，$f(x)$、$\max f(x)$ 和 $\min f(x)$ 分别表示种群中目标函数值、最大值和最小值，适应度 $Fitness$ 的值域定义在 $[0, 1]$ 区间内。根据达尔文的"适者生存"理论认为种群之间是相互竞争的关系，对环境适应度高的种群更容易生存，即生存概率较大，反之则容易被淘汰。本书认为环境中的种群都以个体形式存在，且生产概率为 $P_i(i = 1, 2, \cdots, M)$，则：

$$P_i = Fitness(i)/\sum_{j=1}^{M} Fitness(j) \tag{5-3}$$

式中，$P_i$ 表示第 $i$ 个个体的竞争概率，$Fitness(i)$ 表示第 $i$ 个个体的适应度，$M$ 表示种群数目。

由此可见，对环境具有较高适应度的个体容易存活下来并且能够繁衍下一代，而对环境具有较低适应度的个体虽然生存机会不大，但是仍有生存概率，这样的形式能够保持种群的多样性特征。本书借鉴这种表达形式，能够使先进制造企业的动态核心能力适应度值从局部极值点跳出来，最终达到全局最优解。

## 5.2.2 动态核心能力的新规则发现过程

先进制造企业动态核心能力新规则发现的本质是通过创新形式改善动态核心能力系统的运行状态，主要通过规则的适度重组或取代方式进行。创新行为能够强化先进制造企业的适应性学习，而适应性学习又能增强先进制造企业解决问题的能力，使其能够快速进入适应环境的最佳状态。Vriend 在研究古诺模型时发现，企业产出与个体学习模式的差异相关联。先进制造企业作为市场竞争中的独立个体，其适应性学习能力的提升主要通过遗传算法进行：一方面根据以往的经验进行判断；另一方面也要与同行业中的其他先进制造企业进行学习互动和经验交流。根据前文的阐述，本书认为先进制造企业染色体的适应度也可以被看作是规则的适应度，动态核心能力系统的新规则的产生过程，可以看作是系统内部原有的规则通过结合和重组的方式获得新生的过程。适应度的确定已经在上述 5.2.1 节中完成，本节重点阐述重组机制。重组机制是遗传算法中最关键的步骤，也是先进制造企业动态核心能力适应性学习演化的动力来源。美国心理学教授 Holland 的理论认为，重组机制包括选择、交换和变异（由于很多学者对选择算子、交换算子和变异算子的定义和确定方式都进行过详细的阐述，本书就不再将详细过程罗列）。

选择算子、交换算子和变异算子在先进制造企业动态核心能力新规则的发现过程中所发挥的作用是不同的。选择算子的存在可能会导致系统多样性的丧失，因为选择算子会使系统不断重复选择某些对环境适应度较高的规则，从而使这些规则都被吸引到局部最优解；交换算子的存在可能会增加系统的多样性，规则不断交换的过程能够提升系统对环境的适应度，从而在稳定现有动态核心能力状态的基础上将适应度较高的规则在合适的时机被吸引到相应的位置上；突变算子的存在可能会对系统的多样性起到保护作用，它可以通过系统的随机涨落作用帮助规则跳出局部最优解的吸引，使得先进制造企业能够在更广阔的范围搜寻到动态核心能力状态的最优解，从而增强演化系统自身的稳定性和对环境的适应性，突变算子使系统更具有创新性。通过上述分析，本书认为先进制造企业动态核心能力新规则发现的基本思想是指，动态核心能力系统经过对规则的检验、判断及经验积累后，在选择算子、交换算子和变异算子的作用下，成功发现适应度较高规则的过程。

### 5.2.3 动态核心能力适应性学习的概念模型描述

根据5.2.1节和5.2.2节的阐述，本书通过动态核心能力的规则搜寻和动态核心能力新规则发现两个过程建立动态核心能力适应性学习的概念模型，具体如图5-3所示。先进制造企业整体系统必须通过适应性学习过程来维持系统所特有的性质和动态核心能力系统的持续演化过程。当先进制造企业主体受到来自主体外部环境的刺激作用时，会在自身动态核心能力的引导下选出系统内部与之匹配的规则进行相互作用。

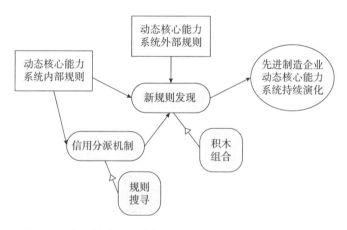

**图5-3　先进制造企业动态核心能力的适应性学习概念模型**

（1）动态核心能力的规则搜寻。在先进制造企业自身的规则集合中，支配先进制造企业的企业行为规则和支配动态核心能力发挥能动作用的规则并不是唯一的。当主体因为先前选定的规则而取得了较好的经济利益之后就会保留这条规则，在以后的发展过程中如果再出现类似的规则选择问题时，就会根据以往的经验判断继续选择该规则，这种现象被称为规则的自我复制现象。当然如若出现比当前状态更好的规则时，先进制造企业会果断放弃原有规则而选择当前规则，这种现象表明动态核心能力系统内部规则之间也存在竞争关系。这种结果可以解释为：那些能够为先进制造企业带来好处或者能够使其动态核心能力的能动性发挥到极致的规则会被强化，在以后的企业行为中，先进制造企业会优先考虑和选择这些规则；相反，那些能够为先进制造企业带来坏处或者不能够使其动态核心能力充分发挥能动性的规则会被弱化或淘汰。这就是前文所说的规则的信用分派过程，规则适应度的变化会影响先进制造企业集聚竞争优势和动态核心能力的提升过程。本书认为规则的信用分派过程主要分为本地搜寻和全局搜寻两种主要方式。本地搜寻主要是针对先进制造企业动态核心能力系统内部所聚集的规则进行的，一般本地搜寻发生的次数和频率较高。若先进制造企业在与外界环境进行互动的过程中，发现更有利于动态核心能力演化和企业可持续发展的规则时，先进制造企业会试图通过采用该规则的方式重新设计和规划企业的发展战略，该规则也起到制约先进制造企业主体行为和动态核心能力能动性发挥的作用，本书将此过程称为全局搜寻。当很多规则聚集起来都分别对先进制造企业的动态核心能力系统产生作用时，系统内部的规则信用分派过程就会变得更加复杂，此时的动态核心能力系统状态需要重新调整，并且对内外部环境重新适应，这时先进制造企业就会进行规则的保留或放弃选择过程。在先进制造企业行为的作用效果显示出来前，往往需要经过很长一段时间，也就是说动态核心能力的能动性并不是即时体现的，而是需要经过一段时间的经验积累和沉淀。

（2）动态核心能力新规则的发现。当先进制造企业主体现有的规则不能匹配所遇到的新环境适应需求，或者不能满足动态核心能力状态的现有需求时，动态核心能力系统就会通过本地搜寻和全局搜寻的方式发现新的规则。此时，具有较为丰富资源的先进制造企业主体就会首先进行搜寻过程，以最快的方式将内部有效规则和外部有效规则结合形成新的高度满意规则。这个新规则的发现、产生的过程是一种特定的组合——积木效应组合。

# 5.3　动态核心能力适应性学习演化 NK 模型的构建

## 5.3.1　适应度景观与 NK 模型的基本原理

适应度景观理论是 20 世纪 30 年代由学者 Wright 研究生物基因的过程中提出来的，它建立在生物学的观点上，认为物种为了生存而不断进化，进化可以被看作是一个在有高峰和山谷的三维景观上的旅程。景观中的每一个位置代表一种基因型，每一个位置的高度代表着这种基因型的适应度。由于各种基因型的适应度值是有差异的，因而就形成了类似"山峰状"的崎岖景观，本书运用 Matlab 仿真软件模拟出这种"山峰状"的崎岖景观，具体如图 5-4 所示。

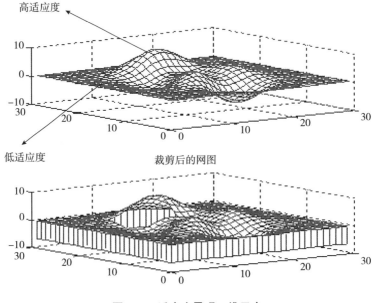

图 5-4　适应度景观三维示意

适应度高的基因型体现为景观中的峰（Peak），适应度低的基因型体现为景观中的谷（Valley）。因此，通过将基因型（Genotype）的适应度值分配给基因型空间中对应的点而得到适应度景观。后来，适应性景观理论被用于研究物理学问题，并逐步推广到其他复杂系统领域。20 世纪 90 年代以来，适应性景观理论开始应用于管理学和经济学领域，得到了组织和管理学家的认可。

由于适应度景观中的某个基因的适应度是依赖于其他 K 个基因的，所以 Kauffman 在研究生物进化的过程中创造了 NK 模型，NK 模型可以明确显示出复杂程度不同的景观中基因组合特点的不同，使适应度景观能够简单生成。NK 模型有三个主要的参数：物种中一个生物体的基因数量 N，基因之间的互动程度或上位作用（Epistatic Interactions）数量 K（上位作用是指一个基因对另一个基因的影响作用），以及等位基因数量 A。NK 模型的基本原理是把某个物种描述成为 N 个基因构成的总体，每个基因有 A 个不同取值（A 个等位基因）且每个基因对总体适应度值的贡献依赖于本身与其他基因之间的相互关系 K。当物种中有 N 个基因，每个基因有 A 种不同的等位基因数量，则所有可能的组合方式就有 $A^N$ 种。

当物种的基因按一定方式组合起来时，就会形成网络。K 最小为 0，最大为 N-1。根据 Kauffman 的研究成果，基因网络中的 K 一般在 2~10 之间。K 为 0 时，各基因之间没有上位互动，也就没有均衡或积聚效应。基因型处于高度有序状态，只存在一个全局最优点（Global Peak），这时的演化稳定策略很容易接近这一点。当 K 从 0 增加到 N-1 时，各基因之间的联系增多，景观变得崎岖不平，并且有多个高峰，但总体高度都降低。这是因为 NK 模型假定一个基因对生物体的整体适应性的贡献，取决于这个基因的状态和对其他基因状态的影响。

## 5.3.2　动态核心能力景观的内涵及影响子过程的关系

提高动态核心能力系统对环境的适应性是先进制造企业动态核心能力系统实现持续演化的重要途径之一。因此，由于外部环境不断产生剧烈的变化，先进制造企业会被卷入一个巨大而复杂的动态系统中。先进制造企业必须通过机会把握和努力提高适应性来实现动态核心能力的持续发展与演化，先进制造企业的动态核心能力被看成一个组织的有效性、创新性及成长潜力的重要标志。先进制造企业动态核心能力的构成要素会影响系统演化的程度，各个构成要素之间的状态水平和它们之间相互组合和配置的状态决定动态核心能力对环境适应的有序程度。影响因素之间好的组合状态和配置状态能够促进先进制造企业运行效率和动态核心能力的提升；不好的组合状态和配置状态则会大大降低动态核心能力与环境之间的匹配程度，导致演化系统内部出现混乱无序的现象。本书认为动态核心能力的各构成要素之间存在相互影响、相互依赖的互动关系，一个要素的状态调整必然会带动另一个要素发生变化。如果同时对多个要素进行调整，那么要素之间会产生相应的互动和反馈，这样动态核心能力系统内部的信息量和资源获取量就会成倍增加，要素之间的联系也会随着频繁的互动和效果反馈而变得更加紧密。先进制造企业的动态核心能力系统本身就是一个抽象的、复杂的动态系统，它的变化具有较高时效性。因此，动态核心能力系统很容易出现混乱的现象，造成系统的失稳和平衡。

根据 3.3.1 节中关于动态核心能力因子的阐述以及 Kauffman 的理论，景观的适应度是由一个有机的多元素之间适应度的相互依赖程度决定的，而动态核心能力系统的四个子过程分别是评估、适应性学习、整合、创新。这四个要素的有效运行和管理能够使先进制造企业获得的新知识和新技术，在先进制造企业内部得到最大限度的积累和符合。评估、适应性学习、整合、创新四个子过程之间相互依赖和互动形成具有整体性的动态核心能力基因形态。显然，动态核心能力系统的演化规则要想逼近于某种满意的状态就必须强化各个子过程之间的依赖程度，从而使动态核心能力系统做出自身状态的快速调整。由上述分析，可以给出动态核心能力景观的定义：由于先进制造企业自身在进行适应性学习的过程中，评估、适应性学习、整合和创新四个子过程各自适应度的改变和相互间互动作用的动态变化，导致先进制造企业的动态核心能力整体适应度在景观上呈现出崎岖不平的山峰状配置状态，该景观状态会直接影响先进制造企业所拥有的有效规则的数量，具体如图 5-5 所示。

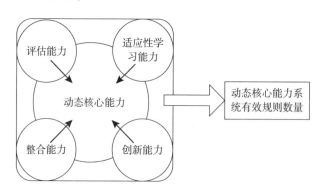

**图 5-5　动态核心能力景观及其对系统规则数量的影响**

### 5.3.3　动态核心能力的适应度景观

#### 5.3.3.1　动态核心能力的 NK 模型

本书用 NK 模型诠释先进制造企业动态核心能力系统，设置相应的参数是将 NK 模型应用到动态核心能力系统的适应度景观建立，具体相应参数对比如表 5-2 所示。

**表 5-2　NK 模型与动态核心能力系统**

| 参数 | NK 模型 | 动态核心能力 |
| --- | --- | --- |
| N | 物种的基因数量 | 动态核心能力系统影响要素的数量 |
| K | 基因之间的相互上位作用数量 | 系统影响要素之间的相互联系 |
| A | 一个基因拥有的等位基因的数量 | 一个影响要素拥有的可能的状态数量 |

设影响先进制造企业动态核心能力系统所有影响要素的集合为 $S = \{s_1, s_2, s_3, \cdots, s_N\}$，$N$ 为动态核心能力系统的影响要素数量；设 $A$ 为各个影响要素的状态。那么，先进制造企业的动态核心能力状态数量为 $A^N$，由其导致的系统整体涌现出的可能状态组合也可以用 $A^N$ 来表示。这里假设企业动态核心能力系统 $F$ 的自然对数是各个影响要素的贡献 $f_i$($i = 1, 2, 3, \cdots, N$) 的加权和，设各个影响要素对企业动态核心能力系统贡献的权重为 $w_i$，则企业的动态核心能力权重集为 $W = \{w_1, w_2, w_3, \cdots, w_N\}$，$w_i \in (0, 1)$($i = 1, 2, 3, \cdots, N$)；而且进一步假设 $f_i$ 起初以 $\zeta(f)$ 服从标准正态分布，即 $\zeta(f) \sim N(0, \sigma^2_N)$ 的随机数组成企业动态核心能力系统的适应度景观，即：

$$\ln F = \sum_{i=1}^{N} w_i f_i \tag{5-4}$$

式中权重集 $W = \{w_1, w_2, w_3, \cdots, w_N\}$ 主要通过采用专家打分法和模糊综合评价的方法来确定。将式（5-4）进行转化得到式 $F = \coprod_i^N \exp(w_i, f_i)$，显然这与 Kauaffamn 的 NK 加法模型的计算结果是一致的。先进制造企业动态核心能力的适应度景观由适应度值的分布状态所决定，分布状态值可由以下公式计算得出：

$$\zeta(f) = (2\pi\sigma^2)^{-1/2} \exp\left(-\frac{w_i^2 f_i^2}{2\sigma^2}\right) \tag{5-5}$$

由于影响要素 $f$ 直接受到先进制造企业动态核心能力各要素之间的相互作用的影响。因此，$f$ 的值直接受参数 $F$ 的影响。根据前文的研究对先进制造企业动态核心能力的影响要素之间的上位互动进行考虑，主要有 $K = 0$ 时和 $K \neq 0$ 时两种情况。当 $K = 0$ 时，表明动态核心能力各要素之间不存在上位互动，此时影响要素的状态数量 $A$ 是可得的且有相应的概率，贡献值 $f$ 取决于动态核心能力自身的状态，即对于影响要素的任一状态来说，$f$ 都有一个值与之对应。当 $K \neq 0$ 时，表明动态核心能力各要素之间存在上位互动，此时影响要素的状态数量 $A$ 是可得的且有相应的概率，贡献值 $f$ 不再取决于动态核心能力的自身状态。此时，影响要素的状态数量 $A$，同理可推 $K + 1$ 个影响要素在先进制造企业动态核心能力系统的形成过程中，组织内部会涌现出的状态数量为 $A^{K+1}$，且影响要素之间的相互作用都会生成随机数 $f_i$。于是，企业动态核心能力包括了 $N \times A^{K+1}$ 个相互作用的随机数，而且都服从于 $\zeta(f)$。

由上述分析可知，动态核心能力系统影响要素之间的上位互动对先进制造企业动态核心能力的整体提升影响较大。Kauffman 采用随机互动的方式确定上位互

动参数 $K$，后来由 Perelson 和 Macken 两位学者提出了采用"块方法"确定 $K$ 值。所谓"块方法"是指，将目标系统划分为若干子系统，子系统可以被称为"块"。块内的影响因素只与同位于块内部的其他影响要素之间发生上位互动，而与其他块内的影响因素没有任何联系和作用。对于先进制造企业来说，块对应的是动态核心能力各个因子，每个因子独立形成一个子系统，先进制造企业的动态核心能力系统本身就具有显著的复杂性特征。

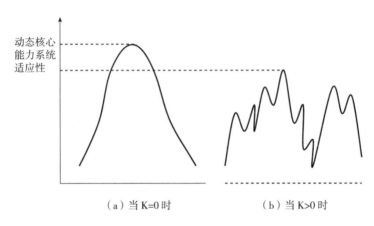

（a）当 K=0 时　　　　　　　　（b）当 K>0 时

**图 5-6　动态核心能力系统适应性学习能力景观**

当 $K = 0$ 时，影响要素局部搜索的动态核心能力可以达到局部最优，先进制造企业此时的动态核心能力值具有一个最高峰值，即全局最优解。其他地方的动态核心能力景观都较为平坦，具体如图 5-6（a）所示。当 $K > 0$ 时，随着上位互动数量 $K$ 值的增加，动态核心能力景观逐渐出现图 5-6（b）中越来越崎岖的动态核心能力景观，动态核心能力景观的地方峰值不断增加且有很多峰值，此种现象使动态核心能力陷于复杂性灾难（Complexity Catastrophe）之中。如果继续应用"块方法"，可以大致确定动态核心能力的局部最优值 $A^N[(A - 1)(K + 1)]^{-N/(K+1)}$。设 $F_{lp}$ 为企业动态核心能力，即局部最优的动态核心能力，则有：

$$E(F_{lp}) \approx N\sigma \left[\frac{2D}{K + 1}\right]^{1/2} \tag{5-6}$$

### 5.3.3.2　实证分析

由上文理论分析可知，先进制造企业的动态核心能力适应度受到评估能力、适应性学习能力、整合能力、创新能力等四个子过程的影响，即 $N = 4$；每一个子过程都会与其他三个子过程之间都会有相互影响和相互作用的关系，即 $K = 3$。因此，本书依据子过程所表现出来的不同状态对其进行相应的设置。本书通过问卷调查的方式对黑龙江省35家先进制造企业对环境的适应性情况和先进制造企业动态核心能力的适应性学习演化绩效进行了调查，本书采用李克特五级量表对子过程状况进行统计和分析，并对通过调查问卷搜集到的原始数据进行归一化处理。处理的数值有大于均值和小于均值两种情况，分别表明高于或低于动态核心能力的总平均水平，本书将相应的子过程状态分别设为 1 或 0。因此，先进制造企业的动态核心能力就只有两种状态，即 $A = 2$，而可能性组合有 $2^4 = 16$ 种。先进制造企业动态核心能力的演化绩效能够体现先进制造企业对环境的适应度效果，表5-3列出了先进制造企业动态核心能力子过程的组合状态及其适应度。

表5-3　动态核心能力组合状态及其适应度

| 组合状态 | | | | 动态核心能力景观适应度 |
|---|---|---|---|---|
| 评估能力 | 适应性学习能力 | 整合能力 | 创新能力 | |
| 0 | 0 | 0 | 0 | 0.2849 |
| 0 | 0 | 0 | 1 | 0.2933 |
| 0 | 0 | 1 | 0 | 0.3512 |
| 0 | 1 | 0 | 0 | 0.3197 |
| 1 | 0 | 0 | 0 | 0.3244 |
| 1 | 0 | 0 | 1 | 0.4425 |
| 0 | 1 | 0 | 1 | 0.4378 |
| 0 | 0 | 1 | 1 | 0.5069 |
| 1 | 1 | 0 | 0 | 0.4237 |
| 0 | 1 | 1 | 0 | 0.4733 |
| 1 | 0 | 1 | 0 | 0.5135 |
| 1 | 1 | 1 | 0 | 0.6941 |
| 1 | 1 | 0 | 1 | 0.5915 |
| 1 | 0 | 1 | 1 | 0.6124 |
| 0 | 1 | 1 | 1 | 0.6747 |
| 1 | 1 | 1 | 1 | 0.7893 |

　　根据表5-3中适应性学习能力的组合状态和适应度值，本书使用 Matlab 仿真软件集成布尔超立方体（Boolean Hypercube）综合描绘先进制造企业动态核心能力的适应性学习能力适应度景观，如图5-7所示。图5-7中总共有16个顶点，每个顶点的第一行数字和第二行括号中的数字分别代表先进制造企业适应性学习能力的不同子过程状态组合和景观适应度，适应度值的高与低分别对应景观中的峰和谷。根据适应度景观原理可知，当景观中出现多个高峰值时表明影响因素之间存在明显的上位互动作用，这种作用表明先进制造企业对外部环境整体适应度的积聚效应和均衡效应。图5-7中带箭头的线表示先进制造企业动态核心能力的适应度值由低组合状态向高组合状态的演化路径，在图5-7中形成了很多条路径，但是只有一条路径最优。从图5-7中还可以看出，景观中的最高峰即为顶点1111，其也是动态核心能力适应度值的最优组合状态。通过对黑龙江省35家先进制造企业的问卷调查进行整理并且进行实证分析之后，可知景观理论提供了提高先进制造企业动态核心能力的适应度路径。由于动态核心能力系统的子过程通过相互之间复杂的影响和作用来提升动态核心能力的整体适应度，因此单个子过程状态的改变会影响与之有连带关系的其他子过程，并最终影响动态核心能力的整体适应度状态。

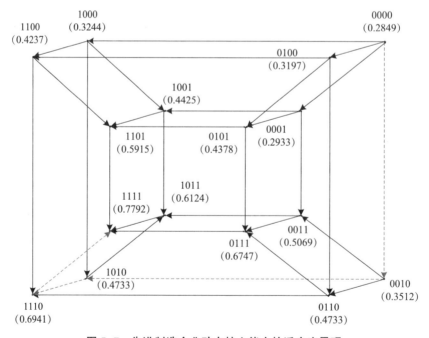

**图5-7　先进制造企业动态核心能力的适应度景观**

由图 5-7 可知，从 0000 这个最低适应度点到最高适应度点 1111 有很多条路径可以遵循，如"0000—0100—0110—0111—1111"和"0000—0010—1010—1110—1111"两条路径都能够实现全局最优点这个效果，本书将前者设为路径 1，后者设为路径 2。路径 1 和路径 2 虽然都能实现全局最优点效果，但是从路径 2 上的各个顶点的适应度值来看，它的每个阶段的适应度值都达到了最高适应度，是先进制造企业动态核心能力能动性发挥最有效的时期，是保证先进制造企业动态核心能力具有较强适应性的根本保障。因此，路径 2 是最优路径。另外，最优路径的形成过程并非动态核心能力系统子过程单独作用的结果，而是在子过程之间相互影响和相互作用下才逐渐形成的，最优路径的存在表明前一个子过程的状态直接影响路径中另一个子过程的状态。因此，同一条路径上的一个子过程达到某种状态以后，另一个子过程才能发挥相应的作用。在以上述路径 1 和路径 2 作为比较的过程中发现子过程状态沿着路径 2 发展比沿着路径 1 发展更能发挥其作用。最后根据木桶原理，从最优路径的确认过程中，还能明确先进制造企业动态核心能力系统的形成过程和对外界环境适应过程中的瓶颈所在。在被调查的 35 家先进制造企业中，适应性学习能力显然成为先进制造企业动态核心能力适应性演化过程中的最低木板，"最低木板"就会成为限制因素，如何解除限制因素的束缚，是先进制造企业在动态核心能力演化过程中需要思考的重要内容。在提高先进制造企业的适应性学习能力之后，整合能力又成为了最低木板，它又成为先进制造企业需要重新改进的重要方向，如此循环往复地进行，才能保证先进制造企业动态核心能力整体演化的顺利进行。

# 5.4　动态核心能力景观对先进制造企业适应性学习演化的启示

## 5.4.1　全局搜寻

先进制造企业面临复杂多变的环境，在长期的发展过程中要想通过获取稀缺资源和不可模仿性资源击败市场中的其他竞争对手以保持持续的竞争优势，就必须能够长期保持动态的愿景，以尽力寻找到其动态核心能力适应度景观中的最高峰。寻找最高峰的终极目标是提升先进制造企业动态核心能力对环境的适应程度，而适应程度越高表明此时的动态核心能力状态越好。根据前文动态核心能力适应度景观的寻优路径过程表明，当 $K$ 值较大时，动态核心能力适应度景观呈现崎岖不平的状态，即在景观中存在多个局部最优点。因此，先进制造企业应该进行全局搜寻以寻找到全局最优点。

因为先进制造企业在长期的发展和探索一项有竞争力的优势时，需要考虑市场占有程度、产品的质量和科技含量等，还需要不断探索新的具有竞争力的优势。也就是说，先进制造企业要想短时间内高效地提升动态核心能力需要进行不断的创新，先进制造企业要想保持自身动态的竞争优势就需要持续不停地进行搜寻和适应性学习，提升适应性学习能力是提升动态核心整体能力的前提条件。先进制造企业在适应度景观的探索过程中，探索的范围越广、探索的次数越多、探索的频率越高就越容易找到景观中的最高峰。同时，探索的过程中，适应度景观也会随着动态核心能力系统内部组织结构和外部环境的变化而变化，多方面的探索能够帮助先进制造企业在景观发生变化的时候快速找到前进的方向，也是能够准确搜寻到动态核心能力适应度景观的最快速有效的方式之一。这种方式能够增加适应度景观的多样性，同时也增加了先进制造企业成功提升动态核心能力和规避环境变化时生存危机的概率，本书将这种方式称为"并行"（Parallelism）。先进制造企业在进行并行方式搜寻的过程中一定会遵循一定的搜寻路径，并且会持续不断地进行直到找到满意的结果为止，当现有的状态不能满足先进制造企业动态核心能力的演化时，就要开始新一轮的搜寻，具体如图 5-8 所示。

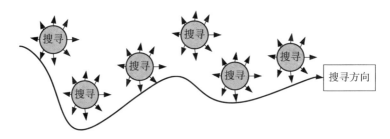

图 5-8　先进制造企业动态核心能力系统的搜寻路径

## 5.4.2　适应性游走与适应性跳跃相结合

在适应度景观中，当 $K$ 值较小时，动态核心能力的子过程之间相互影响程度较弱，先进制造企业容易通过小范围的改进和创新，即通过适应性游走过程寻找景观全局最优适度方法来增强动态核心能力的适应性，提高动态核心能力演化绩效。适应性游走（Adaptive Walk）是把一个组合变成相应的对等组合来增加适应性的适应过程。适应性跳跃（Adaptive Jump）是要若干要素同时突变的适应性进程。适应性游走保证了大部分时间系统能朝向更高的适应性水平，而这种"游走"又是路径依赖的，并且在先进制造企业动态核心能力景观上只存在一条曲折的"道路"可以使动态核心能力系统往上"游走"，直到发现其满意解。但是，适应性游走致命的缺陷是：动态核心能力系统的适应性学习能力所达到的峰点或许只有一个局部最优值，即相对其邻接的点它是最高的点，但不是在一个更大的区域内的最高点，即次优解都尚未发现便不再游走了。图 5-9（a）正是要规避的，因为这样按部就班地进行，先进制造企业的动态核心能力系统非常容易陷入适应性学习能力景观上并不满意的局部最优解的峰点上。

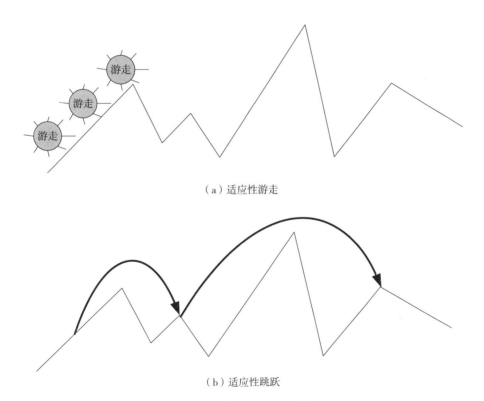

（a）适应性游走

（b）适应性跳跃

**图 5-9　适应性游走、跳跃及其结合示意**

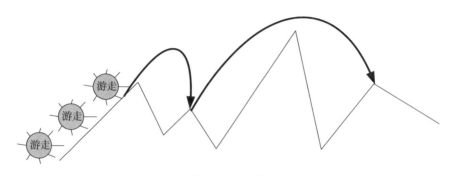

（c）适应性游走与跳跃相结合

**图 5-9　适应性游走、跳跃及其结合示意图（续）**

但是当 $K$ 值较大时，景观中将出现较多的局部最优适应度，先进制造企业只通过适应性游走方式去探索全局最优点，则容易陷入局部最优点，小范围的改进和完善已经无法起到提高演化绩效的作用。因此，先进制造企业需要通过较大规模的变革和管理方式上的突破，即在适应性游走过程中通过结合适应性跳跃跳出局部最优点，继续探索和搜寻全局最优适应度。图 5-9（b）表示先进制造企业通过对市场的敏锐洞察、把握和适应性学习，开发新的动态核心能力或涉身于尚未存在而又颇具市场潜力的新行业，从而获取超常规发展；图 5-9（c）表示动态核心能力系统为规避一些风险，既懂得轻重缓急，又能拓展其新的能力，拥有混合的层次不仅能增加发现更高效率的适应性学习能力的机会，而且通过使现有企业战略变得多样化，也能在景观变化时提供保护。这种情形常常是成功进行适应性学习的先进制造企业的动态核心能力系统所表现出来的。

### 5.4.3　降低动态核心能力系统的结构复杂性

在适应度景观中，从降低 $K$ 值的角度去考虑，在 $K$ 值较小的情况下显然更容易发现全局最优点。在先进制造企业动态核心能力系统的适应性学习演化过程中，可以考虑通过流程的重新设计与再造，降低动态核心能力系统的结构复杂性。对于先进制造企业的动态核心能力来讲，起初在发展的过程中并未有太多的部门和活动进行相互协作、相互支撑，未形成合作创新性系统，也是在先进制造企业不断的发展过程中才逐渐形成一种强大的凝聚力和氛围，懂得提高动态核心能力对先进制造企业发展的重要性，才会产生对动态核心能力进行演化的元认知。

　　一般来说，过于简单的系统不会具有较高的适应性，因为系统内部组织结构在面临外部千变万化的环境时很难快速地做出响应；但是当系统的组织结构超过一定规模变得十分复杂时，系统对环境的适应程度也随之降低，这是因为系统在长期的发展过程中已经形成一定的惯例，对于外界环境的刺激很多情况下都可以根据主观经验判断做出响应，越来越难做出有利于系统长期发展的适应性决策调整，此时的系统面临所谓的"复杂性灾难"。对于先进制造企业来说，其位于产业链高端的主体地位决定其组织结构是相对复杂的。因此，在其动态核心能力的提升和对环境的适应过程中应该意识到这一点，通过及时调整组织结构和战略规划设计来规避上述的"复杂性灾难"。但是，由于这种"复杂性灾难"具有不确定性，先进制造企业很难进行准确的评估与判断，无法给出规避这种"复杂性灾难"的纯粹结构化解决方案，先进制造企业只能通过不断调整自身动态核心能力的实际状态来规避复杂性灾难出现的频率。先进制造企业的动态核心能力适应度景观的状态会随着先进制造技术的变革、先进管理模式的引进以及外部环境的剧烈变化而不断变化，有可能出现适应度景观高峰变低谷的情况。因此，先进制造企业动态核心能力景观的这种可能性交互变化的产生，会导致先进制造企业的先进性特征消失，从而很有可能在今后激烈的竞争中无法维持，巩固原有的竞争优势，被淘汰出局。所以，有效的变革对先进制造企业降低动态核心能力系统的结构复杂性是有所裨益的，增强了动态核心能力系统的能动性和时效性，有利于先进制造企业整体向好的方向演化。

# 第6章 先进制造企业动态核心能力搜寻演化研究

## 6.1 先进制造企业动态核心能力搜寻的目的

本书在第五章的最后一节已经阐述了先进制造企业进行适应性学习对其动态核心能力演化的重要启示：能成功进行适应性学习的先进制造企业都会注重在多方面同时进行搜寻，先进制造企业所进行的持续不断地搜寻一般会遵循一定的路径，直到找到满意的结果为止。当先进制造企业现有的资源状况不能满足其动态核心能力发展要求时，就要开始新一轮的搜寻。先进制造企业动态核心能力演化的主要目的就是通过多种方式来扩大自身的资源占用空间，巩固自身的动态核心能力。先进制造企业动态核心能力演化包括遗传和变异两种主要方式，通过这两种演化方式实现动态核心能力演化的根本目的。先进制造企业动态核心能力的变异演化主要包括搜寻演化、分岔与突变演化，本章主要分析先进制造企业动态核心能力系统的搜寻演化，对于分岔与突变演化方式的研究将主要在第七章进行。

先进制造企业的动态核心能力在演化过程中，需要对其现有的惯例不断进行调整，所以先进制造企业动态核心能力的变异来源于企业自身惯例的变异性。在惯例变异过程中，如果在存在的技术和惯例中能寻找到适合先进制造企业自身可持续发展的惯例，这种调整过程称为"搜寻惯例"，而这种搜寻惯例需要通过不断地进行适应性学习才能实现与前文5.3节的内容相辅相成；如果先进制造企业通过先进技术等变革去开发原来没有的技术和惯例，这种调整的过程称为"惯例创新"。纳尔逊和温特认为：企业的惯例对企业很重要，同时指出企业演化还会受到环境的影响，企业惯例演化的关键包括搜寻、创新和环境。惯例搜寻是企业适应企业内外部环境变化的一种特殊反映，这种惯例的搜寻过程可能是随机的、非线性的和不可预测的。惯例的搜寻总是在寻找一种可以显著改变企业演化特征的新技术和惯例，当这种新惯例真正实现给企业带来更高盈利能力时，企业惯例搜寻会得到认可和接受。当然，如果企业当前惯例的运转能够让企业取得满意效果，那么惯例搜寻过程将不会发生。企业惯例在搜寻过程中，如果搜寻到其他企业已经形成的某种技术或惯例是本企业发展所需要的，那么可能会出现惯例模仿。惯例搜寻结果可能是企业获得自身发展所需要的技术和惯例模式，如果企业在种群或行业中不能找到与自身发展相匹配的惯例，惯例变异的另一种形式——创新即将产生。综上，惯例的变异方式包含搜寻和创新两种，通过搜寻的方式可以实现企业惯例在企业种群或行业寻找到已经存在的适合自身发展的技术和惯例；通过创新的方式则是用一套全新的规则去替代旧规则，以实现惯例的全新转变。复旦大学的吴光彪博士对惯例搜寻与时间的关系进行了描述，并从惯例变异的初期阶段、主导阶段和晚期阶段三个阶段提出惯例搜寻的模式，如图 6-1 所示。

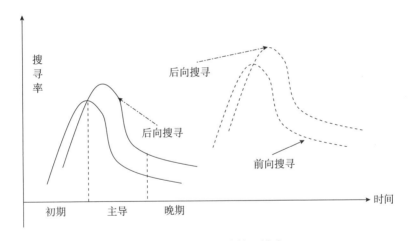

**图 6-1　惯例变异的搜寻模式**

先进制造企业动态核心能力变异的源泉是先进制造企业内部惯例的变异，即动态核心能力因子状态的改变。由动态核心能力因子主导的变异演化是在采取一定策略的基础上，使当前动态核心能力因子的状态发生质的改变，先进制造企业要想获得更优的资源占有空间，动态核心能力就必须发生变迁。先进制造企业动态核心能力进行搜寻的目的是为了使先进制造企业自身不断适应环境，提高自身的国际市场竞争优势和各方面能力。先进制造企业是以获取高倍利润为目的的高端企业，如果先进制造企业在市场竞争中不能快速地占据具有竞争优势的核心位置，那么先进制造企业的生存和发展将会受到前所未有的威胁，也就是动态核心能力的升级宣告失败。随着社会的快速发展和技术进步，先进制造企业种群将被赋予更多的社会责任，所以从社会资源配置优化的角度也需要先进制造企业不断通过搜寻机制来实现动态核心能力的变迁，从而达到发展过程中的最佳状态，适应复杂多变的市场环境，适应国内外市场带来的"双向挤压"，进行可持续发展。

先进制造企业动态核心能力的搜寻演化是先进制造企业对环境的主动适应性。从第五章所提出的适应性学习景观的观点出发，动态核心能力的变迁是由先进制造企业内部环境改变和外部环境作用共同引起的。但是，先进制造企业动态核心能力的搜寻演化并不是消极地追随环境变化趋势，而是必须通过一定的筛选与吸收机制，从内外部环境中汲取有利的有形资源和无形资源，并结合先进制造企业自身的特征实现动态核心能力的优化升级，体现先进制造企业的动态核心能力具备能够适应环境的主观能动性。先进制造企业动态核心能力的搜寻不仅是企业经营的范围、模式和核心资源等有形物质的搜寻，也包括企业员工思维和行为、企业战略规划的制定、企业先进制造企业的创新等无形物质的搜寻，最终才能形成最具先进制造企业独特性质的动态核心能力并获得可持续的竞争优势。先进制造企业动态核心能力的搜寻行为是先进制造企业具有适应性能力的体现。在动态核心能力演化的过程中，先进制造企业只有通过不断地适应性学习，才能获取和更新企业可持续发展所需要的先进知识及核心技术，并通过动态核心能力的变迁获得更长足的发展。所以，先进制造企业动态核心能力的搜寻演化是企业从被动适应环境到主动与所处环境互动，甚至能够影响和改变环境的思维转变，是在基本满足现有环境变化的动态核心能力状态的基础上，通过不断地市场竞争获取独特竞争优势来巩固、提升自身的动态核心能力的过程。在搜寻演化方式的引导下，先进制造企业才能实现动态核心能力的更新、完善及优化升级，使之成为先进制造企业可持续发展的根本保障。如果从先进制造企业内外部环境要素的驱动力来分析先进制造企业实现动态核心能力搜寻演化的目的，可以从前文 5.4.5 节中得到的启示，即先进制造企业需要实现适度的变革和主动适应环境两个方面来进行分析。

### 6.1.1　先进制造企业内部变革需求

先进制造企业动态核心能力的演化是企业整体层面综合作用的结果，是先进制造企业内部行为与外部环境的协调效应产生的种群行为表象。从先进制造企业的发展来看，其动态核心能力的搜寻是在先进制造企业生存与发展压力驱使下，由先进制造企业内部变革所引起的协同演化过程。先进制造企业动态核心能力演化的持续进行需要通过企业内部变革需求来辅助完成，内部变革主要包含组织惯例变革、组织管理变革、组织策略变革和组织文化变革。变革并非随意的、没有"度"的变革，变革要把握好时机和速度。过慢的变革会导致先进制造企业的动态核心能力寻找不到与环境匹配的适应度高峰；使企业被淘汰，过快的变革会造成先进制造企业失稳而无法继续生存和进行可持续发展，具体如图 6-2 所示。

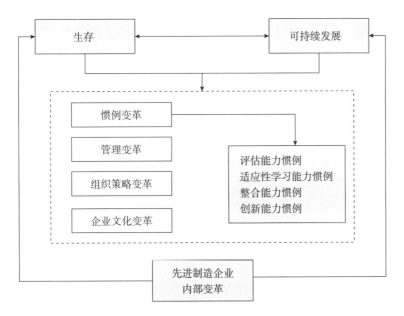

**图6-2　先进制造企业的内部变革过程**

从先进制造企业动态核心能力的整体演化情况来看，先进制造企业的惯例变革是整个演化过程中起主导作用的最重要因素。企业内部惯例是经过学习和积累而形成的以经验为基础的知识和技巧，是企业在演化过程中的单位要素。对企业内部惯例的描述同样适用于先进制造企业，先进制造企业的四种动态核心能力因子，即评估能力惯例、适应性学习能力惯例、整合能力惯例和创新能力惯例的变革是先进制造企业所有惯例变革的关键要素。评估能力惯例的变革可以改变先进制造企业运用资金和资源的能力，是先进制造企业生存和发展的基础力量变化，如通过对先进制造企业现状的评估决定是否引进新设备、增加人力资本和扩大投资范围等；适应性学习惯例的变革是通过改变先进制造企业现有获取知识的途径，以高效准确的方式来掌握先进制造企业提升动态核心能力所需要的核心知识并且快速地获取，同时对先进制造企业拥有员工的知识储备情况进行测量，通过组织学习等方式改变员工现有的知识结构；整合能力惯例的变革是通过整合先进制造企业在生产经营过程中所获得的先进知识和技术，过滤掉对先进制造企业无用的废弃资源，从而改变先进制造企业原有的生产效率，整合后的先进制造企业各成本要素都有所降低，从而提高先进制造企业的市场竞争能力和国际竞争优势。创新能力惯例的变革主要从先进制造企业的产品和服务上改变先进制造企业的经营理念、市场竞争方式、营销渠道等，吸收国内外先进的制造技术、管理理念和知识资源，创新现有的产品及服务，创新能力惯例的变革可以极速改变先进制造企业的市场占有率以及利润率。

先进制造企业惯例的改变引起企业内部变革，在实际的先进制造企业运营过程中，这种惯例的变革与先进制造企业员工的积极性和配合度密切相关，只有全体员工共同认可的惯例变异，才能真正起到促进先进制造企业可持续发展的目的。先进制造企业惯例变异促进企业内部变革的过程如图6-3所示。先进制造企业内部变革诱导企业动态核心能力的变迁，先进制造企业惯例的改变对企业动态核心能力因子产生作用力，由于惯例变异促进动态核心能力因子发生一致转变。因此，在先进制造企业动态核心能力演化过程中，需要寻求一种新的动态核心能力特征来满足企业内部惯例变革给先进制造企业带来的冲击。先进制造企业内部变革的需求促使先进制造企业总是在搜寻满足自身变革要求的动态核心能力，从企业内部行为转变促进动态核心能力的变迁。先进制造企业的内部变革除了最重要的惯例变革之外，还包括企业管理变革、企业组织策略管理和企业文化变革等多个方面。这些方面的变革通常不会立竿见影，需要经过长时间的积累和作用才能够显现出来，才能帮助先进制造企业完成动态核心能力系统的优化、适应复杂多变的外部环境、制定发展战略规划和调整组织结构关系，并且能够激发企业员工的积极性、创造性和责任感，使企业员工能够与先进制造企业保持一致的价值观，激发企业经营活力。

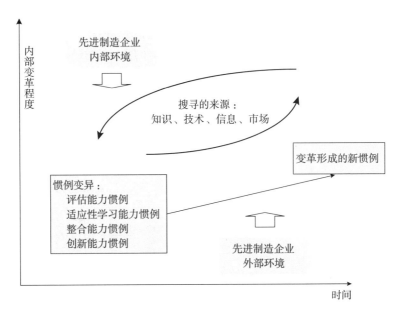

图 6-3　惯例变异促进先进制造企业内部变革

## 6.1.2　对先进制造行业环境变化的适应性

与先进制造企业内部变革所引起的动态核心能力变迁相比，先进制造企业的外部环境更容易促使先进制造企业发生动态核心能力状态的改变。先进制造企业的外部环境比内部环境更具有复杂性、不可预测性和不确定性。所以，先进制造企业外部环境的剧烈变化对其自身动态核心能力的变迁具有深远影响。先进制造企业的外部环境总是处在动态变化过程中，无论是环境变化的速率，还是变化方向都不可预测。在不稳定的环境中，先进制造企业的决策者很难制定理性决策应对环境变化。因此，在合理处理企业与环境互动关系的基础上，先进制造企业需要主动认识和辨别外部宏观环境对自身是有利的还是有害的，在此基础上才能寻求更适宜企业发展的生存机会。

先进制造企业外部环境包括宏观环境和行业环境。在先进制造企业动态核心能力搜寻演化过程中，外部宏观环境可以认为在一定时期内保持不变。因此，行业环境变化将直接影响先进制造企业动态核心能力的变迁。行业环境对先进制造企业的影响可以通过先进制造企业种群环境的影响来衡量，即先进制造企业的动态核心能力在先进制造企业种群中的适应度与先进制造企业在行业中的适应度相当。行业环境变化将直接影响先进制造企业的目标与价值观、技术构成、组织结构、利益相关者以及管理模式等方面。以信息为纽带，在先进制造企业动态核心能力的适应性变迁中，行业环境对先进制造企业动态核心能力的影响如图6-4所示。

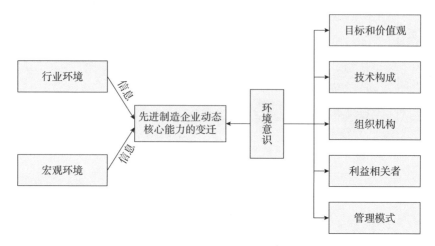

**图6-4　行业环境对先进制造企业动态核心能力变迁的影响**

行业环境变化对先进制造企业动态核心能力搜寻的影响主要有以下三个方面：

（1）行业信息化技术促进先进制造企业动态核心能力的变迁。行业信息化技术主要对先进制造企业的动态核心能力起到积极推动作用，成为先进制造企业动态核心能力向高层次演化的动力。首先，行业信息技术对于先进制造企业来说主要是指先进制造技术，它的发展必然会改变整个行业种群的竞争格局；其次，整个行业种群中，如果谁能够凭借自身的优势最先引进先进制造技术，就可以利用新技术协调企业内部的管理过程，在降低企业各项成本的同时，能够提高先进制造企业的反应速率。

（2）行业生产方式改变促进动态核心能力变迁。行业生产方式的转变主要是从传统的大规模、大批量生产向小规模、单件生产方式转变。行业专业化水平的发展使得企业在生产过程中不再追求完成生产过程的全部环节，先进制造企业只需专注于具有核心竞争优势的关键环节。通过专业化方式使先进制造企业能够掌握独有的稀缺知识和先进技术，并建立先进制造企业独有的竞争优势。

（3）行业竞争手段变化促进动态核心能力变迁。信息技术、通信设备以及交通运输业的崛起和发展，促进了行业内部先进制造企业间竞争手段的多样化。行业的每一次新知识、新技术的应用，都会在先进制造企业之间引起一轮或多轮激烈竞争。

## 6.2 先进制造企业动态核心能力搜寻演化的状态空间分析

先进制造企业实现动态核心能力搜寻演化的过程中，总是在先进制造企业周围或整个种群的同质企业中，寻找最为有利的动态核心能力适应环境的新特征，再通过采取一定措施和手段去实现。首先，先进制造企业需要从当前动态核心能力的特征中选择某些具有代表性的特征，即这些特征能够明确表征先进制造企业在当前动态核心能力状态下所获得的收益或占据的地位。在先进制造企业运营状态不佳时，无论是企业资源获取、运营效率还是先进制造企业产品端盈利情况等都处于不理想的状态下，先进制造企业对自身的动态核心能力特征更为关注。当先进制造企业具有足够的能力和知识识别自身特征时，先进制造企业可能产生对某种特征的评价，即动态核心能力特征是不是已经足够好，或者与同行业中其他先进制造企业相比是不是达到最优状态，等等。例如，先进制造企业的动态核心能力特征由评估能力因子、适应性学习能力因子、整合能力因子和创新能力因子特征构成，具体如图6-5所示。

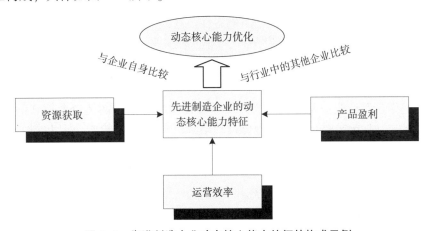

**图6-5 先进制造企业动态核心能力特征的构成示例**

先进制造企业在种群中或者行业中进行动态核心能力新特征的搜寻，这些特征构成先进制造企业动态核心能力搜寻演化过程的状态值，所有状态值的集合构成搜寻演化的状态空间。先进制造企业动态核心能力的搜寻演化建立在状态空间的基础之上，状态空间是搜寻的评价准则和判断依据。先进制造企业在对种群中的某个动态核心能力新特征产生兴趣并且进行搜寻的时候，总是在已经评价自身动态核心能力状态空间的基础上，通过一定搜寻规则评价在目标动态核心能力的状态空间集合，最后在最优的两种状态空间之间进行比较，确定先进制造企业动态核心能力搜寻演化的最终结果。

## 6.2.1　基本假设

先进制造企业动态核心能力搜寻演化的目标包括先进制造企业的内部变革和适应外部环境变化两个方面，是先进制造企业内部行为与外部环境之间具有主观能动性的一种互动方式。在先进制造企业内部，动态核心能力搜寻需要对先进制造企业的发展规律具有总体把握，明确先进制造企业当前动态核心能力特征的历史演变，形成对当前动态核心能力发生变迁的总体控制能力。从先进制造企业外部来看，动态核心能力可以选择搜寻的空间具有广泛性。先进制造企业可以选择的搜寻空间包括先进制造企业所在的种群、整个行业中其他种群以及整个行业市场，所以先进制造企业选择什么样的搜寻空间需要事先进行界定。此外，先进制造企业动态核心能力的搜寻从时间上具有向前或向后之分，先进制造企业动态核心能力特征的搜寻可以从历史的或未来的特征中去搜寻。因此，先进制造企业动态核心能力的搜寻过程具有极强的不确定性。在搜寻的过程中，需要对先进制造企业的搜寻行为作出一定的假设条件，因为动态核心能力的搜寻过程具有盲目性，所以作出假设条件可以节省搜寻过程的时间。在先进制造企业动态核心能力搜寻演化过程中，假设如下：

（1）先进制造企业动态核心能力搜寻演化发生在先进制造企业所在的种群。在先进制造企业动态核心能力的搜寻过程中，由于搜寻不确定，所以首先要确定动态核心能力的搜寻空间。先进制造企业动态核心能力的搜寻空间是先进制造企业所属的当前企业种群，通过搜寻实现的是当前动态核心能力的种群内变迁。将先进制造企业动态核心能力的搜寻空间界定为当前所处的种群，可以使先进制造企业动态核心能力搜寻的目标和范围更加明确，在搜寻的过程中节省搜寻成本。与此同时，先进制造企业种群效应是先进制造企业外部环境对企业的直接影响，先进制造企业在种群中搜寻对企业自身发展更为有利的动态核心能力状态，也是对环境适应性的体现。

（2）先进制造企业动态核心能力搜寻的范围是种群中其他同质先进制造企业的动态核心能力。同质先进制造企业主要指种群中与本企业在某些动态核心能力特征具有相似性的先进制造企业。同质性可以体现企业规模、产品市场占有率、企业盈利以及动态核心能力特征等。通过将搜寻范围界定在种群中其他同质先进制造企业的动态核心能力，可以搜寻到对先进制造企业发展最为有利的信息。如果种群中两家先进制造企业在动态核心能力的特征上差别太大，即使通过搜寻发现另一家在某些方面具有对本企业可持续发展有利的信息和资源，搜寻结果可利用性也不是太大。

（3）先进制造企业动态核心能力的搜寻目标状态只与当前状态有关。在先进制造企业动态核心能力的搜寻演化过程中，先进制造企业通过搜寻得到的结果是否引起动态核心能力变迁需要通过状态空间的比较而做出决定。所以，选择先进制造企业动态核心能力搜寻状态空间，对先进制造企业的搜寻结果具有重要的意义和影响。在状态空间的选择上，对于初始状态空间值的确定是整个搜寻演化的关键，状态空间初始值代表了动态核心能力搜寻结果好坏的评价标准。因此，在先进制造企业动态核心能力搜寻演化的过程中，将先进制造企业的动态核心能力的初始状态空间界定为企业当前动态核心能力的特征值，并且与先进制造企业之前的所有动态核心能力状态无关。这种特征在马尔科夫链中被称为"无后效应"，即"现在"决定将来，先进制造企业动态核心能力的搜寻结果只能与先进制造企业的当前状态进行比较，而与之间的状态是独立的。这种搜寻状态仅决定于当前状态的性质体现搜寻演化的变异特征，即先进制造企业动态核心能力选择搜寻演化的方式，意味着不再选择遗传演化的方式，在演化过程中必须去除先进制造企业由于遗传效应而受到的影响，保证搜寻过程的客观性。

（4）先进制造企业动态核心能力搜寻的转移概率需要提前确定。在先进制造企业动态核心能力搜寻演化的过程中，只有采取一定的搜寻规则才能获得有效结果。搜寻结果的有效性通过与当前动态核心能力状态空间比较而得出，所以需要一定的规则预测搜寻结果状态空间，这种规则即为转移概率。转移概率表示先进制造企业从当前动态核心能力状态转变到搜寻动态核心能力新状态时发生转变的概率，是对被搜寻动态核心能力状态空间的预期。转移概率需要在先进制造企业动态核心能力进行搜寻演化的开始，通过经验法、头脑风暴法、专家座谈法、统计回归法等定性和定量的方法来确定。

### 6.2.2 先进制造企业动态核心能力的状态空间确定

先进制造企业动态核心能力在搜寻过程中需要对搜寻状态空间进行界定，使搜寻方法更具有针对性。而且，选择合适的状态空间是先进制造企业动态核心能力搜寻演化有效进行的基本条件，如果状态空间选择不当，可能使搜寻结果适得其反。先进制造企业动态核心能力的搜寻演化也可以称为先进制造企业动态核心能力状态空间的演化，状态空间演化之间的比较使先进制造企业做出目前的动态核心能力状态是否可以发生变迁的决策。根据新的动态核心能力状态的搜寻结果，可以将状态空间变迁分为状态空间复制和迁移两种，同时也对应了先进制造企业动态核心能力状态的复制和变迁。从时间轴上看，先进制造企业动态核心能力的搜寻过程即动态核心能力状态空间的变迁过程，如图6-6所示。

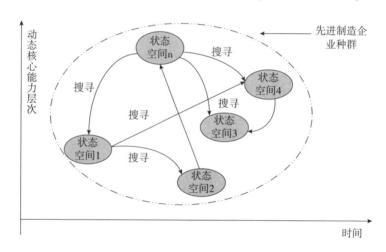

图 6-6　先进制造企业动态核心能力状态空间的变迁过程

根据先进制造企业动态核心能力搜寻演化的目的和结果特征，可以将先进制造企业动态核心能力演化状态空间分为先进制造技术、市场占有率、动态核心能力因子和动态核心能力资源占有宽度四种类型，如图6-7所示。在先进制造企业动态核心能力进行搜寻演化的过程中，先进制造企业选择哪种状态空间需要根据先进制造企业所处的发展状态、先进制造企业动态核心能力特征、先进制造企业动态核心能力搜寻的目的，以及先进制造企业进行搜寻演化的适应性战略来共同决定。

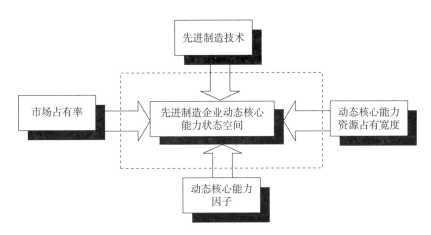

**图 6-7　先进制造企业动态核心能力演化的状态空间类型**

（1）先进制造技术。纳尔逊和温特在通过构建企业技术的搜寻过程中，发现技术搜寻过程的本质是一种要素替代的马尔科夫链。因此，本书借鉴纳尔逊和温特的理论，以先进制造企业作为先进制造企业动态核心能力搜寻的状态空间。以先进制造技术作为状态空间，主要是为了先进制造企业种群中寻求对先进制造企业可持续发展有利的技术信息，通过与当前先进制造企业动态核心能力的状态进行比较，再决定先进制造企业是否引进或模仿新技术，甚至进行自主创新。纳尔逊和温特在构建企业技术搜寻模型时，用 $q$、$k$、$x_1$、$x_2$ 分别表示企业的产出、资本和两种可变的要素投入，假定对于一切可能实现的技术来说，$k/q$ 是不变的。对于不同的技术，两种可变要素投入系数 $a_1 = x_1/q$ 与 $a_2 = x_2/q$ 是不同的。先进制造企业在搜寻现有先进技术附近的可供技术，依赖于 $a_1'$ 和 $a_2'$ 的分布，如果按照现行价格 $w_1$ 和 $w_2$ 比较发现，一种先进技术比现有的先进技术具有更为低廉的成本时，即 $w_1 a_1' + w_2 a_2' < w_1 a_1 + w_2 a_2$ 时，先进制造企业将对现有的技术进行更新，选择组合 $(a_1', a_2')$。

（2）市场占有率。根据以往学者的研究，以企业市场占有率为搜寻状态空间的研究较多。市场占有率是企业在产品和服务端价值实现的直接体现，代表企业与同行竞争具有的优势地位。企业市场占有率为搜寻状态空间时，企业搜寻的目的是在一定时间周期内，从与对手的竞争中预测自身市场份额的变化。对于先进制造企业来说更是如此，因为先进制造企业比其他普通制造企业更注重产品和服务的价值实现的效率。所以，先进制造企业动态核心能力搜寻演化以市场占有率作为重要的搜寻状态空间，可以从高端产品和服务的市场特征出发，以现有的状态为基础，寻求先进制造企业在当前种群中提高市场份额的途径。先进制造企业的市场占有特征也是先进制造企业在当前动态核心能力状态下，具有的竞争优势的直接体现，以市场占有率为状态空间的搜寻方式，是先进制造企业在产品和服务上需要提高企业市场竞争力的重要体现。

（3）动态核心能力因子。动态核心能力因子作为先进制造企业动态核心能力搜寻演化的状态空间，由评估能力因子、适应性学习能力因子、整合能力因子和创新能力因子四部分构成。在第二章和第三章都已经对四种因子的内涵、特征以及关联性进行了详细的阐述，四种因子能够影响先进制造企业在经营过程中制造投入到制造产出的全过程。在状态空间中，评估因子代表先进制造企业对有形资源和无形资源获取的难易程度，体现了先进制造企业经营活动基础条件的特征；适应性学习能力因子代表先进制造企业适应内外部环境变化的反应程度，体现了先进制造企业的动态适应性特征；整合能力因子代表先进制造企业生产和管理过程中效率的高低，体现了先进制造企业经营活动运营效率的特征；创新能力因子代表先进制造企业产品和服务获取收益的能力，体现了先进制造企业经营活动获取利润的特征。用 $S$ 表示先进制造企业动态核心能力的状态空间，则动态核心能力因子构成的状态空间如式（6-1）所示：

$$S = [AF, \ SF, \ OF, \ IF] \tag{6-1}$$

其中，$AF$ 表示评估能力因子，$SF$ 表示适应性学习能力因子，$OF$ 表示整合能力因子，$IF$ 表示创新能力因子。因为四种因子与整个先进制造企业系统的关联性以及它们之间的互相关联性，使四种动态核心能力因子作用于先进制造企业动态核心能力演化的全过程，是先进制造企业自身经营能力的综合评价。在先进制造企业动态核心能力搜寻演化过程中，以动态核心能力因子作为状态空间，可以使搜寻结果与先进制造企业当前的动态核心能力状态空间的比较更为客观和符合实际情况。

（4）动态核心能力资源占有宽度。动态核心能力资源占有宽度作为状态空间的基本特征与市场占有率类似，但是其主要体现在先进制造企业当前种群中所占有资源的空间位置特征。在动态核心能力搜寻演化过程中，如果以先进制造企业的动态核心能力资源占有宽度作为状态空间，那么先进制造企业的动态核心能力在搜寻结果中可以体现先进制造企业动态核心能力，经过变迁后在新的动态核心能力状态下占有资源的范围，在种群资源占有层面体现动态核心能力的变迁过程。动态核心能力资源占有宽度不能体现动态核心能力搜寻结果对先进制造企业的影响，只能体现其在种群中的相对空间位置。所以，先进制造企业要想获取竞争优势，必须调整和扩充自身动态核心能力的占有宽度并将其作为搜寻状态空间。

# 6.3　基于马尔科夫链的先进制造企业动态核心能力搜寻演化过程

马尔科夫链理论最早由俄国著名数学家 Markov 提出，主要研究系统从一种状态变为另一种状态时，两种状态之间的关联性特征。马尔科夫链体现的是一种随机过程，这种随机过程最显著的特征是将系统不同时期的"状态"作为变量描述系统的基本特征，这种"状态"的集合叫作状态空间。近年来，国内外学者对马尔科夫链的研究主要集中于通过研究比较流行的线性模型对时间序列进行分析，并形成多向量空间描述状态。

马尔科夫具有随机特性和无后效特性。随机特性主要是指一般在系统演化的初始阶段，就会给定转移的概率以完成系统变量状态的转移过程；而无后效特性主要是指系统未来的状态只取决于当前条件下的状态，与过去的状态无关。根据以往国内外学者的研究认为马尔科夫过程具有特殊性，这种特殊性主要体现在系统演化时间和状态都具有离散型。

（1）离散型。在时间轴上，取任意非负时间整数集合 $T=\{n=0,1,2,\cdots\}$，对应于每个时刻，系统的状态是离散的，记为 $S=\{n=0,1,2,3,\cdots\}$。

（2）无后效应。假设随机序列 $\{X_n,n\geqslant 0\}$，对任意 $i_0,i_1,\cdots\in S$，$S$ 为状态空间，有：

$$P\{X_0=i_0,X_1=i_1,\cdots,X_n=i_n\}>0 \tag{6-2}$$

而且：

$$P\{X_{n+1}=i_{n+1}|X_0=i_0,X_1=i_1,\cdots,X_n=i_n\}=P\{X_{n+1}=i_{n+1}|X_n\}>0 \tag{6-3}$$

式（6-3）称为马尔科夫链。任意 $X(t)$ 在时间 $t+n$ 时的系统状态 $X(t+n)=i_{t+n}$ 的概率只与 $t$ 时刻系统的状态 $X(t)=i_i$ 有关，而与 $t$ 时刻以前的状态无关。

（3）转移概率。对任意的 $i,j\in S$，若：

$$P\{X_{n+1}=j|X_n=i\}=P_{ij}(n) \tag{6-4}$$

则称式（6-4）为 $X(t)$ 在时刻 $n$ 的一步转移概率，表示系统处于时刻 $n$ 的状态 $i$ 在时刻 $n+1$ 时刻处于状态 $j$ 的概率。因为从状态 $i$ 出发后，系统必然而且只能达到空间 S 中的一种状态，所以一步转移矩阵 $P_{ij}(n)$ 还需要满足以下两个必要条件：

$$\begin{cases} P_{ij}(n) \geqslant 0 & i, j \in S \\ \sum_{j \in S} P_{ij}(n) = 1 & i \in S \end{cases} \tag{6-5}$$

如果设定时刻 $n \in T$，状态空间 $S = \{n = 0, 1, 2, 3, \cdots\}$，则一步转移概率可以用矩阵表示：

$$P_{ij} = \begin{bmatrix} P_{00}(n) & P_{01}(n) & P_{02}(n) & \cdots \\ P_{10}(n) & P_{11}(n) & P_{12}(n) & \cdots \\ P_{20}(n) & P_{21}(n) & P_{22}(n) & \cdots \\ \cdots & \cdots & \cdots & \cdots \end{bmatrix} \tag{6-6}$$

式（6-4）表示经过一步搜寻的概率，当搜寻超过一步时，存在多步搜寻概率。假定步数为 $k$，则 $k$ 步转移概率的表示如下：

$$P\{X_{n+k} = j | X_n = i\} = P_{ij}^k(n) \tag{6-7}$$

（4）齐次马尔科夫链。在转移概率中，如果一步转移概率 $P_{ij}(n)$ 与时间 $n$ 无关，则称为齐次马尔科夫链，记为 $P_{ij}(n) = P_{ij}$。齐次马尔科夫链的一步转移概率矩阵如下：

$$P^{(1)} = \begin{bmatrix} P_{00} & P_{01} & P_{02} & \cdots \\ P_{10} & P_{11} & P_{12} & \cdots \\ P_{20} & P_{21} & P_{22} & \cdots \\ \cdots & \cdots & \cdots & \cdots \end{bmatrix} \tag{6-8}$$

（5）遍历性。在马尔科夫链中，设齐次马尔科夫链 $\{X_n, n \geqslant 0\}$ 的状态空间为 S，对于一切 $i, j \in S$，存在不依赖于常数的 $P_j$，使：

$$\lim_{x \to \infty} P_{ij} = P_j \tag{6-9}$$

马尔科夫链具有遍历性。遍历性说明当时间 $n$ 足够大时，系统无论从哪个状态 $i$ 出发，通过搜寻到达状态 $j$ 的概率都近似相等。

马尔科夫链的决策分析过程主要包括确定搜寻的时刻及周期、选择搜寻状态值、拟定搜寻转移概率以及搜寻报酬计算四个部分。本书的研究也遵循了马尔科夫链的随机过程，首先通过确定先进制造企业动态核心能力的状态特征来确定搜寻状态空间，再根据所设定的转移空间概率来确定动态核心能力状态是否发生改变。

## 6.3.1　搜寻的决策时刻及周期

在先进制造企业动态核心能力的搜寻过程中，首先确定搜寻演化的决策时刻以及搜寻的时间范围。马尔科夫链对系统状态采取行动的时间成为马尔科夫链的决策时刻，因此，先进制造企业实现动态核心能力搜寻决策时刻即先进制造企业选择采取动态核心能力搜寻演化方式的时刻。先进制造企业动态核心能力演化决策时刻的选择，可以是有限点集也可以是无限点集以及连续时间变量集合。先进制造企业动态核心能力的搜寻时刻具有特殊意义，通常发生在企业演化过程中需要显著改变自身惯例的时刻，在动态核心能力演化过程中体现为动态核心能力因子需要提升或革新的时刻。如果先进制造企业需要从当前种群其他先进制造企业中寻找对自身发展有利的动态核心能力特征代表，则表示先进制造企业对自身动态核心能力的某些特征现状已经引起了足够警惕，需要采取一定措施去学习和修正。因此，确定搜寻演化的决策时刻，需要对先进制造企业内外部环境具有充分的把握，特别是对先进制造企业在动态核心能力演化过程中自身的特征进行客观的评价，然后再决定通过搜寻方式寻找先进制造企业提升动态核心能力的状态空间。

在先进制造企业实现动态核心能力搜寻演化过程中，搜寻决策时刻可以是时间轴上的点，也可以是时间轴上的连续时刻，记为 $T_0$。由于连续时刻的决策在现实情况中并不常见，没有哪个先进制造企业在进行演化的过程中会一直处于搜寻的状态并且一直要做出搜寻的决策，所以先进制造企业实现动态核心能力搜寻的决策时刻仅限于时间点，符合马尔科夫链时间状态离散性的特征。在时间轴上做出搜寻决策，有限阶段的决策时刻可以记为 $T = [0, 1, 2, \cdots, N]$，无限阶段的决策时刻集可以记为 $T = [0, 1, 3, 4, \cdots]$。对于离散状态的时间，决策的周期即指两个相邻决策时刻之间的阶段，在数学上如式（6-10）所示，$C$ 表示周期。

$$C = T_{i+1} - T_i(i = 1, 2, 3, \cdots, n) \tag{6-10}$$

先进制造企业动态核心能力搜寻演化的决策周期，由先进制造企业的规模、发展阶段、搜寻目标以及行业环境稳定性等因素来决定。通常情况下，决策周期可以以月、季度或者年为单位。如果决策周期过长，先进制造企业动态核心能力的搜寻不仅浪费先进制造企业的资源，而且由于信息的时效性，搜寻结果也可能不是先进制造企业所需要的结果；如果决策周期太短，可能使先进制造企业动态核心能力的搜寻工作太过于仓促，在没有做好充分准备的基础上获得的搜寻结果，可能会误导先进制造企业动态核心能力的变迁决策。因此，在实际的先进制造企业动态核心能力搜寻演化过程中，以年度为决策周期的可能性较大。

## 6.3.2 搜寻的状态值

先进制造企业动态核心能力搜寻演化的状态空间可以选择先进技术、市场占有率、动态核心能力因子和动态核心能力资源占有宽度四种类型。由于动态核心能力因子可以综合评价先进制造企业的发展状态，本书选择动态核心能力因子作为先进制造企业动态核心能力搜寻演化状态空间的构成元素。对于先进制造企业动态核心能力搜寻演化的状态值包含两个层面。首选，需要对先进制造企业在当前动态核心能力的状态空间进行评价，确定先进制造企业搜寻初始状态空间；其次，对搜寻的目标动态核心能力状态空间进行评价，通过预测的先进制造企业效益与初始状态空间效益进行比较，从而指导先进制造企业做出动态核心能力状态调整的决策。

（1）初始状态空间的确定。在先进制造企业动态核心能力搜寻过程中需要确定先进制造企业初始状态空间，即由评估能力因子、适应性学习能力因子、整合能力因子和创新能力因子的评价值组合的状态集合，记为 $S_0$，如式（6-11）所示：

$$S_0 = [AF_0 SF_0 OF_0 IF_0] \tag{6-11}$$

在先进制造企业动态核心能力搜寻演化过程中，四种动态核心能力因子的初始值需要进行评价，而评价的过程需要相应的准则。因此，需要建立测度能力因子初始值的指标体系。评估能力因子与先进制造企业对有形资源和无形资源拥有量的辨别、认知和判断有关；适应性学习能力因子与先进制造企业的适应性学习效率有关；整合能力因子与先进制造企业的运营效率有关；创新能力因子与先进制造企业的自主创新效率和企业盈利水平有关。因此，可以分别建立资源类指标、效率类指标、运营类指标、盈利类指标等相关指标体系进行评价。如表6-1所示，具体的指标选取与先进制造企业的自身发展状态以及搜寻目标有关。

表 6-1　先进制造企业动态核心能力因子的评价指标体系

| 动态核心能力因子 | 因子性质 | 评价指标 |
| --- | --- | --- |
| 评估能力因子 | 资源类指标 | 总资产、固定资产、资本积累率等衡量先进制造企业资源的指标 |
| 适应性学习能力因子 | 效率类指标 | 知识取得的速度、知识消化的速度、知识转移的程度、知识共享的程度、知识利用的比率等先进制造企业效率类的指标 |
| 整合能力因子 | 运营类指标 | 存货周转率、应收账款周转率、流动比率、速动比率等衡量先进制造企业运营效率的指标 |
| 创新能力因子 | 盈利类指标 | 市场占有率、销售利润率、成本费利润率、先进制造技术更新效率等先进制造企业盈利能力的指标 |

（2）目标状态空间的确定。目标状态空间的确定是为了先进制造企业动态核心能力在搜寻的过程中，能够对初始状态空间和目标状态空间进行比较，最终确定动态核心能力状态的调整策略。先进制造企业可以通过搜寻的目标动态核心能力状态，在某种特定的环境下具有多样性，目标状态空间可以用 $S_n = (n = 1, 2, 3, \cdots, N)$ 来表示。

在实际的动态核心能力搜寻过程中，由于受到先进制造企业资源获取范围的限制、先进制造企业自身精力以及参与搜寻的人力等多方面条件的约束，目标动态核心能力状态一般指选择与先进制造企业的需求最为接近的 2~4 个动态核心能力状态，并锁定相应范围进行搜索。本书将先进制造企业搜寻动态核心能力状态界定为 4 个，即 $S_n(n = 1, 2, 3, 4)$。对于如何选择符合先进制造企业发展的动态核心能力状态，有以下几种基本方法：

其一，主观判断法。主观判断法主要依靠决策者自身的经验对先进制造企业动态核心能力的状态做出判断，或者根据其他先进制造企业的经验直接选取目标动态核心能力状态，选取后通过学习并且实践与外界环境的适应程度后融入自身。这种方法相对简单，但是由于依靠主观判断和经验，缺乏科学性。

其二，样本均值——标准差法。通过随机选择一定的动态核心能力样本，利用样本均值和标准差来刻画种类的划分。假定选取的动态核心能力状态样本如下：

$$x_i = [x_1, x_2, x_3, \cdots, x_n] \tag{6-12}$$

通过计算样本的均值，得出：

$$\bar{x} = \frac{1}{n}(x_1 + x_2 + x_3 + \cdots, + x_n) \tag{6-13}$$

通过式（6-13）可以计算出样本的标准差为：

$$S = \sqrt{\frac{1}{n-1}\sum_{i=1}^{n}(x_i - \overline{x})} \qquad (6-14)$$

其三，动态核心能力资源占有宽度聚类法。在选取一定样本的基础上，对样本的动态核心能力资源占有宽度进行计算，得到各样本的动态核心能力资源占有宽度分布：

$$B_i = [b_1,\ b_2,\ b_3,\ \cdots,\ b_n] \qquad (6-15)$$

对样本数据进行中心变化：

$$b_i' = b_i - \overline{b_i} \qquad (6-16)$$

通过样本距离公式将各个样本进行聚类：

$$d_{ij} = |x_i - x_j'|\ (i,\ j = 1,\ 2,\ 3,\ \cdots,\ n) \qquad (6-17)$$

先进制造企业动态核心能力状态需求类型的确认需要经过多次循环聚类之后完成。

### 6.3.3　搜寻的转移概率

本书主要采用马尔科夫链中的转移概率，对动态核心能力的状态空间进行搜寻。因为一步转移概率的基本原理与 $n$ 步相同，所以本书主要以一步转移概率为例进行研究。在动态核心能力的搜寻过程中，可以首先根据四种动态核心能力因子的初始状态空间对目标状态空间进行评估。以 $AF_i$、$SF_i$、$OF_i$、$IF_i$ 分别表示评估能力因子、适应性学习能力因子、整合能力因子和创新能力因子的状态值，则初始状态值可以用 $S_0$ 来表示，且：

$$S_0 = [AF_0 \quad SF_0 \quad OF_0 \quad IF_0] \qquad (6-18)$$

因为假定转移概率是动态核心能力系统从状态 $S_i$ 转变为 $S_j$ 的概率，所以假设选定 $n$ 个目标动态核心能力状态，四种动态核心能力因子的转移概率分别如下：

$$P_{ij}^{(AF)} = \frac{\overline{AF_i}}{\sum_{i=1}^{n}\overline{AF_i}} \quad (i,\ j = 1,\ 2,\ 3,\ \cdots,\ n) \qquad (6-19)$$

$$P_{ij}^{(SF)} = \frac{\overline{SF_i}}{\sum\limits_{i=1}^{n} \overline{SF_i}} \ (i,\ j = 1,\ 2,\ 3,\ \cdots,\ n) \tag{6-20}$$

$$P_{ij}^{(OF)} = \frac{\overline{OF_i}}{\sum\limits_{i=1}^{n} \overline{OF_i}} \ (i,\ j = 1,\ 2,\ 3,\ \cdots,\ n) \tag{6-21}$$

$$P_{ij}^{(IF)} = \frac{\overline{IF_i}}{\sum\limits_{i=1}^{n} \overline{IF_i}} \ (i,\ j = 1,\ 2,\ 3,\ \cdots,\ n) \tag{6-22}$$

其中，$\overline{AF_i}$、$\overline{SF_i}$、$\overline{OF_i}$、$\overline{IF_i}$ 分别表示目标评估能力因子、适应性学习能力因子、整合能力因子和创新能力因子的状态值。可以得到四种动态核心能力因子的搜寻转移概率矩阵 $P_n$，具体表示如下：

$$P_n = [AF' \quad SF' \quad OF' \quad IF']' \tag{6-23}$$

其中，$AF'$、$SF'$、$OF'$、$IF'$ 分别表示四种动态核心能力因子的转移概率集合如下：

$$\begin{cases} AF' = [P_{ij}^{(AF)}] \\ SF' = [P_{ij}^{(SF)}] \\ OF' = [P_{ij}^{(OF)}] \\ IF' = [P_{ij}^{(IF)}] \end{cases} \ (i,\ j = 1,\ 2,\ 3,\ \cdots,\ n) \tag{6-24}$$

在先进制造企业的动态核心能力状态搜寻过程中，如果目标动态核心能力状态的数目为 4 个，即 $n = 4$，则以 4 个动态核心能力状态为搜寻目标范围的转移概率矩阵如下：

$$P_4 = \begin{bmatrix} P_{11}^{(AF)} & P_{12}^{(AF)} & P_{13}^{(AF)} & P_{14}^{(AF)} \\ P_{11}^{(SF)} & P_{12}^{(SF)} & P_{13}^{(SF)} & P_{14}^{(SF)} \\ P_{11}^{(OF)} & P_{12}^{(OF)} & P_{13}^{(OF)} & P_{14}^{(OF)} \\ P_{11}^{(IF)} & P_{12}^{(IF)} & P_{13}^{(IF)} & P_{14}^{(IF)} \end{bmatrix} \tag{6-25}$$

矩阵（6-25）表示先进制造企业动态核心能力的搜寻概率矩阵，代表了 4

个目标评估能力因子、适应性学习能力因子、整合能力因子和创新能力因子状态值的比较优势。

### 6.3.4 搜寻的报酬计算

先进制造企业动态核心能力的搜寻演化过程中，虽然动态核心能力因子的影响作用力很大，但是不能仅仅通过动态核心能力因子的状态空间来评价搜寻结果的好坏，还需要评估搜寻到的状态空间能够给先进制造企业带来多少报酬，最终做出正确决策。先进制造企业动态核心能力状态空间选择报酬的评估并不只是指经济利益，而是应该对先进制造企业的整体运营情况和发展趋势做出综合的评价。通过先进制造企业评估能力因子、适应性学习能力因子、整合能力因子和创新能力因子对先进制造企业作用的综合评价，设 $R$ 为先进制造企业动态核心能力因子综合作用给先进制造企业带来的报酬，则 $R$ 可以表示成如下公式：

$$R = \sum_{i=1}^{4} w_i \cdot k_i (i = 1, 2, 3, 4) \tag{6-26}$$

其中，$w_i (i = 1, 2, 3, 4)$ 表示评估能力因子、适应性学习能力因子、整合能力因子和创新能力因子分别赋予的权重，$k_i$ 表示四种动态核心能力因子的状态值，可以表示成 $AF_i$、$SF_i$、$OF_i$、$IF_i$，因此，先进制造企业动态核心能力因子的报酬公式也可以表示成式（6-27），$S'$ 是搜寻状态空间的转置矩阵。

$$R = [w_i] \cdot S' (i = 1, 2, 3, 4) \tag{6-27}$$

以往学者的研究成果主要根据专家打分法、调查问卷法和头脑风暴法等主观评价方法赋予权重。对于先进制造企业的动态核心能力因子状态来说，如果处于均衡发展的状态下，四种动态核心能力因子可以被认定没有主次之分，权重相等，即 $w_1 = w_2 = w_3 = w_4$。但是这种情况只存在于理想状态下，现实情况下的动态核心能力因子的发展状态与先进制造企业的企业规模、战略规划、运营情况、企业文化以及企业发展各个阶段的状态和搜寻目的等诸多因素相关。因此，需要对动态核心能力四种因子分别赋予权重，以体现先进制造企业不同产品和服务、不同发展阶段的差异性，使评价更具科学性。

先进制造企业的动态核心能力进行搜寻演化的最主要目的是在动态核心能力因子的综合作用下寻求最大报酬率 $R_i$ 的过程，具体公式如下：

$$\max R:$$

$$\text{s. t.} \begin{cases} w_1 + w_2 + w_3 + w_4 = 1 \\ R = \sum_{i=1}^{4} w_i \cdot k_i \\ i = 1,\ 2,\ 3,\ 4 \end{cases} \tag{6-28}$$

根据马尔科夫链原理，目标动态核心能力状态空间的计算公式如下：

$$S_i = S_0 \cdot P_i (i = 1,\ 2,\ 3,\ 4) \tag{6-29}$$

$P_i$ 为状态空间转移矩阵。因此，将 $P_4$ 代入式（6-29），可以得出动态核心能力搜寻的目标状态空间为：

$$S^* = \begin{bmatrix} P_{11}^{(AF)} \cdot AF_0 & P_{12}^{(AF)} \cdot SF_0 & P_{13}^{(AF)} \cdot OF_0 & P_{14}^{(AF)} \cdot IF_0 \\ P_{11}^{(SF)} \cdot AF_0 & P_{12}^{(SF) \cdot} \cdot SF_0 & P_{13}^{(SF)} \cdot OF_0 & P_{14}^{(SF)} \cdot IF_0 \\ P_{11}^{(OF)} \cdot AF_0 & P_{12}^{(OF)} \cdot SF_0 & P_{13}^{(OF)} \cdot OF_0 & P_{14}^{(OF)} \cdot IF_0 \\ P_{11}^{(IF)} \cdot AF_0 & P_{12}^{(IF)} \cdot SF_0 & P_{13}^{(IF)} \cdot OF_0 & P_{14}^{(IF)} \cdot IF_0 \end{bmatrix} \tag{6-30}$$

用 $S_i^*$ 表示动态核心能力因子的状态转移，则式（6-30）可以表示成：

$$S^* = \begin{bmatrix} S_1^* \\ S_2^* \\ S_3^* \\ S_4^* \end{bmatrix} = \begin{bmatrix} AF_1^* & SF_1^* & OF_1^* & IF_1^* \\ AF_2^* & SF_2^* & OF_2^* & IF_2^* \\ AF_3^* & SF_3^* & OF_3^* & IF_3^* \\ AF_4^* & SF_4^* & OF_4^* & IF_4^* \end{bmatrix} \tag{6-31}$$

将式（6-30）代入式（6-28），将目标状态空间与初始状态空间做比较寻找到最大报酬：

$$\max R_i (i = 0,\ 1,\ 2,\ 3,\ 4):$$

$$\text{s. t.} \begin{cases} R_0 = w_1 \cdot AF_0^* + w_2 \cdot SF_0^* + w_3 \cdot OF_0^* + w_4 \cdot IF_0^* \\ R_1 = w_1 \cdot AF_1^* + w_2 \cdot SF_1^* + w_3 \cdot OF_1^* + w_4 \cdot IF_1^* \\ R_2 = w_1 \cdot AF_2^* + w_2 \cdot SF_2^* + w_3 \cdot OF_2^* + w_4 \cdot IF_2^* \\ R_3 = w_1 \cdot AF_3^* + w_2 \cdot SF_3^* + w_3 \cdot OF_3^* + w_4 \cdot IF_3^* \\ R_4 = w_1 \cdot AF_4^* + w_2 \cdot SF_4^* + w_3 \cdot OF_4^* + w_4 \cdot IF_4^* \\ w_1 + w_2 + w_3 + w_4 = 1 \end{cases} \tag{6-32}$$

通过比较 $R_0$、$R_1$、$R_2$、$R_3$、$R_4$ 的值，可以得到初始动态核心能力状态与目标动态核心能力状态下动态核心能力因子报酬的最大值。动态核心能力搜寻演化的搜寻决策依赖于能力因子报酬的大小，先进制造企业会首先考虑进行动态核心能力因子报酬高的状态进行演化，即考虑由当前动态核心能力状态向目标动态核心能力状态变迁，否则不予考虑。

# 6.4　先进制造企业动态核心能力搜寻演化的结果分析

在动态核心能力因子的报酬比较中，可以发现动态核心能力因子的搜寻结果分为两种：接受或者拒绝。如果拒绝搜寻结果，那么先进制造企业将进行动态核心能力状态的变迁。先进制造企业希望通过搜寻演化，搜寻到最有利于企业可持续发展的动态核心能力状态，并且在搜寻到之后通过动态核心能力因子的提升达到所希望的动态核心能力整体状态，所以获取搜寻结果是最重要的目标。根据上述研究分析，先进制造企业动态核心能力状态的调整策略一般包括复制和迁移两种形式。

## 6.4.1　先进制造企业动态核心能力的复制

当先进制造企业决定接受动态核心能力演化结果时，表示动态核心能力的状态将发生调整。先进制造企业动态核心能力的复制表示先进制造企业将对目标动态核心能力状态的基本特征进行复制，这种复制的形式主要是通过学习和模仿，使得当前的动态核心能力状态向目标状态空间进行迅速转移，在此过程中，动态核心能力状态并不会做出显著调整。如果先进制造企业决定实施先进动态核心能力复制的决策，说明在当前动态核心能力的状态下还存在许多对先进制造企业自身发展有利的优势条件，这些优势条件包括先进制造企业在当前动态核心能力状态下的惯例、适应性学习效率、自主创新效率、产品市场占有率、上下游产业链客户群、经济利益相关者等。先进制造企业在调整动态核心能力状态时，通过保留原有的状态优势条件来规避发展过程中的风险。

先进制造企业由当前动态核心能力的状态向目标动态核心能力转换的模仿和学习过程中，其所谓的目标动态核心能力仅针对于先进制造企业当前最需要改进的部分，并没有改变动态核心能力的本质，动态核心能力仍然保留着初始状态空间的信息。先进制造企业的生存和发展状态，在其接受动态核心能力搜寻结果的那一时刻起就会发生有利的转变。先进制造企业通过搜寻方式已经获得动态核心能力调整的目标，因此在风险可控的情况下才会采取动态核心能力的状态复制决策，先进制造企业通过适应性学习和模仿就能容易达到搜寻目标状态空间。

## 6.4.2　先进制造企业动态核心能力的跃迁

与先进制造企业动态核心能力的复制过程不同，接受动态核心能力搜寻演化的结果后，先进制造企业的高层决策者可以采取当前动态核心能力进行整体状态迁移的决策。动态核心能力的状态迁移是指通过对目标动态核心能力因子报酬的评价，决定从当前动态核心能力状态向目标动态核心能力状态的状态转变过程。如果先进制造企业在当前的动态核心能力状态下，企业出现运行效率低下、适应性学习效率低下、产品和服务创新效率低下、企业员工行为与先进制造企业目标严重不一致、企业产品市场占有率低下、企业运营成本过高导致利润率低等现象，那么先进制造企业的高层决策者已经认为当前的动态核心能力状态无法维持企业的发展，就会认为先进制造企业自身继续发生动态核心能力的状态迁移；如果先进制造企业在当前的动态核心能力状态下，企业需要面临与同类企业之间的激烈竞争，即动态核心能力资源占有宽度发生高度重叠，从而导致先进制造企业的竞争成本不断上升，利润空间急剧下滑，先进制造企业无法维持原有的竞争优势，只能通过彻底改变当前动态核心能力所处的状态空间，发生从量变到质变的变化以降低状态迁移的概率。

动态核心能力的状态迁移策略使先进制造企业当前动态核心能力发生本质改变，所以先进制造企业做出状态迁移决策时，会面临来自外部环境的诸多不确定因素，从而给企业带来很大风险。这些诸多不确定因素主要表现在新的动态核心能力状态能否完全适应新的环境、适应新环境的周期多长、能够承受竞争对手对新状态的打击以及原有经营思维的惯性等。当然，状态迁移决策是在对先进制造企业自身情况进行评估之后，根据目标动态核心能力状态的搜寻结果而做出的理性判断。如果先进制造企业有能力既接受搜寻演化结果又同时进行状态迁移，那么两种情况的结合会大大提升动态核心能力状态的报酬率，使先进制造企业可以获得满意的预期报酬。

# 第7章 先进制造企业动态核心能力分岔与突变演化研究

## 7.1 动态核心能力逐级分岔序列分析

### 7.1.1 逐级分岔序列

分岔理论是以拓扑学为主要数学工具，对不连续现象（自然的和社会的）作定性研究的一个新兴数学分支。一般情形下，在控制参量变化的全过程中，系统并非只出现一次分岔，而是一系列前后相继的分岔。如图7-1所示，单参量 λ 变化导致的分岔序列，形象地显示出随着不断分岔，系统的多样性也不断增加。

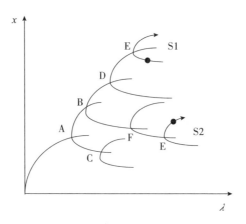

**图7-1 系统逐级演化分岔序列**

　　图 7-1 表明，系统各个子系统之间以何种方式相互作用取决于环境系统变量（以 $\lambda$ 表示）处于什么样的状态。当 $\lambda$ 受到干扰使其状态从 $\lambda_0$ 变为 $\lambda_0 + \Delta\lambda$（如企业的竞争对手压力。新技术、新产品的出现，资源的供给变化，国家的政策调整等）时，当该系统具有结构稳定性，且 $\Delta\lambda$ 足够小时，环境的干扰在系统内部各个子系统之间的传递过程中不会引起系统内部稳定状态剧烈的震荡，各个子系统之间的相互作用方式不会迅速遭到破坏，从而使主体在原有机理的作用下有足够的时间使其恢复到原有的稳态，系统整体功能的相互作用方式就会保持不变。但如果系统整体不具有结构稳定性或 $\Delta\lambda$ 足够大，以致 $\lambda_0 + \Delta\lambda$ 超过系统由一种状态向另一种状态转变的临界点（系统所能承受的最大变化限度时），系统就会面临多个状态的选择（如果企业采取何种措施应对竞争对手的威胁、企业技术和产品发展方向应该何去何从等），也就是系统发生了分岔现象，如果系统选择多种状态向前发展，那么其后续发展就会呈现出多样性。当这些多样性的选择能够很好地协调一致，涌现出更大、更高层次的系统特性时，就会推动系统层次的提升；如果决策失误时，或不能很好地理顺各个子系统之间的关系，就会出现系统退化发展的危机。

　　图 7-1 是基于只有一个控制参量的一维系统的叉式分岔做出的。如果考虑多个控制参量的多维系统，考虑所有可能的分岔方式，分岔导致的系统演化多样性将更加复杂，系统后续演化所建立的定态与前面经历的分岔路径密切相关。历史性就是系统当前的稳定定态对其形成路径的依赖性或相关性。现在的状态分别为 $S_1$ 和 $S_2$，是按照"A→B→D→E→$S_1$"和"A→B→F→G→$S_2$"两条路线演化来的，包含不同的历史积淀，造成 $S_1$ 和 $S_2$ 的不同特征。分岔理论表明系统的演化过程同样具有历史性。

## 7.1.2　动态核心能力逐级分岔序列分析

　　动态核心能力系统演化最终体现在惯例和规则与选择上，先进制造企业的战略对于动态核心能力系统来说是重要的规则之一，本书以先进制造企业的发展战略为例，来分析动态核心能力系统演化过程中的搜寻和选择，以及由此所产生的系统分岔机制。从大样本的统计角度来看，先进制造企业的战略呈现出"单一业务→纵向一体化→横向一体化→相关多元化→非相关多元化"的发展路径，就单个系统而言，并不是每个阶段都不可或缺，也不是每个先进制造企业都经历了这一演化的全过程。企业战略会随着时间的演进而不断地退出某些业务和进入某些新业务的过程，这一过程是系统规则不断主动或被动搜寻和选择的过程。当先进制造企业由单一业务不断向其他业务发展时，就演化成多元化战略；当先进制造企业由单一业务不断向其他业务发展时，就演化成多元化战略，对于先进制造企业来说，这段时间可能是极其短暂的；当先进制造企业由多项业务转变为单一业务时，实施的便是集中化战略；当公司强化优势业务，剥离劣势业务时就演化为归核化战略①。多元化战略从战略演化的规律上看是主流方向，归核化往往是先进制造企业过度多元化的修正或者是对宏观经济衰退的反应。

演化经济学认为路径依赖是经济系统演化过程的一个重要特性，对于先进制造企业而言，动态核心能力系统的演化过程也具有某种路径依赖性。动态核心能力系统的这种路径依赖性表现在先进制造企业过去的经验、技术和核心竞争力的积累，即第三章阐述的先进制造企业惯例。先进制造企业在长期发展过程中所形成的企业惯例，对先进制造企业未来的适应性战略决策和可持续发展有很大影响，同时路径依赖的概念总是伴随着本地搜寻，即当一个先进制造企业面临多重路径的时候，总是先对自身所拥有的现有资源进行评估，在自身的规则库中集中搜寻现有规则或者与现有规则紧密相关的规则，进行信用分派，发现当前规则集不满足要求时，再进行全局搜寻，进而再决定自身的选择。基于上述分析，可以描述出先进制造企业战略演化过程逐级分岔序列，如图7-2所示。

先进制造企业在发展之初，沿路线 I 向前发展，随着时间点由 T 向 T+1 进而向 T+2 的不断演进，当发展到 S12 时，企业外部环境和内部环境也发生了相应变化，为适应企业内外环境的变化，企业根据当前拥有的资源和能力，不断地通过搜寻和选择在时间点 T+1、T+2 的战略，并产生新的战略，企业战略产生分岔现象。此时，在 T 时刻，企业面临 I 和 III 两种发展战略选择路径；如果企业同时选择两条路线继续发展，就出现多元化战略，以此类推，企业在发展到 S14 和 S32 点时，又会遇到新的临界分岔点，如果企业同时沿着 4 条路线向前继续发展，则其战略的多样性进一步加强。当某时间点的某种战略不再适应当前企业发展环境时，企业便选择放弃该战略，如 S16。

从以上战略演化的过程也可以看出，单一业务到纵向一体化，到横向一体化，再到相关多元化的战略演化具有路径依赖性，其根源来自企业独特资源和能

---

① 归核化：意指多元化经营的企业将其业务集中到其资源和能力具有竞争优势的领域。归核化不等于专业化，也不等于简单地否定多元化，而是强调企业的业务与企业核心能力的相关性，强调业务向企业的核心能力靠拢，资源向核心业务集中。归核化战略的基本思想是：剥离非核心业务、分化亏损资产、回归主业保持适度相关多元化。

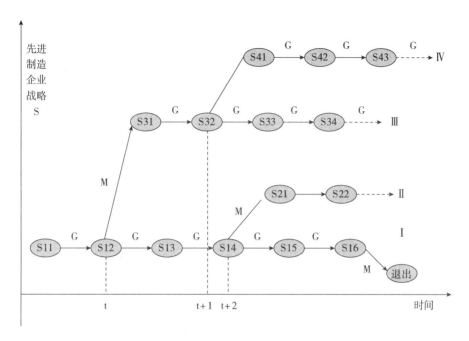

**图 7-2　先进制造企业战略演化逐级分岔序列**

注：M 表示根据先进制造企业当前拥有的资源进行搜寻和选择；S11，S12，…，S16 表示沿着路径 I 演化的战略；S21，S22 表示沿着路径 II 演化的战略；S31，S32，…，S34 表示沿着路径 III 演化的战略；S41，S42，S43 表示沿着路径 IV 演化的战略；G——渐变（Graduation）；M——突变（Mutation）。

力积累以及业务间的互补和协同效应。而不相关多元化更多体现为战略前瞻性或者说新的战略思维，它与企业培育新的战略资源和新的核心能力有关。当企业实施相关多元化时，其战略演化表现为渐变的特征，当企业实施无关多元化时，其战略演化表现为突变特征。

　　渐变式战略演化有较强的路径依赖性。战略突变对前序战略没有严格依赖，但对后序战略演化设定了新的路径。尽管当前战略并不唯一设定后序战略，但其战略实施的结果必然为后序战略演化限定了一个有限的战略空间（即战略选择范围），当从中选定一个战略加以实施，其结果又为后序的战略演化限定了一个新的战略空间。新的战略空间与原来的战略空间自然有所不同，两个战略差异性越大，两者限定的战略空间重叠度越小。战略以此方式不断演化，形成具有一定不可逆转性的演化轨迹。

　　先进制造企业的动态核心能力系统的渐变式演化，具有延续性和可预见性等特征，对系统的破坏性风险较小，而突变式演化则相反。系统突变式演化不只是考虑单一参数的变化，而是考虑系统内外部多个参数变化时平衡点附近分岔情况的全面图像，特别是其中可能出现的突然变化。为了更好地降低系统突变式演化带来的风险，提高系统的适应性能力，本书重点讨论动态核心能力系统中的突变现象、产生条件等。

# 7.2 动态核心能力演化的突变类型与条件分析

## 7.2.1 突变的类型分析

突变是系统通过失稳，从一种组织状态变成另一种新的组织状态的现象；或者说，一个系统经过一段时间缓慢地连续变化之后，在一定外界条件下，产生一种不连续的突然变化，如经济危机等。企业通过突变而发展是企业演化的又一种基本形式。企业系统突变是系统各个子系统对系统稳定性的总体平均状态的偏离，这种突变经常发生，成为企业系统演化中的非平衡因素。当企业系统的某一子系统突变得到其他子系统的响应，涨落放大，整个系统将发生质的变化，进入新的系统结构状态。

对于先进制造企业系统来说，在其动态核心能力演化的过程中始终伴随着渐变和突变。当先进制造企业的环境适应能力较强、内部因素整合较好，各种因素矛盾处于缓慢积累时期，先进制造企业的动态核心能力系统发展处于渐变时期，不存在突变。经过较长时期的积累以后，矛盾必然要激化；或每经过一个阶段，先进制造企业的管理者为了使先进制造企业能够更好地可持续发展，必然要进行改革和创新，如此就会引发先进制造企业系统内部的各种突变。例如，先进制造企业在发展中由于社会负担和经济负担越来越重，超过先进制造企业所能承受某一临界值，这时的先进制造企业根据自身动态核心能力的发展状态就会表现出经济"滑坡"的现象，先进制造企业将偏离原计划目标，可能会趋向破产，即先进制造企业系统可能面临崩溃。再如，在如今市场经济激烈竞争机制的作用下，先进制造企业需要不断改革才能适应市场需求，先进制造企业的产品和服务在市场中竞争力将越来越弱，先进制造企业的市场占有率将越来越小，先进制造企业动态核心能力的能动效应将越来越不显著，当先进制造企业的动态核心能力状态值小于某一临界值时，先进制造企业就有可能面临被市场经济淘汰的危险。

借鉴企业生命周期理论的思想，根据企业系统演化的过程与规律，本书同时结合以往的文献研究认为，先进制造企业动态核心能力的演化过程通常需要经历5 次典型突变，分别为：由创业时期遗留下的权威式领导危机诱发的突变；由聚合时期遗留下的自主性危机诱发的突变；由规范化时期遗留下的失控危机诱发的突变；由成熟时期遗留下的官僚主义危机诱发的突变；由成熟时期遗留下的创新或组织变革失控的因子诱发的突变。具体如图 7-3 所示。

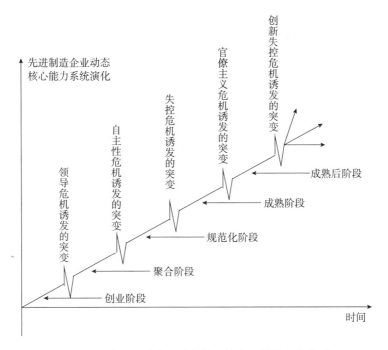

**图 7-3　先进制造企业动态核心能力系统的突变类型**

（1）创业阶段——领导危机诱发的突变：这个阶段是先进制造企业的起步阶段，先进制造企业此时的规模相对较小，员工数量也相对较小，因此员工的行为意识与创业者的决策意识能够保持高度的一致性，先进制造企业的生存和发展都取决于创业者的意识和创新能力。随着先进制造企业的动态可持续发展，其动态核心能力对环境的适应性也将不断提高，先进制造企业需要面临解决的问题也更多、更复杂，此时的先进制造企业无法以个人的非正式沟通来解决问题。因此，先进制造企业在此阶段就会出现组织内部管理问题，从而产生"领导危机诱发的突变"。

（2）聚合阶段——自主性危机诱发的突变：这个阶段先进制造企业在发展的过程中逐渐积累经验，其产品市场占有率不断提升，先进制造企业内部的员工数量迅速扩大，企业规模也随之扩大。先进制造企业的创业者经过千锤百炼，已经正式成为了企业的高层管理者和具有权威性的决策者，同时也从行业中选拔具有丰富经验的专门技术人才和管理人才，来扩充先进制造企业有形资源和无形资源的存储量，这也增加了先进制造企业的高层管理者对多元化意识的统一和管理，必须重新制定先进制造企业的发展战略，以集权方式来指挥各级管理者，从而产生"自主性危机诱发的突变"。

（3）规范化阶段——失控危机诱发的突变：这个阶段的先进制造企业已经初具规模，动态核心能力的状态已经相对成熟，因此先进制造企业开始考虑进行跨区域合作和多元化经营，也在很多区域设置了自己的子企业进行可持续经营。如果先进制造企业要保持动态核心能力的可持续发展状态，就必然要实施授权经营的管理方式，即采取分权式组织结构。但是，权力下放的同时也会产生各种各样的问题和矛盾，从而产生"失控危机诱发的突变"。

（4）成熟阶段——官僚主义危机诱发的突变：这个阶段的先进制造企业为了防止第三阶段的"失控危机"，高层管理者将一部分中层领导的决策权又重新集中或者收回于总公司。先进制造企业由分权重新向分权方式转变的过程中，为了加强整个先进制造企业的整体规划和制订相应的活动方案，以及统一员工行为和意识，使之与先进制造企业的企业行为保持高度一致，就必须拟定多种规章制度、行为准则，造成很多烦琐的工作流程和手续，使先进制造企业的业务发展变得复杂，由于其与时俱进的"先进性"特征，从而产生"官僚主义危机诱发的突变"。

（5）成熟后阶段——创新失控危机诱发的突变：这个阶段的先进制造企业在资源获取效率、市场占有率、产品成熟度、运营效率和产品盈利方面都有相对成熟的状态和可持续的发展前景，先进制造企业的动态核心能力状态在一定时期内的发展已经达到了巅峰。但是，先进制造企业仍可以通过企业组织变革、适应性学习或者自主性创新重新获得再发展，最终可能有两种发展趋势：一种是可能趋向成熟和稳定；另一种可能由于外界环境突然间的剧烈变化导致先进制造企业"毁灭性的动荡"而走向衰退，从而产生"创新失控危机诱发的突变"。

## 7.2.2　突变的条件分析

由前文可知，先进制造企业在其动态核心能力演化的过程中，由于其规模和结构等因素的变化，导致不同的发展阶段会遇到不同的危机并可能发生突变。因此，会存在影响先进制造企业动态核心能力系统的变量，变量之间具有何种关系时，先进制造企业的动态核心能力系统会发生突变是本节所要研究的内容，本节基于突变理论的尖点模型对先进制造企业的动态核心能力系统的突变条件进行研究。

根据前文所述得知，有形资源和无形资源（先进制造企业的资源保障能力）是先进制造企业得以长足发展的重要保障，先进制造企业动态核心能力系统是进行演化的核心，其主要由评估能力 $a_1$、适应性学习能力 $a_2$、整合能力 $a_3$ 和创新能力 $a_4$ 构成。环境系统是先进制造企业动态核心能力演化的最直接的外部影响因素，根据前文 3.2.2 节所述，先进制造企业面临的环境系统要素主要包括人口、经济、政治/法律、社会文化、技术和全球化六个方面。先进制造企业及其动态核心能力对外部环境的适应性和应变能力也体现在对这六个方面的掌控能力，分别用 $b_1$、$b_2$、$b_3$、$b_4$、$b_5$ 和 $b_6$ 来表示。先进制造企业动态核心能力系统的状态用先进制造企业的绩效来表示，即销售增长率 $x_1$、经营利润 $x_2$、投资回报率 $x_3$、市场占有率 $x_4$、产品和服务创新速度 $x_5$ 和顾客满意度 $x_6$ 六个指标进行加权计算。

根据突变理论可知，尖点突变模型适合一个状态参量和两个控制参量的情况，本书将先进制造企业动态核心能力的发展状态作为状态变量，即先进制造企业绩效的加权和，将先进制造企业的有形资源和无形资源构成的系统叫作资源系统，它与动态核心能力因子构成的系统共同作为内部控制变量，环境系统的影响变量作为外部控制变量。因此，本书得到先进制造企业动态核心能力系统演化的一般函数模型可以表达为：

$$\begin{cases} V = (V_1,\ V_2,\ V_3) \\ V_1 = (a_1,\ a_2,\ a_3,\ a_4) \\ V_2 = (b_1,\ b_2,\ b_3,\ b_4,\ b_5,\ b_6) \\ V_3 = (x_1,\ x_2,\ x_3,\ x_4,\ x_5,\ x_6) \end{cases} \tag{7-1}$$

其中，$V$ 为先进制造企业动态核心能力系统演化的势函数，$V_1$ 为先进制造企业动态核心能力系统演化的内部控制参量函数，$V_2$ 为先进制造企业动态核心能力系统演化的内部控制参量函数，$V_3$ 为先进制造企业动态核心能力系统演化的状态函数。

根据尖点突变理论的尖点模型得到先进制造企业动态核心能力系统演化模型的势函数为：

$$V(x) = x^4 + ax^2 + bx \qquad (7-2)$$

模型势函数中 $a$、$b$ 为先进制造企业动态核心能力系统演化的内外部控制参量，$x$ 为状态参量。在先进制造企业动态核心能力系统演化中控制参量是系统内部影响因素 $V_1$ 和外部影响因素 $V_2$ 的合成，状态参量为先进制造企业的绩效 $V_3$。先进制造企业动态核心能力系统的演化尖点模型只有不动点型定态。根据式（7-2），不动点方程为：

$$\frac{\partial V(x)}{\partial x} = 0 \qquad (7-3)$$

亦即：

$$4x^3 + 2ax + b = 0 \qquad (7-4)$$

此时，先进制造企业的动态核心能力演化模型有 1 维相空间，即 $x$ 轴，二维参量空间，即平面 $a-b$，构成三维乘积空间 $a-b-x$。全部不动点构成乘积空间的一张平衡曲面 $M$，如图 7-4 所示。

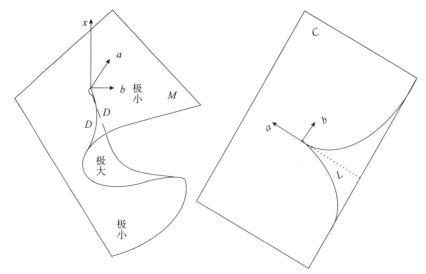

**图 7-4　先进制造企业动态核心能力系统的尖点突变模型平衡曲面 M 和分岔曲线 C**

这是一张光滑曲面, 从原点 $(0, 0, 0)$ 开始, 在 $a \leqslant 0$ 的半空间中, 曲面 $M$ 上有一个逐渐扩展的三叶折叠区, 分别为上叶、中叶和下叶。上叶与中叶、中叶与下叶的分界线分别形成了折叠曲面的两条棱, 为先进制造企业动态核心能力演化的奇点集。则先进制造企业动态核心能力演化的奇点集 $D$ 为:

$$12x^2 + 2a = 0 \tag{7-5}$$

求解联立方程组 (7-4) 和式 (7-5), 得出棱上的所有点, 称为退化定点态。

分岔曲线 $C$ 是奇点集 $D$ 于控制空间 $a-b$ 上的投影, 即从式 (7-4) 式 (7-5) 中消去 $x$, 得:

$$8a^3 + 27b^2 = 0 \tag{7-6}$$

上式还可写成分解形式的分岔方程:

$$\begin{cases} a = -6x^2 \\ b = 8x^3 \end{cases} \tag{7-7}$$

分岔曲线是参量平面中结构不稳定点的集合。从图 7-5 中可以看到, 控制参量的关系符合式 (7-6) 时, 即先进制造企业的动态核心能力系统就会发生突变。本书主要讨论具体突变发生的条件。

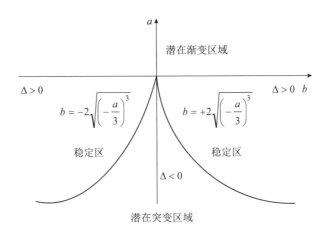

**图 7-5　先进制造企业动态核心能力系统的尖点突变区域**

令 $\Delta = 8a^3 + 27b^2$，当 $\Delta < 0$ 时，一组 $a$、$b$ 值有三个不相等的实解与其对应。此时，$a$，$b$ 值处在尖点型区域内；当 $\Delta > 0$ 时，一组 $a$、$b$ 值仅有一个实解与之对应。此时，$a$，$b$ 值处在尖点区域外；当 $\Delta = 0$ 时，一组 $a$、$b$ 值有三个实解，其中包括一对重根。此时，可由方程（7-6）确定突变区域的边界：

$$8a^3 + 27b^2 = 0 \text{ 或 } \left(\frac{a}{3}\right)^3 = -\left(\frac{b}{2}\right)^2 \tag{7-8}$$

即满足式（7-8）的所有 $a$、$b$ 点都在分岔曲线上。由于

$$b = \pm 2\sqrt{\left(-\frac{a}{3}\right)^3} \tag{7-9}$$

所以，只有当 $a < 0$，$M$ 上则出现一个尖点褶皱，势函数在这种情况下才会发生非连续变化，即突变；当 $a > 0$ 时，势函数呈光滑变化，即渐变。突变和渐变是完成先进制造企业动态核心能力演化的两种方式：在分岔点上演化以突变形式发生，在两个质变点之间演化以渐变形式发生。

势函数值点处于折叠线上，即符合分岔方程（7-7）关系时，势函数值从上叶直接向下叶（越过中叶）突跳，或者从下叶向上叶突跳，动态核心能系统的质态也随之发生根本性突变。上叶和下叶是势函数的极小点，势函数此时稳定，中叶是势函数的极大点，势函数此时不稳定。而且分岔曲线对称于 $a$ 轴，如图 7-5 所示。

沿着 $b$ 轴增大方向，先进制造企业动态核心能力系统演化状态 $x$ 向上突跳。相反沿着 $b$ 轴减小方向，先进制造企业动态核心能力系统演化状态 $x$ 会向下突跳（跌落）。而这种向上突跳现象是在状态变量 $x$，在 $b$ 轴产生较大变化时出现的。

经过突变和渐变的先进制造企业动态核心能力系统，内部趋于自我完善和自我稳定，这体现了先进制造企业对自身的动态核心能力状态的认识、对环境的适应性分析以及演化方式的选择，会使先进制造企业根据自身动态核心能力的状态特征形成一种内向型的凝聚力，使先进制造企业的动态核心能力系统成为一个具有能动效应的有机整体，除非当现有的动态核心能力系统结构明显无效，先进制造技术、管理制度和模式等都无法适应当时的环境，先进制造企业就会发生跳跃式的改变，否则当先进制造企业动态核心能力系统的演化过程更多地表现为一种渐变的过程而非突变过程。当先进制造企业的动态核心能力系统解决某个局部微小的变化后，又会产生下一个小问题，然后先进制造企业又会对这个问题想出解

决方法。先进制造企业在这种循环往复的过程中，逐渐形成了适应环境变化的反馈机制，变化逐渐由先进制造企业的外围一层一层向内部核心发展，最终导致先进制造企业动态核心能力系统结构，甚至先进制造企业行为认知和功能的改变。

## 7.2.3 突变的控制参量确定

### 7.2.3.1 控制参量的概念模型

先进制造企业动态核心能力系统的分岔与突变是内部控制参量（各动态核心能力构成要素子系统之间的矛盾运动）和外部控制参量（环境系统的影响）共同作用的结果。内部控制参量是先进制造企业动态核心能力系统分岔与突变的根本驱动力，外部控制参量是先进制造企业动态核心能力系统分岔与突变的必要条件。外部控制参量通过促进系统内部各个构成要素子系统的变化和矛盾运动，推动先进制造企业动态核心能力系统的演化，同时动态核心能力系统的演化也对外部环境产生相应的作用，促进外部环境的优化。

### 7.2.3.2 内部控制参量

作为先进制造企业动态核心能力系统分岔与突变的根本驱动力，内部控制参量在先进制造企业的动态核心能力系统分岔与突变的每一个阶段都发挥着作用。根据对现有的企业动态核心能力系统影响因素的总结和归纳，本书将先进制造企业的动态核心能力系统分岔与突变的内部控制参量分为两个层次，分别是基础参量和行为参量。基础参量包括资源保障能力，行为参量包括评估能力、适应性学习能力、整合能力和创新能力。

#### 7.2.3.2.1 基础参量

资源保障能力：如前文 2.3.2 节所述，在先进制造企业动态核心能力系统演化的不同阶段，先进制造企业应该具有不同特征的企业有形资源和无形资源，以维持先进制造企业在行业中的竞争优势，达到先进制造企业可持续发展的目的。其中，有形资源的厂房设施的完善程度、先进机械设备数量和先进程度以及先进机械设备升级能力，是最基础的影响因素；无形资源（以智力资源为主）的核心先进制造技术的自主程度、核心先进制造技术的领先程度、核心先进制造技术的创新速度和水平、先进制造企业员工的知识储备量和综合素质、先进制造企业组织学习体系的有效性、先进制造企业学习资源的共享程度，是先进制造企业最核心的影响因素；先进制造企业品牌的知名度、先进制造企业在公众心目中的综合形象、员工行为一致性和先进制造企业文化的柔性等文化资源，是先进制造企业可持续发展导向的柔性资源。

#### 7.2.3.2.2　行为参量

（1）评估能力。先进制造企业的评估能力是指，企业对企业的现状及在动态核心能力形成阶段的竞争优势获取中，做出全局性评估所表现出来的能力。企业为了适应外界环境的剧烈变化和自身的可持续发展需要及时做出可行性判断，只有做出正确的评价与估量之后，才能营造出对企业发展有利的动态核心能力。先进制造企业的评估能力主要由机会辨别能力、适应环境能力、判断决策能力、认知反应能力构成。

（2）适应性学习能力。先进制造企业在动态核心能力形成过程中的学习有别于其他过程，这里的学习更侧重于与环境互动、匹配的动态适应性学习，即先进制造企业在自身适合周围的环境和与对手相互竞争的过程中，理解、掌握及运用新的知识和思想形成新的外部信息价值，使之被应用并直至把它们转化为商业成果。先进制造企业的学习能力是先前知识库和努力程度的整合，包括知识的获取能力、知识的共享能力、知识的转移能力和知识的利用能力。

（3）整合能力。先进制造企业的发展是一个动态响应环境的过程，因此先进制造企业动态核心能力的形成和发展也是一个持续不断变化的过程，而资源的重新配置和利用影响企业的可持续发展程度高低，因此企业需要进行由静向动的转变。先进制造企业的整合能力是指企业快速响应外部环境，对企业内部所拥有的资源重新整合的能力。整合能力是先进制造企业动态核心能力深度的最重要阶段，先进制造企业的整合能力包括协调能力、重组资源与社会资本能力、知识整合能力和社会网络关系整合能力。

（4）创新能力。先进制造企业系统在发展和演化的过程中，竞争优势来源于企业在长期发展过程中所形成的独特资源，而企业所拥有的这种独特资源主要蕴藏在技术创新的过程中，因为企业的技术创新能够为企业带来持续不断的竞争优势。企业的技术创新能力是指在动态核心能力基础上，将新知识、新技术以及新管理手段等创造出财富的能力。企业动态核心能力的培养和提高，与企业核心产品、技术发展和技术平台的演化密切相关。企业在产品和生产工艺等静态技术资源上的优势并不足以保证企业的持续竞争优势，竞争对手可以通过购买、引进、模仿和快速跟进等策略使企业现有竞争优势逐渐削弱，因此企业必须提高技术创新能力。其中涵盖了技术引进和消化能力、原始创新能力、产品创新能力、工艺创新能力、研发创新能力以及集成创新和引创能力。

### 7.2.3.3　外部控制参量

先进制造企业的动态核心能力系统所处的环境中，能够影响动态核心能力系统进行分岔与突变的因素被称为外部控制参量。动态核心能力系统的各个子系统要素通过自身调整，集聚相应的功能势差，并对环境系统产生反馈和影响。如前文所述，先进制造企业面临的环境系统要素主要包括人口、经济、政治/法律、社会文化、技术和全球化六个方面，这六个方面按照笼统的分配都可以包含在自然地理环境、行业环境和宏观环境三个广义范围内，本书就以广义范围的环境来预测环境系统对先进制造企业动态核心能力系统的影响。由于自然地理环境具有相对稳定性，所以其影响程度相对容易预测，因此本书详细说明行业环境和宏观环境对动态核心能力系统所产生的影响。

（1）行业环境。行业发展的水平，即不同的行业、行业的不同发展阶段具有不同的行业基础、发展趋势、市场结构和规模，行业的发展对先进制造企业动态核心能力系统的演化速度、竞争能力、环境适应程度以及企业发展规模都会产生影响。同时，行业环境中的技术（这里指制造业行业内的先进制造技术）进步推动先进制造企业的技术创新，而先进制造企业的技术创新能力的提高也会不断提升先进制造企业的动态核心能力发展，同时能够急剧影响本企业甚至整个行业的成本结构、产品生产、进入条件以及其他竞争者状态，导致先进制造企业所面临的市场结构发生变化。

行业发展过程中行业结构的调整和转换，要求行业中的先进制造企业必须进行先进技术改造和产品更新，且先进技术改造和产品更新的速度要比传统制造企业快很多，进而才能不断提升先进制造行业整体先进性和企业素质，带动先进制造企业随着行业的发展而可持续发展。另外，如前文 3.2.2 节所述，行业环境中的主要因素：顾客、供应商、替代品、潜在进入者和行业内竞争对手，对先进制造企业动态核心能力系统的发展与演化起着至关重要的影响作用。行业环境直接影响先进制造企业未来的环境适应性发展战略的取向和技术、资金、人才等有形资源、无形资源的规模和水平，动态核心能力状态的变化必然会带来行业结构的转换。行业结构的转换必然会回馈先进制造企业动态核心能力系统各要素资源的重新配置，而先进制造企业动态核心能力系统的演化与再生能力，对整个先进制造业行业的演进方向和速度将产生重大影响。

（2）宏观环境。经济环境主要有经济体制模式、经济发展模式和经济发展状况三个方面，它是决定先进制造企业市场大小的基本要素之一。政治/法律环境是指国家出台的有关企业的法律、法规等，国家政策既会给企业带来发展机遇又会抑制某些行为的过热发展，即所谓政府职能中的宏观调控作用。无论是发展中国家还是发达国家的政府，都会利用其所掌握的行政手段，通过制定各种政策、法规或其他干预行为，引导和促进企业的发展。例如，2011 年 6 月，美国正式启动"先进制造伙伴计划"，旨在加快抢占 21 世纪先进制造业的制高点。2011年 12 月，白宫宣布成立制造业政策办公室，推动美国制造业复苏和出口。奥巴马在 2012 年《国情咨文》中再次强调，美国正面临把制造业从中国等地迁回来的大好机会。英国政府 2011 年发布了《英国发展先进制造业的主要策略和行动计划》，对制造业进行了重新认识和定位，并强调重新重视制造业的发展。法国政府也在 2010 年 3 月宣布五年内要将制造业产出增加 25%。发达国家的政策会影响先进制造业整个行业的发展，同时也将会给我国先进制造业在承接产业转移、技术进步与产品出口等方面带来新的挑战。社会文化环境中各种资源的挤压力和拉动力促进了先进制造企业动态核心能力的演化，而动态核心能力系统的持续演化，也不断优化了外部资源环境的结构。先进制造企业动态核心能力系统突变的内外部控制变量如图 7-6 所示。

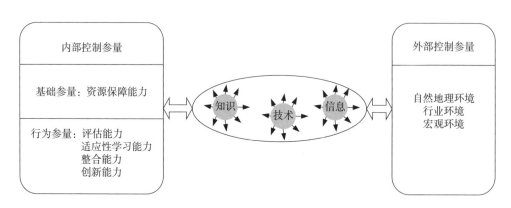

**图 7-6　先进制造企业动态核心能力系统分岔与突变的控制参量**

此外，在先进制造企业动态核心能力系统的演化过程中，信息交流、知识交流和技术交流发挥着重要的作用，同时也成为先进制造企业与外界环境进行耦合的媒介。动态核心能力系统与先进制造企业其他组成系统之间、先进制造企业与外部环境之间的影响和作用，主要通过信息、知识、技术的传递和交流来完成，三种动态交流的重要职能之一，就是对先进制造企业的动态核心能力构成因子、先进制造企业大系统以及外部环境之间的信息和知识的交流进行管理，并通过对作为创造知识和技术、传播知识和技术、共享知识和技术、应用知识和技术的主体——先进制造企业整个系统的管理和协调，促使其动态核心能力系统各个子系统能够发挥出最大的主动性和能动性，为先进制造企业动态核心能力的可持续发展提供各种保证。三种方式的交流既是先进制造企业的动态核心能力系统与先进制造企业内部沟通的重要媒介，同时又加强了先进制造企业大系统与环境系统的沟通。一方面，先进制造企业积极从环境系统汲取有用的信息和知识、掌握和应用先进的制造技术；另一方面，先进制造企业积极向环境系统提供所产生的新的知识和技术，以信息的方式流入环境系统。本书根据赵建华（2007）、吴裕明（2008）、梁广华（2009）、罗珉和刘永俊（2009）、陆燕荪（2010）、林婷婷（2012）等的研究成果，对先进制造企业动态核心能力系统分岔与突变控制参量进行了细分，具体如表7-1所示。

表7-1　先进制造企业动态核心能力系统分岔与突变控制参量的分解

| | | |
|---|---|---|
| 内部控制参量 | 资源保障能力 | ⊙厂房设施的完善程度⊙先进机械设备升级能力⊙核心先进制造技术自主程度⊙先进制造企业学习资源的共享程度⊙先进制造企业员工行为的一致性⊙先进制造企业文化的柔性 |
| | 评估能力 | ⊙机会辨识能力⊙适应环境能力⊙判断决策能力⊙认知反映能力 |
| | 适应性学习能力 | ⊙知识的获取能力⊙知识的共享能力⊙知识的转移能力⊙知识的利用能力 |
| | 整合能力 | ⊙协调能力⊙重组资源与社会资本能力⊙知识整合能力⊙社会网络关系整合能力 |
| | 创新能力 | ⊙技术引进和消化能力⊙原始创新能力⊙产品创新能力⊙工艺创新能力⊙研发创新能力⊙集成创新和引创能力 |
| 外部控制参量 | ⊙自然地理位置⊙行业环境应变能力⊙宏观环境识别能力 | |

# 7.3 控制参量的加权熵模型

## 7.3.1 控制参量的加权熵模型建立

1850 年德国物理学家鲁道夫·克劳修斯首次提出熵的概念，用来表示任何一种能量在空间中分布的均匀程度，能量分布得越均匀，熵就越大。如果一个体系的能量完全均匀分布时，这个系统的熵就达到最大值。一百多年来，关于熵的研究引起了国内外学者的极大兴趣，熵的概念由于其特有的内涵和渗透力被广泛应用于自然、社会、哲学等各个领域。1948 年美国贝尔电话研究所的数学家 Shannon 将信息与负熵联系起来，创立了信息论。熵在信息理论中作为不确定性和信息量的量度由 Shannon 定义为：

$$S(P_1, P_2, \cdots, P_n) = -k \sum_{i=1}^{n} P_i \cdot \ln(P_i) \tag{7-10}$$

式中，$k$ 是一个正的常数（玻耳兹曼常数），$P_i$ 是一个离散的概率分布。统计学上将式（7-10）称作概率分布 $P_i$ 的熵。并认为一个宽广的分布比一个狭窄的分布表现出更多的不确定性，而当所有的 $P_i$ 都互相相等时，即 $P_i = \dfrac{1}{n}$，$\forall_i$，$S(P_1, P_2, \cdots, P_n)$ 达到它的最大值。

宋华岭、任佩瑜（2003）等将熵的思想引入管理科学中，认为任何一种组织的管理、制度、政策、方法等，在相对封闭的组织运动过程中，总呈现出有效的能量逐渐减少，而无效能量不断增加的一个不可逆过程。据此，本书将熵理论引入先进制造企业动态核心能力系统演化的内外部控制参量的确定问题中，以确定某一时刻先进制造企业动态核心能力系统突变条件的控制参量。动态核心能力系统中的分岔与突变就是先进制造企业发展过程中的革命性转变，能够激发新思路、新产品、新服务、新技术、新适应性战略的出现，使先进制造企业的动态核心能力系统持续不断地向前发展和演化。先进制造企业所处的外部环境对动态核心能力系统的影响程度是不同的，因此，本书在熵理论的基础上引入权重来考察动态核心能力系统内外部控制参量对系统演化的影响程度。

根据以上分析，将先进制造企业动态核心能力演化的内部控制参量的熵用公式表达如下：

$$S_{ai} = -k_i \sum_{i=1}^{n} W_i \cdot P_i \cdot \ln(P_i) \qquad (7\text{-}11)$$

其中，$S_{ai}$ 为先进制造企业动态核心能力系统内部各个影响要素的熵值，$P_i$ 为每个因素在影响熵值变化中出现的概率，$k_i$、$n$ 均为影响先进制造企业产生熵值的内部因素（如资源保障能力、评估能力、适应性学习能力、整合能力和创新能力等）的个数。同理，先进制造企业动态核心能力系统演化的外部控制参量的熵为：

$$S_{bj} = -k_j \sum_{j=1}^{m} W_j \cdot P_j \cdot \ln(P_j) \qquad (7\text{-}12)$$

其中，$S_{bj}$ 为先进制造企业动态核心能力系统外部各影响因素的熵值，$P_j$ 为每个影响因素在熵值变化中出现的概率，$W_j$ 为该影响因素的权重，$k_j$、$m$ 均为影响先进制造企业产生熵值的外部因素（如自然地理环境、行业环境适应能力和宏观环境识别能力）的个数。

## 7.3.2　加权熵模型的权重确定

本部分针对前文所介绍具有重要影响的控制参量，对黑龙江省 35 家先进制造企业进行了详细的问卷调查，对所得到的数据进行整理和归纳之后，利用 SPSS 软件对五类内部控制参量进行因子分析，考察因子分析中的 KMO 测度、巴特利特球体检验、选中因子数及其累积比例等指标，根据因子分析的指标相关性检验标准，评估能力控制参量的 KMO 样本测度位于 0.8 至 0.9 区间内，很适合进行因子分析；内部资源保障、适应性学习能力、整合能力和创新能力位于 0.7 至 0.8 区间内，适合进行因子分析。由巴特利特球体检验可知，$\chi^2$ 统计值的显著性概率均为 0.000，小于 1%，说明数据具有相关性，适宜进行因子分析，结果如表 7-2 所示。

表 7-2　五类内部控制参量的因子分析结果

| | 内部资源保障 | 评估能力 | 适应性学习能力 | 整合能力 | 创新能力 |
|---|---|---|---|---|---|
| Kaiser-Meyer-Olkin Measure of Sampling Adequacy（KMO 测度） | 0.749 | 0.897 | 0.796 | 0.732 | 0.786 |

续表

| | | 内部资源保障 | 评估能力 | 适应性学习能力 | 整合能力 | 创新能力 |
|---|---|---|---|---|---|---|
| Bartlett's Test of Sphericity（巴特利特球体检验） | Approx. Chi-Square | 315.216 | 205.299 | 162.796 | 122.488 | 153.051 |
| | df | 15 | 15 | 6 | 5 | 10 |
| | Sig. | 0.000 | 0.000 | 0.000 | 0.000 | 0.000 |
| 选中因子数 | | 1 | 1 | 1 | 1 | 1 |
| 选中因子所占方差的累积比例（%） | | 98.193 | 95.880 | 84.127 | 74.249 | 94.177 |

对五类内部控制变量进行因子分析，五类内部控制参量的选中因子数均为1，说明每类控制参量下的指标都可以共同反映于一个控制参量中，且该因子的特征根解释总体方差的比例均在可行的范围内，尤以内部资源保障、评估能力和适应性学习能力因子的解释能力为高。图7-7～图7-11直观地反映了各个指标对所代表的内部控制参量的解释能力的对比情况。利用因子归类情况，能够获得先进制造企业动态核心能力系统演化突变的内部控制参量和外部控制参量的权重如表7-3、表7-4所示。由验证性因子分析可以得出前文对内部控制参量和外部控制参量的分解指标是成立的，即选出的关于先进制造企业动态核心能力分岔与突变内部控制参量可以分为内部资源保障、评估能力、适应性学习能力、整合能

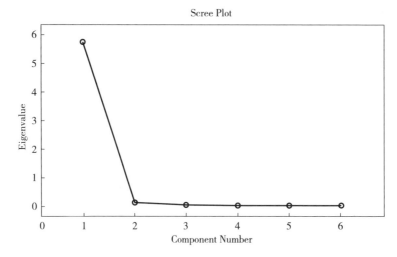

图7-7　内部资源保障碎石图

力和创新能力五个方面；外部控制参量可以分为自然地理位置、行业环境应变能力、宏观环境识别能力三个方面，能够体现先进制造企业动态核心能力的本质和特征。对于各个控制参量权重的计算以及因子分析所得到的结果，将作为第 8 章中研究先进制造企业动态核心能力演化路径形成的动力影响因素的分析和验证的重要参考依据。

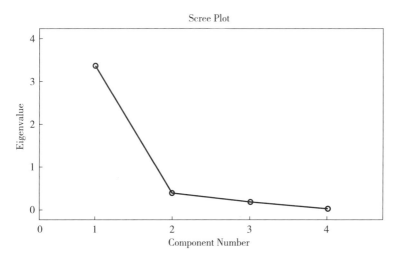

图 7-8　评估能力碎石图

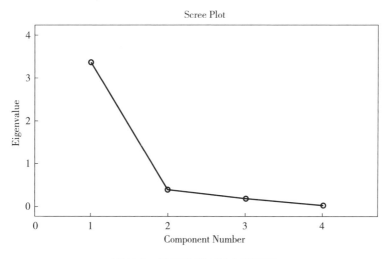

图 7-9　适应性学习能力碎石图

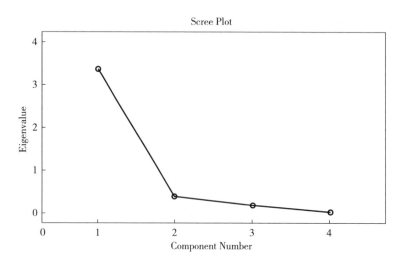

图 7-10　整合能力碎石图

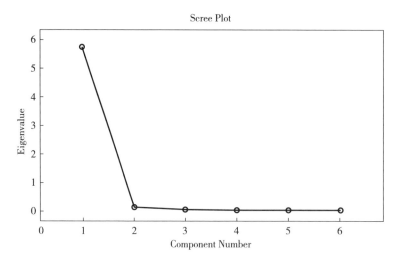

图 7-11　创新能力碎石图

表 7-3　内部控制参量的权重

| 主因子 | 内部资源保障 | 评估能力 | 适应性学习能力 | 整合能力 | 创新能力 |
|---|---|---|---|---|---|
| 权重 | 0.25 | 0.10 | 0.23 | 0.15 | 0.27 |

表 7-4　外部控制参量的权重

| 主因子 | 自然地理位置 | 行业环境应变能力 | 宏观环境识别能力 |
|--------|------------|----------------|----------------|
| 权重 | 0.25 | 0.41 | 0.34 |

# 第8章 先进制造企业动态核心能力演化路径研究

根据前文第4章至第7章的介绍可知，先进制造企业动态核心能力的演化方式包括：遗传演化、适应性学习演化、搜寻演化、分岔与突变演化，这四种演化方式是以动态核心能力因子作为桥梁和纽带的。四种动态核心能力演化方式各具特征，具有不同的演化初始条件、演化目的以及演化结果。四种演化方式是先进制造企业动态核心能力整体演化过程中最重要的支撑力量，也是动态核心能力演化路径形成的重要推动力。因此，本章想通过结构方程模型找到促进先进制造企业动态核心能力演化路径形成的动力影响因素并进行关系假设和验证，最终确定先进制造企业动态核心能力在不同时期、不同环境下的演化路径。

## 8.1 先进制造企业动态核心能力演化路径形成的动力影响因素分析

### 8.1.1 动态核心能力演化路径形成的动力影响因素识别

先进制造企业动态核心能力演化路径形成的动力影响因素是指，为适应先进制造企业自身所具有的信息化、自动化、智能化、柔性化、生态化特征，影响和推动先进制造企业进行自主创新、提升国际竞争力和保持可持续发展等一系列活动的重要因素和条件，同时也是确定先进制造企业动态核心能力演化路径的关键。因此，根据前文3.2.2节所阐述的关于先进制造企业动态核心能力演化惯例的构成要素内容（包括动态核心能力系统的内部影响因素控制、外部影响因素刺激），同时综合考虑增强经济效益、社会效益和生态效益以及推动先进制造企业的动态核心能力系统向积极的方面演化，演化路径的最终形成是上述两方面相互影响、相互作用的结果。本书在已有研究文献和前七章所述的研究的基础上，总结和提炼出先进制造企业动态核心能力演化路径形成的动力影响因素，并提出如下研究假设：

（1）高层管理者创新特质。先进制造企业要想保持自身的先进性，就必须不断进行自主创新。在先进制造企业进行自主创新的过程中必然需要一个领导者，引领企业做出正确的决策、制定具有可持续性的发展战略。因此，先进制造企业高层管理者的创新特质对企业来说尤为重要。高层管理者的创新特质是指导先进制造企业开展自主创新活动和稳固企业的先进性的前提，富有持续创新精神的企业高层管理者不会只满足于先进制造企业的先进制造技术、管理模式和运行效率等方面的现状，他们都具有强力的创新欲望和动机，会在实践过程中不断挑战，从而寻求先进制造企业更好的发展新机会和产品市场空白点。企业的高层管理者善于鼓励员工进行大胆创新，自己也能够勇于面对危机和风险。同时，在经历创新失败之后并不是一味地沮丧，而是能够容忍失败的存在。先进制造企业的高层管理者对创新的渴望、对先进制造技术发展方向的明确感知及投资、对高端产品的研发投入等，决定了先进制造企业动态核心能力的提升及可持续发展的程度和水平。特别是在后金融危机发生以后，我国制造业行业整体都需要建立促进制造业发展长效机制的情况下，高层管理者的创新意识和行为对先进制造企业可持续发展的影响尤为显著。随着生产力水平的显著提高，先进制造企业区域集中度逐渐增强，虽然先进制造企业高层管理者的个人活动对先进制造企业的控制有所减弱，但是企业内部由高层管理者所组成的领导团队对先进制造企业的技术引进和消化吸收、先进管理模式的引进和改造、内外部各类资源的统筹和应用的影响却日益增强。

假设H1：高层管理者创新特质是促进动态核心能力演化路径形成的重要动力。

（2）市场需求拉动。对于任何企业来说，市场需求的拉动作用都是企业生产经营及自主创新的指南针和方向盘。先进制造企业处于制造业行业整体产业链的高端，因此先进制造企业要想可持续发展就必须对市场需求具有敏锐的嗅觉。先进制造企业所涵盖的领域和范围较大，产品类别也较广。市场需求会随时根据外部环境和消费者的需求情况及时更新，当变化达到某一临界值时，会给先进制造企业带来前所未有的机遇和挑战，先进制造企业需要对行业的发展前景有较为深入的研究、评估和预测，同时有为消费者提供层出不穷高端新产品的强烈渴望，这就要求先进制造企业必须根据市场需求和偏好的实际情况做出及时调整。如果先进制造企业与同行其他竞争对手相比，缺乏适应市场变化的能力，一旦竞争对手有更高附加值的新产品入市，先进制造企业的动态核心能力的作用力就会被削弱。市场需求的正向刺激和逆向迫力形成了先进制造企业动态核心能力演化的重要动力。市场需求在拉动先进制造企业可持续发展的同时，也带动了上下游相关产业链用户与其有技术合作关系的高校、科研院所甚至国际公司等基于市场需求导向的协同发展，从而促进先进制造企业动态核心能力的演化。

假设 H2：市场需求是促进动态核心能力演化路径形成的重要动力。

（3）政府政策扶持。虽然市场机制直接影响和推动先进制造企业行为和可持续发展各项活动，但是市场机制并不是万能的，而且在某些时刻、某些领域会出现市场失灵的情况。在这种情况下，市场对先进制造企业动态核心演化的促进作用就不能充分发挥。加速先进制造企业的动态核心能力系统向好的方向演化，离不开政府宏观政策的导向和调控，这样才能形成作用于先进制造企业动态核心能力系统和市场之间的强大激励作用力量。因此，政府的正确引导至关重要，政府的宏观政策作用主要体现在以下四个方面：一是要把先进制造企业的发展放在国家战略高度上考虑，巩固其产业基础和领导地位。二是国家和政府层面设立产业发展协调办公室以统筹国家的各类资源，提升我国制造业的优势地位。三是要加大资金投入，引导社会资本投入制造业的高端产业链部分，即先进制造业，从而加速推动贷款对先进制造企业的定向投放和渗透。四是要切实减轻先进制造企业的税收负担，尤其是对部分高端自主创新产品要实施政府补贴或者专项基金等措施，给先进制造企业的发展带来更大的动力，促进先进制造企业规模化生产和应用。

假设 H3：政府政策扶持是促进动态核心能力演化路径形成的重要动力。

（4）内外部资源保障。先进制造企业动态核心能力演化过程中需要足够的有形资源和无形资源作为基础动力源，这些资源主要来源于动态核心能力系统内外部环境，是决定先进制造企业各种创新活动能否有效进行的关键所在。其中，资金、信息、知识和专业技术人才的获得是先进制造企业动态核心能力演化永续动力的重要保障。先进制造企业动态核心能力系统内部知识和信息交流以及与外部环境知识和信息的交换，不断为系统演化主体汲取能量，推动系统演化主体进行的各种自主创新行为和可持续发展活动。政府、同行业其他企业、金融机构等中介对先进制造企业发展过程所需资金的投入保障了其动态核心能力系统的演化。而高校、科研机构等又为先进制造企业输送了大量具有专业技能和素养的高端人才，推动了先进制造企业整体的可持续发展。可见，先进制造企业动态核心能力系统内外部资源的有效配置保证了企业各种活动的顺利开展。

假设 H4：内外部资源保障是促进动态核心能力演化路径形成的重要动力。

（5）市场竞争推动。市场竞争的激烈程度影响着先进制造企业的各种创新行为，由于在先进制造业整个行业中处于同一层面的大多数产品的特性和品质都极具相似性，因此，先进制造企业必须通过先进制造技术的创新、先进管理模式的创新等方式来节约成本和时间，在激烈的竞争中提高自身产品的质量及差异化程度。对于先进制造企业来说，上下游的相关企业与整个产业链内企业合作有很多选择。因此，当产业链内的某个企业出现技术创新滞后或者管理模式俗套的情况时，该企业就会面临随时被淘汰的危险。先进制造企业要随时考虑动态核心能力演化过程中不能被更具竞争优势的其他企业所替代。目前，发达国家重振制造业的产业政策给我国先进制造业的发展带来巨大挑战，主要体现在：一是吸引部分制造企业回流，可能使我国的先进制造业出现"逆转移"，加剧我国制造业产业结构失衡。二是发达国家加紧对我国先进制造业的发展设置各种技术和市场方面的新门槛，使其向价值链高端提升的难度加大，市场竞争力被严重削弱，这将给我国先进制造企业的赶超带来空前压力。三是国际贸易摩擦升级，如美国建立执法机构，专门负责调整中国等国家的"不公平贸易"，将给我国先进制造企业产品出口带来巨大压力，市场需求与产品竞争产生强烈矛盾。因此，竞争对手的进步是促进先进制造企业动态核心能力演化的重要因素。

假设 H5：市场竞争是促进动态核心能力演化路径形成的重要动力。

（6）评估能力。战略资源理论认为，企业的发展陷入核心刚性突出的体现是因为企业从外界获取的有形资源和无形资源是具有生命周期和刚性陷阱的。对于先进制造企业来说，应有效地规避核心能力刚性，将核心能力和动态能力结合形成动态核心能力，且能够与外界环境适应匹配。但是，先进制造企业要充分实现与外界环境的高度匹配，需要增加对战略资源的柔性评估来适应外部环境的剧烈变化，具体指对物质资源、信息资源、资金资源及人力资源的柔性评估，这样才能使先进制造企业及时、敏锐地辨别外界环境商机，同时有助于先进制造企业明确外界环境的复杂性和不确定性，降低先进制造企业组织的迷失程度，对某些限制因素能够有较强的认知反应能力，从而保证先进制造企业动态核心能力演化的顺利进行。

假设 H6：评估能力是促进动态核心能力演化路径形成的重要动力。

（7）适应性学习能力。企业能力理论认为企业组织的演进发展模式依靠的是持续渐进的创新提升，并非是依靠跳跃式的调整来实现。对于先进制造企业来说，竞争优势主要是有效利用已有的动态核心能力，充分发挥其能动作用。因此，先进制造企业的适应性学习能力是先进制造企业可持续发展能力的重要组成部分，是在路径依赖和现有市场环境下，先进制造企业争取创新性长期竞争优势的永续动力。先进制造企业非常注重内部知识库与外界知识库的交流融合，因为有效的适应性学习能够帮助先进制造企业及时补充发展过程中所缺的资源和能量。适应性学习能力能够帮助先进制造企业的高层管理者和员工在进行知识和信息的交流过程中，保持行动的一致性和在先进制造企业动态发展过程中的均衡性，同时对先进制造企业快速适应所处环境具有推动作用。先进制造企业通过适应性学习能够提高企业对环境的适应程度、增强匹配柔韧性，保证动态核心能力演化的顺利进行。

假设 H7：适应性学习能力是促进动态核心能力演化路径形成的重要动力。

（8）整合能力。先进制造企业在发展的过程中需要考虑如何节省时间和成本，动态核心能力的形成也取决于时间的长短和成本开支的多少。先进制造企业通过评估和适应性学习两个阶段，从宽广的外部环境中获取对先进制造企业动态核心能力演化有利的各种有形资源和无形资源，这不仅仅只对先进制造企业内部研发部门来说重要，同时需要企业内技术、生产、管理、影响等各个部分的参与和协作，在高层管理者正确战略决策的带动下，完成动态核心能力向有序的方向不断进行演化。因此，先进制造企业需要具有较强的整合能力，这种整合能力包括能够对外部各种工作及时进行协调、具备较强的重组资源与社会资本的能力、能高效地对已经储备的知识进行整合以及对社会网络关系的变化反应灵敏且能够对其进行处理迅速。整合能力会对先进制造企业的运营效率有较大影响，同时对先进制造企业动态核心能力的演化效率具有强作用力。

假设 H8：整合能力是促进动态核心能力演化路径形成的重要动力。

（9）创新能力。对高额利润的追求是先进制造企业最主要的创新动力。根据完全市场竞争理论，处于同一层面的大多数企业的产品具有相似性，市场具有完全竞争市场的特征。所以，在完全竞争市场是没有超额利润的，对于先进制造企业来说更是如此。在同一市场中的竞争十分激烈，先进制造企业为了追求超额利润会想方设法寻求垄断，而对于任何一个企业形成垄断的主要途径就是发现一个新的产品市场。在这样的市场上，企业是唯一或少数的供给者，可以根据自己的利益来决定价格。先进制造企业处于产业链的高端，通过自主创新研发出来的新产品与原有产品相比技术或者性能差别越大，替代性就越低，先进制造企业很可能通过这种强差异化取胜于其他同行形成技术壁垒，获得高额利润的可能性就越高，动态核心能力就可以得到进一步提升，其演化过程就越会向好的方向推进一步。先进制造企业创新成功后，在一定时期内，由于其他先进制造企业无法超越，因此，先进制造企业暂时处于市场中的垄断地位，保持较高的动态核心能力优势，但是随着时间的推移，其他先进制造企业会通过模仿或者自主创新得到相似的产品，会渐渐打破这种技术壁垒。随着越来越多的先进制造企业加入，产品差异逐渐缩小，垄断市场就逐渐变为完全竞争市场。因此，为了能够持续获得超额利润，先进制造企业必须在创新能力的带动下不断进行自主创新活动，以便动态核心能力系统能够实现先进制造企业竞争优势的不断提高。在创新利益的驱动下，先进制造企业不断完成产品创新—高端产品形成—企业成长—创新能力增强—企业再创新的良性循环。

假设 H9：创新能力是促进动态核心能力演化路径形成的重要动力。

本书根据相关学者的研究成果和研究文献，对影响先进制造企业动态核心能力演化路径形成的动力因素进行了识别，并提出以下 9 条主要假设，具体如表 8-1 所示：

表 8-1　本书研究的主要假设

| 标号 | 研究假设 |
| --- | --- |
| H1 | 高层管理者创新特质与动态核心能力演化之间具有正相关关系 |
| H2 | 市场需求拉动与动态核心能力演化之间具有正相关关系 |
| H3 | 政府政策扶持与动态核心能力演化之间具有正相关关系 |
| H4 | 内外部资源保障与动态核心能力演化之间具有正相关关系 |
| H5 | 市场竞争推动与动态核心能力演化之间具有正相关关系 |
| H6 | 评估能力与动态核心能力演化之间具有正相关关系 |
| H7 | 适应性学习能力与动态核心能力演化之间具有正相关关系 |
| H8 | 整合能力与动态核心能力演化之间具有正相关关系 |
| H9 | 创新能力与动态核心能力演化之间具有正相关关系 |

## 8.1.2　动态核心能力演化路径形成的动力影响因素间关系假设

Miller（1983）提出了公司企业家精神（Corporate Entrepreneurship）的概念，此概念备受管理学界学者的关注，学者认为企业家的创新精神和特质可以提升企业的竞争优势，为企业的自我创新指明方向以实现可持续成长。随后，Burgelman（1984）、Guth 和 Ginsberg（1990）、Zahra（1991）、Sharma 和 Chrisman（1999）等学者分别从战略制定、自主创新和风险活动三方面阐述了企业家精神对企业发展的重要性，并且认为企业家精神与市场需求和市场竞争、资源获取、企业动态核心能力等有显著相关关系。当然研究者也认识到高层管理者团队对企业家形成和企业可持续成长的重要影响。事实上，Morris 和 Paul（1987）就指出了高层管理者团队的特质会对企业是否首先进行产品更新，以及战略变革的频率产生重要影响。Drucher（2001）也认为，具有适当规模的既有企业之所以最有潜力占据创业主导地位，重要原因在于企业的高层管理者团队已经具备相当的创新特质和管理能力，从而可能使企业能够有准备和实力进行创新程度高、投资风险大、市场竞争力度强的新事业，使之成功实施。先进制造企业所拥有的具有创新特质的高层管理者是先进制造企业快速发展的重要助推力，而高层管理者的这种企业家特质的形成，除受到自身品格修养、良好的家庭背景和受教育程度外，更重要的是在高层管理者为了追逐更大的利润收益、满足市场需求、在有限时间内争夺稀缺资源、积极参与市场竞争和勇于承担风险来维持先进制造企业生存和保持旺盛的可持续竞争优势过程中主动或者不得已形成的。可见，高层管理者的创新特质与市场需求拉动、内外部资源保障、市场竞争推动、评估能力、适应性学习能力、整合能力和创新能力等演化路径形成的动力影响因素之间，具有相互依存的关系。因此，本书在相关学者研究成果的基础上得出以下假设，如表 8-2 所示：

表 8-2　高层管理者创新特质与其他动力影响因素之间关系假设

| 标号 | 研究假设 |
| --- | --- |
| H10 | 高层管理者创新特质与市场需求拉动间有显著的正相关关系 |
| H11 | 高层管理者创新特质与内外部资源保障间有显著正相关关系 |
| H12 | 高层管理者创新特质与市场竞争推动间有显著的正相关关系 |
| H13 | 高层管理者创新特质与评估能力间有显著的正相关关系 |

续表

| 标号 | 研究假设 |
| --- | --- |
| H14 | 高层管理者创新特质与适应性学习能间有显著的正相关关系 |
| H15 | 高层管理者创新特质与整合能力间有显著的正相关关系 |
| H16 | 高层管理者创新特质与创新能力间有显著的正相关关系 |

国内外很多学者均比较关注市场需求对产品创新和企业经营的影响。早在 20世纪 60 年代末，Schmookler（1966）就提出创新的需求拉动说。20 世纪 80 年代末，Porter（1985）在其竞争优势理论中认为市场需求是迫使企业进行创新的重要力量源泉。Srivastava（2001）等指出，市场需求是引导企业发展、自主创新和动态核心能力提升最重要的内容。Narver（1990）、Langerak 和 Atuahene-Gima（2004）等分别从市场需求作为政府政策宏观调控、内外部资源获取、企业参与市场竞争以及动态核心能力提升的最主要驱动力的角度肯定市场需求对企业可持续发展的促进作用。Kleinknecht 和 Verspagen（1990）采用美国行业数据，发现企业 R&D 产出与需求增长之间存在显著的正相关关系，并通过实证验证了市场需求拉动企业成长假说的正确性。市场需求拉动是先进制造企业动态核心能力演化的根本动力，它与政府相关的扶持政策有着密切的关系，政府一般会通过强有力的宏观政策改变市场的需求结构。同时，先进制造企业要想提供能够满足市场需求的高端技术产品和服务，也离不开内外部有形资源和无形资源的保障。同时，由于资源的有限性，在市场机制作用下，先进制造企业所拥有的内外部资源会向需求更多、效益更好的产品领域流动。此外，市场需求的拉动和市场竞争的推定常常是两者并存的，因为对于先进制造企业来说，能够满足市场需求的先进制造技术和技术含量高的研发产品，必然能够在激烈的竞争中成为优胜者，遵循达尔文的适者生存法则，最终提升动态核心能力系统中各个子能力的能动效用。可见，市场需求拉动与政府政策扶持、内外部资源保障、市场竞争推动等影响先进制造企业动态核心能力演化的因素之间具有相互依存的关系。因此，本书在相关学者研究成果的基础上得出以下假设，如表 8-3 所示：

表 8-3　市场需求拉动与其他动力影响因素之间关系假设

| 标号 | 研究假设 |
| --- | --- |
| H17 | 市场需求拉动与政府政策扶持之间有显著的正相关关系 |

| 标号 | 研究假设 |
|------|----------|
| H18 | 市场需求拉动与内外部资源保障之间有显著的正相关关系 |
| H19 | 市场需求拉动与市场竞争推动之间有显著的正相关关系 |
| H20 | 市场需求拉动与评估能力之间有显著的正相关关系 |
| H21 | 市场需求拉动与适应性学习之间有显著的正相关关系 |
| H22 | 市场需求拉动与整合能力之间有显著的正相关关系 |
| H23 | 市场需求拉动与创新能力之间有显著的正相关关系 |

黄晓鹏（2007）、高峻峰（2010）、方荣贵和银路（2010）等分别从政府政策对企业社会责任、战略性新兴产业、新兴技术（TD—SCDMA）等演化的重要影响和扶持进行了详细的阐述和案例分析。政府的政策扶持是先进制造企业动态核心能力演化过程中一个重要的调节力，政府出台的相关政策和财税方面的政策支持可以引导先进制造企业内外部有形资源和无形资源的交流和配置，能够有力地调节市场需求和市场竞争压力，促进先进制造企业动态核心能力的提升和促进其往好的方向演化，协助先进制造企业在发展的过程中在内部系统建立良好的评估能力、适应性学习能力、整合能力和创新能力。可见，政府的政策扶持与内外部资源保障、市场竞争推动以及先进制造企业的评估能力、适应性学习能力、整合能力和创新能力等因素之间具有相互依存的关系。因此，可以得到以下假设，如表8-4所示：

表8-4  政府政策扶持与其他动力影响因素之间关系假设

| 标号 | 研究假设 |
|------|----------|
| H24 | 政府政策扶持与内外部资源保障之间有显著的正相关关系 |
| H25 | 政府政策扶持与市场竞争推动之间有显著的正相关关系 |
| H26 | 政府政策扶持与评估能力之间有显著的正相关关系 |
| H27 | 政府政策扶持与适应性学习能力之间有显著的正相关关系 |
| H28 | 政府政策扶持与整合能力之间有显著的正相关关系 |
| H29 | 政府政策扶持与创新能力之间有显著的正相关关系 |

Penrose（1959）、Wernerfelt（1984）、Barney（1991）和Grant（1991）认为企业从外部环境获取的有形资源和无形资源能够保证企业的高绩效。Mahoney

（1992）也认为企业可以通过获取稀缺资源推动企业绩效的提升，并且认为稀缺资源具有高附加值能够提升动态核心能力。先进制造企业动态核心能力演化的过程中，需要先进制造企业不断进行新产品、新技术的研发以及更好的服务升级，这样才能保证其核心能力动态持续地发展。这种情况下，先进制造企业就必须拥有充足的资金资源、及时有效的信息资源以及具有一定知识储备的技术人员等内外部资源的获取过程。专业、优质、稀缺、能效大的有形资源和无形资源是先进制造企业发展先进制造技术的保障，也是先进制造企业提升内部系统评估能力、适应性学习能力、整合能力和创新能力的基础保障，从而保证先进制造企业在不断的市场竞争中获胜，保持其动态核心能力有序演化的重要手段，而对各种稀缺资源的争夺又成为先进制造企业与其他企业之间竞争加剧的重要助推力量。可见，内外部资源保证与市场竞争推动、评估能力、适应性学习能力、整合能力和创新能力等保证动态核心能力演化顺利进行的影响因素之间具有相互依存的关系。因此，可以得到以下假设，如表 8-5 所示：

表 8-5　内外部资源保障与其他动力影响因素之间关系假设

| 标号 | 研究假设 |
| --- | --- |
| H30 | 内外部资源保障与市场竞争推动之间有显著的正相关关系 |
| H31 | 内外部资源保障与评估能力之间有显著的正相关关系 |
| H32 | 内外部资源保障与适应性学习能力之间有显著的正相关关系 |
| H33 | 内外部资源保障与整合能力之间有显著的正相关关系 |
| H34 | 内外部资源保障与创新能力之间有显著的正相关关系 |

伯纳特和海森（1996）认为企业之间的竞争行为是推动企业演化和可持续发展的重要因素。竞争的形式分很多种，这里所说的竞争主要是指市场竞争。先进制造企业处于产业链的高端部分，因此其面临的生存环境竞争更加激烈。为了保障先进制造企业能够争夺到较多的市场份额，其必须能够在激烈的竞争环境下保证自身系统的动态核心能力具有显著的竞争优势，努力提高自身的评估能力、适应性学习能力、整合能力和创新能力，使其及时优化内外部资源配置，保证先进制造技术的引进和产品创新，从而保证其动态核心能力能够顺利进行演化。可见，市场竞争推动与先进制造企业动态核心能力系统中的评估能力、适应性学习能力、整合能力和创新能力具有相互依存的关系。因此，可以得到以下假设，如表 8-6 所示：

表 8-6　市场竞争推动与其他动力影响因素之间关系假设

| 标号 | 研究假设 |
|------|---------|
| H35 | 市场竞争推动与评估能力之间有显著的正相关关系 |
| H36 | 市场竞争推动与适应性学习能力之间有显著的正相关关系 |
| H37 | 市场竞争推动与整合能力之间有显著的正相关关系 |
| H38 | 市场竞争推动与创新能力之间有显著的正相关关系 |

由前文 2.2.4 节所述可知，先进制造企业的动态核心能力因子之间具有协同效应，因此相互之间关系必然密切。德鲁克（Drucker，1985）认为机会辨识能力是企业评估能力的一种重要体现，企业通过不断地搜寻变化，把变化当作潜在的机会。伊斯雷尔·柯兹纳（Kirzer，1973）提出"发现程序"（Discovery Procedure）的概念，并认为企业评估能力的本质就是企业的高层管理者能够快速识别市场机会和感知资源危机，这种评估能力对企业长期竞争优势的形成很有帮助。夏恩（Shane，2000）认为企业对外界环境中所出现的新变化的强烈感知能力，是对环境高度适应性以及危机防范和预警的重要体现，具有较好评估能力的企业一般会具有较强的认知反应能力。评估能力主导的是先进制造企业系统运行的初始端，首先对先进制造企业系统原始资源的获取和积累做出敏锐的辨别和判断，为先进制造企业系统有效运行的中端行为主导能力因子（适应性学习能力、整合能力）以及终端行为的主导能力因子（创新能力）发挥各自作用提供原始保证和判别准则。可见，评估能力因子、适应性学习能力、整合能力和创新能力具有相互依存的关系。因此，可以得到以下假设，如表 8-7 所示：

表 8-7　评估能力与其他动力影响因素之间关系假设

| 标号 | 研究假设 |
|------|---------|
| H39 | 评估能力与适应性学习能力之间有显著的正相关关系 |
| H40 | 评估能力与整合能力之间有显著的正相关关系 |
| H41 | 评估能力与创新能力之间有显著的正相关关系 |

根据学者 Nelson、Winter（1982）、Lenoard 和 Bartno（1992）对组织适应性和适应性学习的研究，本书认为适应性学习能力主导的是先进制造企业系统运行的中端，它是衡量先进制造企业能否高度适应外部环境的剧烈变化以及自身内部

资源与外部资源能否有效地对接和匹配的重要衡量指标。先进制造企业对环境的适应程度越高，其内部系统对知识和资源的整合效果以及对创新资源的利用率就越高，在较短时间内研发出具有高附加值的产品的可能性就越高，就越能适应市场需求和激烈的市场竞争。可见适应性学习能力与整合能力、创新能力具有相互依存的关系。因此，可以得到以下假设，如表 8-8 所示：

**表 8-8　适应性学习能力与其他动力影响因素之间关系假设**

| 标号 | 研究假设 |
| --- | --- |
| H42 | 适应性学习能力与整合能力之间有显著的正相关关系 |
| H43 | 适应性学习能力与创新能力之间有显著的正相关关系 |

罗珉和刘永俊（2009）在对企业动态能力的理论框架与构成要素的研究中表明：企业所具有的整合能力是多维度的，这种多维度主要体现在个体对环境的适应性、个体对知识的吸收能力和程度、个体对行业的绩效贡献和价值发挥的程度。之后，国外很多学者又对企业的整合能力进行了分解，主要包含：①协调与整合的能力（Pavlou，2004）；②重组资源与社会的能力（Teece，2007）；③保持战略弹性的能力（Pettus et al.，2007）；④适应能力（Wang，Ahmed，2007）；⑤知识整合的能力（Leonard-Barton，1995；Eisenhardt，Martin，2000）等。韩凤晶、石春生（2010）对新兴产业企业动态核心能力的构成因素进行阐述，并基于中国高端装备制造业上市公司的数据进行了实证分析和验证，他们将整合能力和创新能力作为高端装备制造业动态核心能力的测量维度。而陆燕荪（2010）也在对高端装备制造业的研究过程中，将企业所拥有的整合能力和创新能力作为应对全球竞争加剧、环境资源约束日趋严峻以及先进制造技术和人才缺乏现象得以改观的重要力量。由前文 2.2.4 节所述可知，先进制造企业动态核心能力系统中的整合能力同适应性学习能力一样，主导的都是先进制造企业系统运行的中端，整合能力一方面使得先进制造企业能够快速地消化先进制造企业通过评估能力和适应性学习能力所获取的外部知识、资源和信息，最重要的是通过整合能力将获取到的知识、资源和信息进行协调、重组、规范，使之变得更加有序并且能够及时有效地被先进制造企业所利用，为新产品、新技术的研发创新提供有力保障，促进先进制造企业动态核心能力的演化顺利进行。可见，整合能力和创新能力之间具有相互依存的关系。因此，可以得到以下假设，如表 8-9 所示：

表 8-9　整合能力与其他动力影响因素之间关系假设

| 标号 | 研究假设 |
|------|----------|
| H44 | 评估能力与适应性学习能力之间有显著的正相关关系 |

以上假设关系构成了先进制造企业动态核心能力演化路径形成的动力影响因素的假设模型图，如图 8-1 所示。

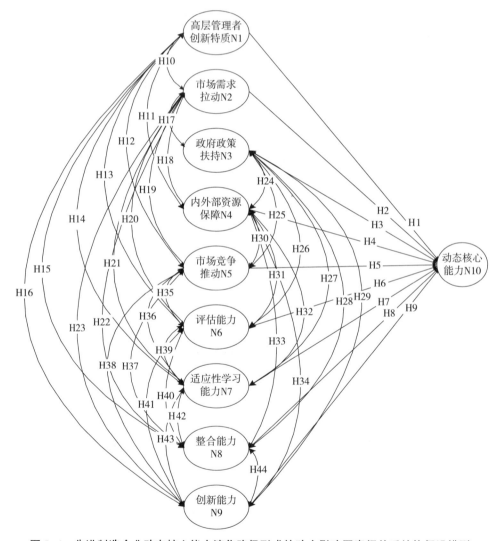

**图 8-1　先进制造企业动态核心能力演化路径形成的动力影响因素间关系结构假设模型**

# 8.2　先进制造企业动态核心能力演化路径形成的动力影响因素验证

## 8.2.1　调查问卷设计及样本收集

为进行先进制造企业动态核心能力系统演化路径的研究，本书基于前文对先进制造企业动态核心能力系统演化路径形成的动力影响因素研究，构建了先进制造企业动态核心能力系统演化路径形成的动力影响因素量表。量表设置了高层管理者创新特质、市场需求拉动、政府政策扶持、内外部资源保障、市场竞争推动、评估能力、适应性学习能力、整合能力、创新能力和动态核心能力十个维度，共49个问题项，各维度及其所属题目、编号如表8-10所示。

表 8-10　先进制造企业动态核心能力系统演化动力要素调查量表

| 变量 | 序号 | 题项 | 援引文献 |
|---|---|---|---|
| 高层管理者创新特质 N1 | N11 | 企业高层管理者具有强烈的自主创新欲望 | Miller（1983） Burgelman（1984） Morris 和 Paul（1987） Guth 和 Ginsberg（1990） Zahra（1991） Sharm 和 Chrisman（1999） Drucher（2001） |
| | N12 | 企业高层管理者对新的先进制造技术有强力的投资意愿 | |
| | N13 | 企业高层管理者对国外先进制造管理模式有强烈敏感性和感知力 | |
| | N14 | 企业高层管理者的抗风险能力较强 | |
| | N15 | 企业的自主创新行为取决于高层领导的正确决策和支持 | |
| 市场需求拉动 N2 | N21 | 企业运用先进制造技术得到的研发成果具有较强的市场需求 | Schmookler（1966） Porter（1985） Narver（1990） Kleinknecht 和 Verspagen（1990） Kohli 和 Jaworski（1993） Srivastava（2001） Langerak 和 Atuahene-Gima（2004） |
| | N22 | 消费者对企业提供的高端产品有强烈的新需求 | |
| | N23 | 上下游企业的自主创新需求促进了企业不断开拓创新 | |
| | N24 | 企业对行业的发展前景有较为深入的研究、评估和预测 | |

续表

| 变量 | 序号 | 题项 | 援引文献 |
|---|---|---|---|
| 政府政策扶持 N3 | N31 | 政府加速推动投资和贷款对企业的定向投放和渗透 | 黄晓鹏（2007）高峻峰（2010）方荣贵和银路（2010） |
| | N32 | 政府对制造业整个行业的知识保护力度显著增强 | |
| | N33 | 政府设立先进制造业发展协调办公室对各类资源进行统筹管理和配置 | |
| | N34 | 政府加强法律法规政策的修订与制定规范行业有序发展 | |
| | N35 | 企业的高端先进技术创新活动受到政府的大力资助 | |
| | N36 | 企业的部分高端自主创新产品享受到政府的减免税政策 | |
| 内外部资源保障 N4 | N41 | 企业具备行业内非常专业的技术人员和管理人员 | Penrose（1959）Wernerfelt（1984）Barney（1991）Grant（1991）Mahoney（1992） |
| | N42 | 企业有充分的资金支撑所要进行的新的创新活动 | |
| | N43 | 企业能够有效快速获得企业发展所需的有形资源和无形资源 | |
| | N44 | 企业高层管理者和员工具有深厚的相关知识储备 | |
| | N45 | 企业上游供应商能够提供长期稳定的主要原材料 | |
| 市场竞争推动 N5 | N51 | 行业内有许多强劲竞争对手 | 被伯纳特和海森（1996） |
| | N52 | 竞争对手与企业提供的产品差别不大 | |
| | N53 | 竞争对手正试图提供更好的产品和服务，从而迅速拓宽市场占有率 | |
| | N54 | 企业对竞争对手的各种企业行为回应非常迅速 | |
| | N55 | 企业的竞争者也在积极进行先进制造技术引进和创新活动 | |
| 评估能力 N6 | N61 | 企业能够敏锐辨别外界环境商机 | Kirzer（1973）Drucker（1985）Shane（2000） |
| | N62 | 企业对外界环境激烈变化的适应程度较高 | |
| | N63 | 企业有强烈愿景建立危机检测预警机制 | |
| | N64 | 企业具备较强的认知反应能力 | |
| 适应性学习能力 N7 | N71 | 企业非常注重内部知识库与外界知识库的交流融合 | Nelson 和 Winter（1982）Lenoard 和 Bartno（1992） |
| | N72 | 企业具备较强的知识获取能力 | |
| | N73 | 企业具备较强的知识共享能力 | |
| | N74 | 企业具备较强的知识转移能力 | |
| | N75 | 企业具备较强的知识利用能力 | |

续表

| 变量 | 序号 | 题项 | 援引文献 |
|---|---|---|---|
| 整合能力 N8 | N81 | 企业对内外部各种工作能够及时进行协调 | Leonard 和 Barton（1995）<br>Eisenhardt 和 Martin（2000）<br>Pavlou（2004）<br>Teece（2007）<br>Pettus 等（2007）<br>罗珉和刘永俊（2009） |
| | N82 | 企业具备较强的重组资源与社会资本能力 | |
| | N83 | 企业对已经储备的知识整合效率很高 | |
| | N84 | 企业对社会网络关系反应灵敏且处理迅速 | |
| 创新能力 N9 | N91 | 企业非常重视先进制造技术的引进和努力消化的程度 | 韩凤晶和石春生（2010）<br>陆燕荪（2010） |
| | N92 | 企业对原始创新的能动效率十分关注 | |
| | N93 | 企业经常进行新工艺、新产品或新服务的研发 | |
| | N94 | 企业具备较强的集成创新和引创能力 | |
| 动态核心能力 N10 | N101 | 企业与大学及科研院所等单位技术协作频繁，R&D 投入占资本量比重高 | Leonard-Barton（1992）<br>Teece 和 Pisan（1994）<br>Henderson 和 Clark（1998）<br>Eisenhardt 和 Martin（2001）<br>Griffith 和 Harvey（2001）<br>Thorbjorn Knudsen 和 Tage Koed Madsen（2002）<br>Zahra 和 George（2002）<br>Helfat 和 Peteraf（2003）<br>Zahra 和 Sapienza（2006）<br>George（2007） |
| | N102 | 企业信息获取和搜集能力较强，对相关信息反应灵敏 | |
| | N103 | 企业技术水平跟踪能力较高 | |
| | N104 | 企业关键制造技术的创新速度和水平较高 | |
| | N105 | 与同行相比，企业核心技术的自主程度更高 | |
| | N106 | 与同行相比，企业主导产品性能更具独特性和竞争力，市场反应良好 | |
| | N107 | 与同行相比，企业新产品开发的成功率较高 | |

## 8.2.2　样本的描述性统计

根据本书第 2 章对先进制造企业概念的界定及所涉及的行业细分，本次调查问卷主要面向产品涵盖电子及微电子、航空航天、光机电一体化、生物工程、新材料、新能源、环保技术、海洋工程、医药及医学工程、精细化工、信息技术等领域。（注：个别领域，如航空航天和海洋工程等领域内的先进制造企业，由于企业具有涉密性质，所以本次问卷调查主要针对集团下属所设非涉密类产品或业务子公司或与之前的研究课题有过合作的公司进行问卷调查。）

　　本书的调查问卷共收回问卷 450 份，剔除的问卷主要包括答题时小于 3 分钟的问卷，有缺失数据的问卷以及所有问题答案相同的问卷，剩余有效问卷 330 份，有效率为 73.3%。本书所做的样本描述性统计主要根据测量对象先进制造企业的性质、先进制造企业的规模、先进制造企业的员工规模、先进制造企业主导业务所属行业领域以及先进制造企业所处的发展阶段进行，具体内容如表 8-11 所示。从表 8-11、图 8-2 及图 8-3 可以看出，样本先进制造企业的规模分布具有较强的代表性。同时，根据图 8-4 可知，样本先进制造企业涵盖了高技术企业和战略性新兴企业等诸多领域，这些企业主导业务的所属行业范围都属于本书研究的先进制造企业，也符合本书对先进制造企业概念的界定。因此，样本具有较强的针对性。先进制造企业在生命周期的各个阶段均有一定数量的样本，如图 8-5 所示，其中处于成长阶段和成熟阶段的先进制造企业较多，而处于衰退阶段和再造阶段的先进制造企业较少。

表 8-11　样本的描述性统计

| | 类别 | 样本数 | 百分比（%） |
|---|---|---|---|
| 先进制造企业性质 | 国有及国有控股企业 | 98 | 29.70 |
| | 民营企业 | 143 | 43.33 |
| | 中外合资企业 | 40 | 12.12 |
| | 外商独资企业 | 32 | 9.70 |
| | 其他 | 17 | 5.15 |
| 先进制造企业规模 | 大型 | 95 | 28.79 |
| | 中型 | 167 | 50.61 |
| | 小微型 | 68 | 20.61 |
| 先进制造企业员工规模 | 500 人 | 187 | 56.67 |
| | 500~2000 人 | 81 | 24.55 |
| | 2000 人以上 | 62 | 18.78 |
| 先进制造企业主导业务所属行业 | 电子及微电子 | 11 | 3.33 |
| | 信息技术 | 56 | 16.97 |
| | 航空航天 | 8 | 2.42 |
| | 光机电一体化 | 42 | 12.73 |

续表

| | 类别 | 样本数 | 百分比（%） |
|---|---|---|---|
| 先进制造企业主导业务所属行业 | 生物工程 | 22 | 6.67 |
| | 新材料 | 26 | 7.88 |
| | 新能源 | 29 | 8.79 |
| | 环保技术 | 14 | 4.24 |
| | 海洋工程 | 16 | 4.85 |
| | 医药及医学工程 | 22 | 6.67 |
| | 精细化工 | 36 | 10.91 |
| | 其他 | 48 | 14.55 |
| 先进制造企业所处发展阶段 | 创业阶段 | 29 | 8.79 |
| | 成长阶段 | 147 | 44.55 |
| | 成熟阶段 | 130 | 39.39 |
| | 衰退阶段 | 18 | 5.45 |
| | 再造阶段 | 6 | 1.82 |

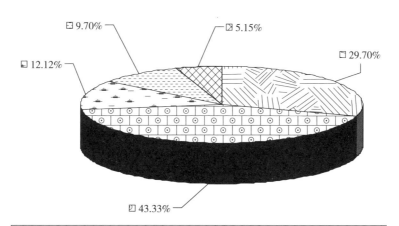

图 8-2　样本先进制造企业性质分布比例

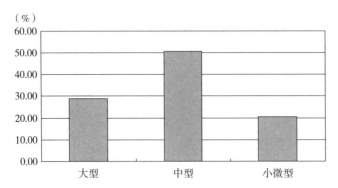

图 8-3　不同先进制造企业规模的样本数

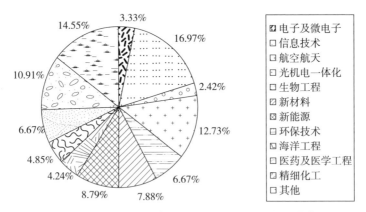

图 8-4　样本先进制造企业的主导业务所属行业分布

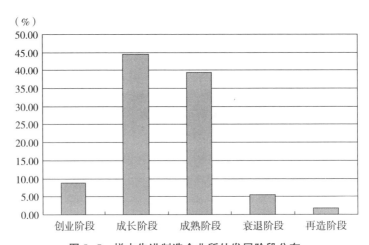

图 8-5　样本先进制造企业所处发展阶段分布

## 8.2.3　信度和效度分析

### 8.2.3.1　收敛效度评价

收敛效度评价是判断所设置的题目合理性的变量，表 8-12 中 CITC 值表示同一个变量的每一个题目与其他题目的相关性系数。如果 CITC 值大于 0.5，表明所设置的量表收敛性较好，题目设置相对合理。根据表 8-12 中数据统计分析结果可知，每一个测量项目的 CITC 值均大于 0.5，说明所设置量表的收敛性较好。

表 8-12　收敛效度评价

| 变量 | 序号 | CITC 值 | 项目已删除的 Cronbach's Alpha 值 | 评价 |
| --- | --- | --- | --- | --- |
| 高层管理者创新特质 N1 | N11 | 0.688 | 0.924 | 合理 |
| | N12 | 0.814 | 0.896 | 合理 |
| | N13 | 0.839 | 0.900 | 合理 |
| | N14 | 0.812 | 0.894 | 合理 |
| | N15 | 0.674 | 0.921 | 合理 |
| 市场需求拉动 N2 | N21 | 0.783 | 0.908 | 合理 |
| | N22 | 0.813 | 0.902 | 合理 |
| | N23 | 0.709 | 0.844 | 合理 |
| | N24 | 0.721 | 0.841 | 合理 |
| 政府政策扶持 N3 | N31 | 0.844 | 0.891 | 合理 |
| | N32 | 0.856 | 0.888 | 合理 |
| | N33 | 0.738 | 0.912 | 合理 |
| | N34 | 0.829 | 0.929 | 合理 |
| | N35 | 0.792 | 0.935 | 合理 |
| | N36 | 0.806 | 0.933 | 合理 |
| 内外部资源保障 N4 | N41 | 0.706 | 0.909 | 合理 |
| | N42 | 0.821 | 0.897 | 合理 |
| | N43 | 0.746 | 0.905 | 合理 |
| | N44 | 0.846 | 0.899 | 合理 |
| | N45 | 0.762 | 0.915 | 合理 |

续表

| 变量 | 序号 | CITC 值 | 项目已删除的 Cronbach's Alpha 值 | 评价 |
|---|---|---|---|---|
| 市场竞争推动 N5 | N51 | 0.742 | 0.855 | 合理 |
| | N52 | 0.765 | 0.852 | 合理 |
| | N53 | 0.520 | 0.823 | 合理 |
| | N54 | 0.708 | 0.770 | 合理 |
| | N55 | 0.656 | 0.785 | 合理 |
| 评估能力 N6 | N61 | 0.746 | 0.892 | 合理 |
| | N62 | 0.664 | 0.782 | 合理 |
| | N63 | 0.753 | 0.891 | 合理 |
| | N64 | 0.763 | 0.852 | 合理 |
| 适应性学习能力 N7 | N71 | 0.766 | 0.897 | 合理 |
| | N72 | 0.582 | 0.806 | 合理 |
| | N73 | 0.728 | 0.897 | 合理 |
| | N74 | 0.664 | 0.782 | 合理 |
| | N75 | 0.754 | 0.917 | 合理 |
| 整合能力 N8 | N81 | 0.776 | 0.902 | 合理 |
| | N82 | 0.818 | 0.914 | 合理 |
| | N83 | 0.841 | 0.909 | 合理 |
| | N84 | 0.733 | 0.928 | 合理 |
| 创新能力 N9 | N91 | 0.828 | 0.911 | 合理 |
| | N92 | 0.840 | 0.909 | 合理 |
| | N93 | 0.867 | 0.891 | 合理 |
| | N94 | 0.788 | 0.901 | 合理 |
| 动态核心能力 N10 | N101 | 0.698 | 0.947 | 合理 |
| | N102 | 0.786 | 0.935 | 合理 |
| | N103 | 0.734 | 0.937 | 合理 |
| | N104 | 0.794 | 0.934 | 合理 |
| | N105 | 0.826 | 0.943 | 合理 |
| | N106 | 0.825 | 0.942 | 合理 |
| | N107 | 0.807 | 0.934 | 合理 |

### 8.2.3.2　演化路径形成的动力影响因素区分效度分析

针对本书的研究，对先进制造企业动态核心能力演化路径形成的路径影响因素采用验证性因子分析的方法进行区分效度分析，如表 8-13 所示所有测量题目的因子载荷均大于 0.6，KMO 值均大于 0.7，Bartlett 球形检验均显著，累计解释的方差概率均大于 70%，结果表明所采用的调查样本相对较好，量表中所设计的题项以及进行的问卷调查过程和收集的数据结果具有较高的效度。

表 8-13　区分效度分析结果

| 变量 | KMO | Bartlett 球形检验卡方值 | 因子载荷（最小值） | 累计方贡献率（%） | 显著性水平 |
| --- | --- | --- | --- | --- | --- |
| 高层管理者创新特质 N1 | 0.776 | 1053.465 | 0.677 | 75.638 | 0.000 |
| 市场需求拉动 N2 | 0.863 | 1165.549 | 0.824 | 74.341 | 0.000 |
| 政府政策扶持 N3 | 0.795 | 1006.754 | 0.753 | 76.829 | 0.000 |
| 内外部资源保障 N4 | 0.892 | 1501.893 | 0.854 | 68.165 | 0.000 |
| 市场竞争推动 N5 | 0.849 | 1299.434 | 0.823 | 73.133 | 0.000 |
| 评估能力 N6 | 0.847 | 869.497 | 0.754 | 78.166 | 0.000 |
| 适应性学习能力 N7 | 0.838 | 669.902 | 0.778 | 67.145 | 0.000 |
| 整合能力 N8 | 0.813 | 508.801 | 0.835 | 75.778 | 0.000 |
| 创新能力 N9 | 0.868 | 1167.559 | 0.893 | 62.787 | 0.000 |
| 动态核心能力 N10 | 0.933 | 1837.393 | 0.752 | 68.016 | 0.000 |

### 8.2.3.3　信度分析

本调查问卷使用的是李克特七点量表，信度分析可以使用信度系数法。本书在上述数据分析的基础上使用 SPSS17.0 软件来计算信度系数，具体运算结果如表 8-14 所示：

表 8-14　变量测度的信度评价结果

| 变量 | 测量题目数量 | 信度系数 |
| --- | --- | --- |
| 高层管理者创新特质 N1 | 5 | 0.919 |
| 市场需求拉动 N2 | 4 | 0.865 |

续表

| 变量 | 测量题目数量 | 信度系数 |
|---|---|---|
| 政府政策扶持 N3 | 6 | 0.908 |
| 内外部资源保障 N4 | 5 | 0.922 |
| 市场竞争推动 N5 | 5 | 0.931 |
| 评估能力 N6 | 4 | 0.886 |
| 适应性学习能力 N7 | 5 | 0.849 |
| 整合能力 N8 | 4 | 0.873 |
| 创新能力 N9 | 4 | 0.924 |
| 动态核心能力 N10 | 7 | 0.918 |
| 合计 | 49 | 0.981 |

因为量表的整体信度系数为 0.981 大于 0.9，所设立的各个维度的信度系数也都大于 0.8，所以通过上述变量测度的信度评价结果可知所设立的量表信度非常良好。本书通过对调查问卷的效度和信度进行评价之后，发现并没有需要剔除的题项。因此，可以直接进行结构方程模型的检验，不需要重新发放问卷并且重新进行数据统计和分析。

## 8.2.4　样本数据的结构方程模型验证

本书在大量文献研究和软件实际操作的基础上，运用结构方程模型对样本数据进行验证。结构方程模型（Structural Equation Modeling，SEM），是一种验证性的分析方法，在理论与经验法则的支持下构建假设模型，在数据分析的基础上验证理论模型的合理性，它整合了因子分析与路径分析两种统计方法，同时检验模型中所包含的显变量、潜变量、干扰或误差变量间的关系，进而获得自变量对因变量影响的直接效果、间接效果和总效果。本书根据结构方程模型的实际操作步骤，对样本数据进行结构模型分析，主要包含模型构建、模型辨识、模型的参数估计、模型整体适配度检验和模型修正五个具体步骤。

（1）模型构建。根据前文 8.1 节所写对先进制造企业动态核心能力演化路径形成的动力影响因素的假设理论，构建了相应演化路径形成的影响因素之间关系的结构方程模型，各影响因素之间关系如图 8-6 所示。

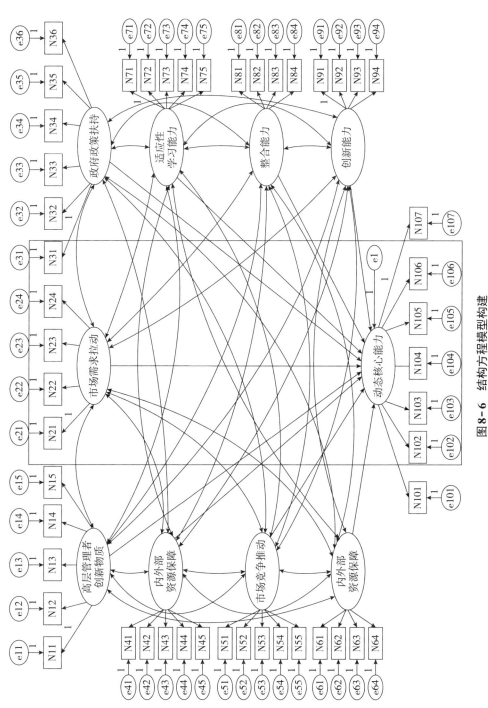

图 8-6　结构方程模型构建

（2）模型辨识。本书使用结构方程模型应用的 $t$ 规则对模型进行识别，本结构方程模型共有49个测量指标，即 $p+q=49$，因此 $(p+q)(p+q+1)/2=1225$，能够满足模型识别的必要条件（其中，$t$ 表示待估计的自由参数的个数，$p$ 表示外因测量指标，$q$ 表示内因测量指标）。

（3）初始模型的参数估计和拟合评价。本书采用AMOS17.0软件对调查问卷获得的数据进行先进制造企业动态核心能力演化路径形成的动力影响因素关系的结构方程参数估计。初始模型的适配度如表8-15所示。

表8-15　结构方程模型的初始整体适配度指标

| | 统计检查量 | 适配的标准或临界值 | 检验结果 | 模型适配判断 |
|---|---|---|---|---|
| 绝对适配度统计量 | RMR 值 | <0.05 | 0.355 | 否 |
| | RMSEA 值 | <0.08 | 0.086 | 否 |
| | GFI 值 | >0.9 以上 | 0.665 | 否 |
| | AGFI 值 | >0.8 以上 | 0.621 | 否 |
| 增值适配度统计量 | NFI 值 | >0.9 以上 | 0.769 | 否 |
| | RFI 值 | >0.9 以上 | 0.689 | 否 |
| | IFI 值 | >0.9 以上 | 0.833 | 否 |
| | TLI 值 | >0.9 以上 | 0.854 | 否 |
| | CFI 值 | >0.9 以上 | 0.822 | 否 |
| 简约适配度统计量 | PGFI 值 | >0.5 以上 | 0.554 | 是 |
| | PNFI 值 | >0.5 以上 | 0.776 | 是 |
| | CMIN/DF | 1~3（大于1小于1最佳） | 2.336 | 是 |
| | AIC | 理论模型的 AIC 小于独立模型的 AIC，且小于饱和模型的 AIC | 2519.110<2356.000 2519.110<14356.780 | 是 |
| | CAIC | 理论模型的 CAIC 小于独立模型的 CAIC，且小于饱和模型的 CAIC | 3059.262<8356.000 3059.262<14756.780 | 是 |

从表8-15初始模型的整体适配度结果来看，部分适配度指标能够接受初始模型，但是相对较多的指标显示拒绝初始模型。总体而言，初始模型的适配度不

高，需要对初始 SEM 模型进行进一步修正。国内学者通过研究发现高层管理者创新特质与政府政策之间有正相关关系，同时本书通过结构方程模型的修正过程来看，发现高层管理者创新特质与政府政策扶持之间有显著相关关系。因此，本书依据实际验证结果增加路径 N1<-->N3，并进行初始 SEM 模型的修正。

（4）初始模型的修正和检验。再次利用 AMOS17.0 给出的修正模型指标（Modification Indices）进行模型的修正，添加了"高层管理者创新特质 N1<-->政府扶持政策 N3"这一条新的路径关系，并添加了一些修正指标给出的残差间的协方差关系。由于结构方程模型的修正并不是一步就能实现的，因此，本书根据最大的修正指标规则，进行了逐一的模型修正过程。模型修正后，再进行修正模型的参数估计和整体适配度检验。修正后模型的参数估计结果如表 8-16 所示。

表 8-16　结构方程模型的参数估计结果分析

| 假设与路径 | 路径系数（标准化处理） | 是否支持假设 |
| --- | --- | --- |
| 动态核心能力 N10<--高层管理者创新特质 N1 | 0.25** | 支持 |
| 动态核心能力 N10<--市场需求拉动 N2 | 0.26** | 支持 |
| 动态核心能力 N10<--政府扶持政策 N3 | 0.28** | 支持 |
| 动态核心能力 N10<--内外部资源保障 N4 | · 0.34** | 支持 |
| 动态核心能力 N10<--市场竞争推动 N5 | 0.36*** | 支持 |
| 动态核心能力 N10<--评估能力 N6 | 0.44** | 支持 |
| 动态核心能力 N10<--适应性学习能力 N7 | 0.17** | 支持 |
| 动态核心能力 N10<--整合能力 N8 | 0.25** | 支持 |
| 动态核心能力 N10<--创新能力 N9 | 0.33** | 支持 |
| 高层管理者创新特质 N1<-->市场需求拉动 N2 | 0.31** | 支持 |
| 高层管理者创新特质 N1<-->政府扶持政策 N3 | 0.53** | 支持 |
| 高层管理者创新特质 N1<-->内外部资源保障 N4 | 0.27** | 支持 |
| 高层管理者创新特质 N1<-->市场竞争推动 N5 | 0.051 | 不支持 |
| 高层管理者创新特质 N1<-->评估能力 N6 | 0.098 | 不支持 |
| 高层管理者创新特质 N1<-->适应性学习能力 N7 | 0.025 | 不支持 |
| 高层管理者创新特质 N1<-->整合能力 N8 | 0.12 | 不支持 |
| 高层管理者创新特质 N1<-->创新能力 N9 | 0.18** | 支持 |
| 市场需求拉动 N2<-->政府扶持政策 N3 | 0.16** | 支持 |
| 市场需求拉动 N2<-->内外部资源保障 N4 | 0.27** | 支持 |

续表

| 假设与路径 | 路径系数（标准化处理） | 是否支持假设 |
|---|---|---|
| 市场需求拉动 N2<-->市场竞争推动 N5 | 0.56 *** | 支持 |
| 市场需求拉动 N2<-->评估能力 N6 | 0.37 *** | 支持 |
| 市场需求拉动 N2<-->适应性学习能力 N7 | 0.31 ** | 支持 |
| 市场需求拉动 N2<-->整合能力 N8 | 0.33 ** | 支持 |
| 市场需求拉动 N2<-->创新能力 N9 | 0.38 *** | 支持 |
| 政府扶持政策 N3<-->内外部资源保障 N4 | 0.32 ** | 支持 |
| 政府扶持政策 N3<-->市场竞争推动 N5 | 0.36 *** | 支持 |
| 政府扶持政策 N3<-->评估能力 N6 | 0.07 | 不支持 |
| 政府扶持政策 N3<-->适应性学习能力 N7 | 0.38 *** | 支持 |
| 政府扶持政策 N3<-->整合能力 N8 | 0.42 *** | 支持 |
| 政府扶持政策 N3<-->创新能力 N9 | 0.51 *** | 支持 |
| 内外部资源保障 N4<-->市场竞争推动 N5 | 0.55 *** | 支持 |
| 内外部资源保障 N4<-->评估能力 N6 | 0.053 | 不支持 |
| 内外部资源保障 N4<-->适应性学习能力 N7 | 0.47 *** | 支持 |
| 内外部资源保障 N4<-->整合能力 N8 | 0.42 *** | 支持 |
| 内外部资源保障 N4<-->创新能力 N9 | 0.32 *** | 支持 |
| 市场竞争推动 N5<-->评估能力 N6 | 0.34 *** | 支持 |
| 市场竞争推动 N5<-->适应性学习能力 N7 | 0.45 *** | 支持 |
| 市场竞争推动 N5<-->整合能力 N8 | 0.023 | 不支持 |
| 市场竞争推动 N5<-->创新能力 N9 | 0.054 | 不支持 |
| 评估能力 N6<-->适应性学习能力 N7 | 0.067 | 不支持 |
| 评估能力 N6<-->整合能力 N8 | 0.102 | 不支持 |
| 评估能力 N6<-->创新能力 N9 | 0.18 ** | 支持 |
| 适应性学习能力 N7<-->整合能力 N8 | 0.46 *** | 支持 |
| 适应性学习能力 N7<-->创新能力 N9 | 0.48 *** | 支持 |
| 整合能力 N8<-->创新能力 N9 | 0.51 *** | 支持 |

　　根据表 8-16 修正模型的参数估计结果来看，总共 44 条路径中有 10 条路径未能够被验证，其他的假设均得到了验证，且参数估计未出现违规估计，表明除路径 H12、H13、H14、H15、H26、H31、H37、H38、H39、H40 外，其他关于

先进制造企业动态核心能力演化路径形成的动力影响因素之间的关系假设均是成立的。修正模型的整体适配度结果如表 8-17 所示。

表 8-17　修正后结构方程模型的整体适配度指标

| | 统计检查量 | 适配的标准或临界值 | 检验结果数据 | 模型适配判断 |
|---|---|---|---|---|
| 绝对适配度统计量 | $\chi^2$ | >0.05 未达到显著水平 | 0.34 | 是 |
| | RMR 值 | <0.05 | 0.031 | 是 |
| | RMSEA 值 | <0.08 | 0.041 | 是 |
| | GFI 值 | >0.9 以上 | 0.944 | 是 |
| | AGFI 值 | >0.8 以上 | 0.932 | 是 |
| 增值适配度统计量 | NFI 值 | >0.9 以上 | 0.963 | 是 |
| | RFI 值 | >0.9 以上 | 0.947 | 是 |
| | IFI 值 | >0.9 以上 | 0.975 | 是 |
| | TLI 值 | >0.9 以上 | 0.968 | 是 |
| | CFI 值 | >0.9 以上 | 0.979 | 是 |
| 简约适配度统计量 | PGFI 值 | >0.5 以上 | 0.575 | 是 |
| | PNFI 值 | >0.5 以上 | 0.636 | 是 |
| | CMIN/DF | 1~3（大于 1 小于 1 最佳） | 1.271 | 是 |
| | AIC | 理论模型的 AIC 小于独立模型的 AIC，且小于饱和模型的 AIC | 满足 | 是 |
| | CAIC | 理论模型的 CAIC 小于独立模型的 CAIC，且小于饱和模型的 CAIC | 满足 | 是 |

从表 8-17 可以看出，修正后的模型绝大部分适配度统计达到了可接受范围，RMR 值和 GFI 值也均接近可以接受的范围。因此，从整体上看修正模型的整体适配度相对较好，可以接受。先进制造企业动态核心能力演化路径形成的动力影响因素之间关系修正结果如图 8-7 所示。图 8-7 中实现各影响因素之间的假设关系成立，不成立的关系假设之间的连线去掉，N1 和 N3 之间为修正模型增加的变量间关系。

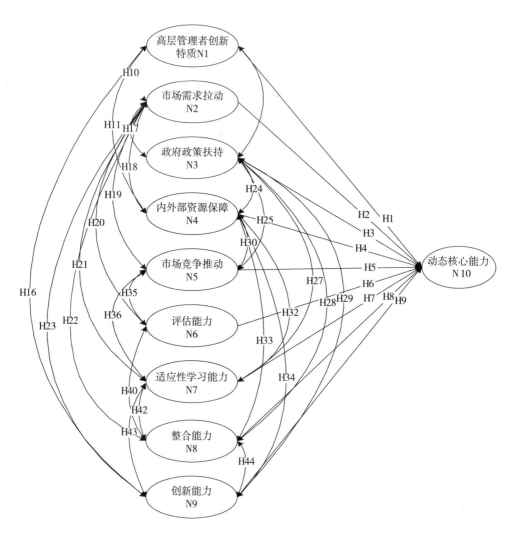

图8-7 先进制造企业动态核心能力演化路径形成的动力影响因素结构修正图

# 8.3 先进制造企业动态核心能力演化路径的确认

根据前文第4~7章所介绍的先进制造企业动态核心能力演化所涉及的四种

方式，即遗传演化、适应性学习演化、搜寻演化、分岔与突变演化，本书认为不同的先进制造企业在其动态核心能力演化的过程中有很多相似的地方，根据 8.2 节中通过结构方程模型进行修正之后，去掉"不支持"假设，保留"支持"假设，最后得出先进制造企业动态核心能力演化路径形成的动力影响因素。同时，根据第 3 章的研究可知先进制造企业动态核心能力在每种演化方式进行的时候必然受到主导惯例的影响。因此，本书在研究的过程中，由于受到研究条件的限制，根据先进制造企业演化过程的相似性同时借鉴生物演化的特征及企业的生命周期理论，首先模拟出先进制造企业动态核心能力演化的各个阶段，最后根据耗散结构理论确定先进制造企业动态核心能力的演化路径。

### 8.3.1 先进制造企业动态核心能力的演化阶段分析

本书将先进制造企业动态核心能力的演化阶段分为萌芽、成长、成熟、衰退与再造四个阶段，分别记为 $T_1$、$T_2$、$T_3$、$T_4$，具体如图 8-8 所示。先进制造企业动态核心能力的状态和演化路径形成的动力影响因素决定先进制造企业的当期选择，下一期动态核心能力状态是否改变与先进制造企业当期选择结果有关。由 $T_1$—$T_4$ 的过程是动态核心能力演化的四个阶段，每一个阶段发展过程中的动态核心能力状态都由上一时期动态核心能力的状态决定，它会随着时间的推移不断调整、变化。但这并不意味着动态核心能力的状态改变一直是由" $T_1$—$T_4$—$T_1$ "这样循环往复的，当先进制造企业动态核心能力的状态不佳时，就会发生状态跳跃直接进入到 $T_4$ 或者回到上一期状态。动态核心能力演化的生命周期曲线如图 8-9 所示。

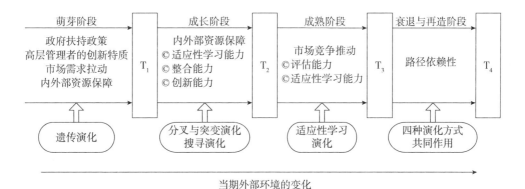

图 8-8 先进制造企业动态核心能力的演化阶段分析

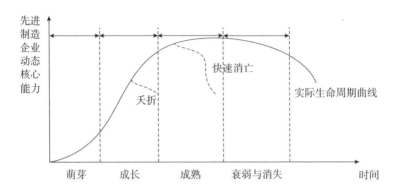

图 8-9　先进制造企业动态核心能力演化生命周期曲线

（1）动态核心能力的萌芽。由第 2 章的理论介绍可知，任何企业在形成初期都不可能直接拥有强竞争优势的动态核心能力，企业的动态核心能力形成都是由"核心能力"演变而来的，也就是说，先进制造企业动态核心能力的产生是一个"由无到有"的过程，动态核心能力主要在先进制造企业外部环境的催化作用下产生。根据第 2 章的论述可知，先进制造企业的外部宏观环境有的是可以被预知的，有的是无法被预知的。如图 8-10 所示，图中直线 a 表示可以被预知的平稳环境，即外界环境的情况完全可以被先进制造企业预知和掌握，先进制造企业不必承担任何风险，完全可以依据外界环境的变化制定和实施企业发展目标和长期发展战略。但这只是一种非常理想的状况，因为先进制造企业不可能完全处于封闭的空间中，所以在实际情况中是不可能发生的。图中曲线 b 和 c 表示的外界环境是动态变化的，依据实际情况会有不一样的轨迹。在现实外部宏观环境中，这种曲线会有很多条，先进制造企业最初动态核心能力的形成必须能够准确把握外部环境变化的规律，以降低企业面临的风险。曲线 m 和 n 表示不可以被预知的环境动态变化的走势，表明外界环境的变化是没有规律所遵循且无法用概率分布等数理统计的方法来判断和描述，环境的改变可能会随着时间的动态推移而变得无序和复杂，这时的先进制造企业可以通过博弈的方法进行决策和战略规划的制定，以形成对环境的相对适应，获取形成动态核心能力的生存空间。

先进制造企业的创业阶段也是先进制造企业动态核心能力形成的萌芽阶段，这是先进制造企业动态发展的起始阶段。因此，在环境稳定的状态下，先进制造企业倾向依据原始发展路径，即在此过程中先进制造企业主要进行动态核心能力遗传演化方式，通过模仿遗传和学习遗传两种主要形式进行竞争优势的保持和利润的追求。根据 8.2 节中结构方程修正模型，此阶段中对先进制造企业动态核心能力演化产生主导作用的影响因素是政府政策扶持和高层管理者的创新特质，国际环境的剧烈动荡变化使先进制造企业原有的竞争优势受到强烈冲击。国外发达国家的重振制造业战略规划，以及发展中国家的低成本优势即将赶超我国的现实情况，将逼迫先进制造企业必须及时调整战略规划从而主动适应市场。先进制造企业对这种可预知的行业发展趋势，会在政府相关扶持政策以及高层管理者的强烈创新意愿的引领下，尽快形成与环境相适应的动态核心能力。此阶段中先进制造企业还要面对来自市场选择等不可预知的宏观环境状况，此时所进行的遗传演化需要根据市场需求和内外部资源的获取状况制定发展战略，使先进制造企业不至于过于被动，保证动态核心能力能够稳定地形成。

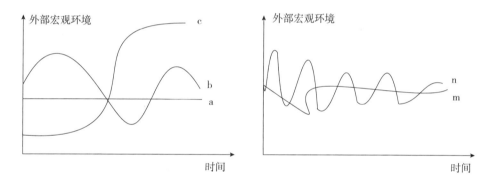

图 8-10　可预知环境与不可预知环境

（2）动态核心能力的成长。随着动态核心能力萌芽阶段的继续发展，先进制造企业的核心竞争优势会继续受到来自外部环境的威胁，先进制造企业在高层管理者的正确决策和创新意愿的引导下已经初步建立和打造符合企业自身发展方向的动态核心能力。但是由于不同的先进制造企业在成立和经营的过程中企业理念、高层管理者的意志、企业管理模式、企业文化等都有所不同，所以会导致先进制造企业对市场的预期不同。因此，先进制造企业动态核心能力的成长过程主要有两种主要模式：一种是面对可预知的外部宏观环境，由于长期的知识和资源的积累，可以逐步调整先进制造企业动态核心能力因子的旧惯例，并且进行现有惯例的重组过程，这一过程以渐变为主导致先进制造企业动态核心能力的成长过程发生分岔；另一种是面对未知的外部宏观环境，先进制造企业为了获取持续的市场竞争力，大胆地尝试战略的重大调整，导致先进制造企业动态核心能力的成长过程发生突变。因此，在先进制造企业动态核心能力的成长过程中主要以分岔与突变的演化形式为主进行的。这两个过程都是用新的惯例取代原有的旧惯例，因此，还需要先进制造企业进行新惯例搜寻，而在这个过程中需要先进制造企业同时进行搜寻演化，以保证先进制造企业动态核心能力的成长。根据熊彼特的理论，这种演变被称作"创造性破坏"，先进制造企业在面对国际竞争压力和成长机会时，急需这种"创造性破坏"方式来实现市场扩张。先进制造企业动态核心能力的成长过程如图 8-11 所示。

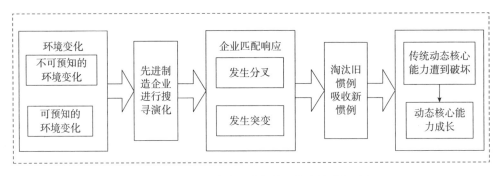

**图 8-11　先进制造企业动态核心能力的成长过程**

先进制造企业搜索的不仅限于已有的能力和技术，这在动态核心能力的成长过程中是远远不够的，更主要的是积极搜索内外部资源。因此，在动态核心能力的成长阶段发生主导作用的影响因素是内外部资源保障。根据 8.2 节中结构方程修正模型可知，先进制造企业的内外部资源保障主要与动态核心能力因子构成要素中的适应性学习能力、整合能力和创新能力形成互动路径。因此，先进制造企业动态核心能力成长的过程将以内外部资源保障影响因素为主导，其他三种能力因子为辅进行演化。先进制造企业通过环境扫描和搜寻企业内外部有用资源信息，同时结合高层管理者制定的企业战略发展规划，将获取的内外部资源综合利用，同时引进国外先进的制造技术和管理模式，将这些全部内化为先进制造企业动态核心能力提升过程的新惯例。影响先进制造企业内部新旧惯例的更替的主导因素是内外部环境相互作用的结果，而在此过程中会发生内外部资源的获取和交换互动，这种变异是由于先进制造企业动态核心能力系统运行过程中发生偏离原有轨道所产生的巨大势差造成的，这也符合先进制造企业动态核心能力发生演化的条件。先进制造企业在进行内外部资源交换互动的过程中，企业由于面临市场选择和环境变化的情况，曾经给先进制造企业的发展带来强优势的旧惯例此时需要改变和更新，通过企业组织内部与外界环境不断完成物质、能力和信息的试错式搜寻，直到形成能够保证先进制造企业可持续成长的能动势差，原有的惯例不断重组形成新的惯例，打破了企业内部原有状况，这也符合动态核心能力演化条件中的涨落现象。旧惯例和新惯例在内外部资源保障的促进下不断更替最终形成先进制造企业动态核心能力的提升与演化，具体如图8-12所示。

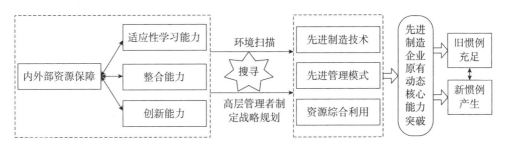

**图8-12　内外部资源保障对先进制造企业动态核心能力演化的作用过程**

（3）动态核心能力的成熟。先进制造企业的动态核心能力从成长期进入成熟期的过程中开始被留存的动态核心能力各影响因素（包括先进制造技术、相对成熟的产品工艺、生成流程、管理模式等）都逐渐发育完善，先进制造企业的运营也相对处于稳定状态，各种资源相对充足，且企业目前拥有的各种人才比较全面和丰富，能够满足企业的发展需求，且具有规范的组织结构和成熟的企业文化。此时的先进制造企业已经初步适应了外界环境，且能够动态调整自身的发展战略以便全面适应和匹配外部市场需求，在专业化发展基础上逐步扩大现有的企业规模，实现产品的规模化生产。处于成熟期的先进制造企业已具有较高的产品研发能力并且产生的先进制造成本较低，不管是小微企业还是跨国大企业都已经被市场所认可和选择，符合"适者生存"的基本准则。因此，在现有阶段先进制造企业的内外部环境处于相对稳定的状态下，只需要根据环境的变化作出细微的调节即可，不再需要进行大规模的新惯例搜寻和重组，只需要将先进制造企业的自身动态核心能力状况同外界环境进行适应即可。所以，在动态核心能力相对成熟的状态下，影响其演化过程的主导因素是市场竞争，先进制造企业需要进行适应性学习演化来完成动态核心能力的成熟期演化。

根据8.2节中结构方程修正模型可知，先进制造企业的外部市场竞争推动作用主要与评估能力和适应性学习能力形成互动路径。因此，先进制造企业动态核心能力成长的过程将以市场竞争推动影响因素为主导，其他两种能力因子为辅进行演化。经过成长阶段的市场选择表明先进制造企业早期制定的战略规划奏效，即先进制造企业的动态核心能力已经具备先发优势，因此才能被保留。由于企业规模通常分布是非对称的，因此市场中留存下来的先进制造企业应该是小微型企业居多，中型企业次之，大型企业最少，这种非对称分布状态表明先进制造企业市场定位仍然保持了一定程度的差异化。先进制造企业的产品尽管具有高技术含量，但是在市场投入初期，由于消费群体需要培养，步入新消费者行列的人还是相对较少。因此，这就要求先进制造企业需要在产品投放初期对可利用的内外部资源进行有选择性的评估，这种评估的准确与否直接影响先进制造企业能否应对激烈的市场竞争和能否争取到新的顾客源。而在顺利进入市场之后，又需要与市场进行一段时期的磨合，这段磨合期对先进制造企业的适应性学习能力提出了新的要求，随着行业中竞争对手的逐渐增多，越来越多的先进制造企业能够适应市场的需求，竞争对手的产品之间的差异化也会随之降低。因此，如果不适当提高先进制造企业动态核心能力的适应性学习能力，可能面临被淘汰的境况。先进制造企业需要对适应性学习能力进一步优化，才能保证自身的先进制造技术和拥有的各种资源能够顺利推动动态核心能力演化的进行，具体如图 8-13 所示。

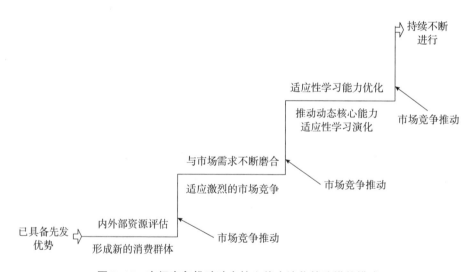

**图 8-13  市场竞争推动动态核心能力演化的阶梯状模式**

（4）动态核心能力的衰退与再造。伴随着先进制造企业动态核心能力成熟阶段的不断发展，其已经获得了相对稳定的客户群且企业的各方面技术资源、生产管理、产品工艺等都趋于成熟，不管是大型先进制造企业还是小微型先进制造企业都已经在市场中占有一席之地，市场增长的速度也开始减慢，这时先进制造企业动态核心能力的能动作用发挥程度相对较弱，先进制造企业的各种演化模式已经处于僵化。此时的先进制造企业并不意味着已经获得了永久的市场地位和竞争优势，随着先进制造企业动态核心能力趋于成熟以后，由于路径依赖性的存在，先进制造企业对外部环境的反应能力变弱，同时具有创造性的先进制造企业在此阶段很容易进入市场取代其位置，当所有因素对市场中现有的先进制造企业都不利时，部分先进制造企业由于受不了新的竞争对手的剧烈冲击，动态核心能力的优势降至极低甚至消失，此时的先进制造企业很可能快速被市场淘汰，其被淘汰的速度取决于先进制造企业自身路径依赖程度和新竞争者成长阶段的扩张速度和创新效率。此时的先进制造企业必须做出快速的调整，需要综合进行四种演化方式，来使自身不被淘汰或者有再造的机会，具体如图 8-14 所示。

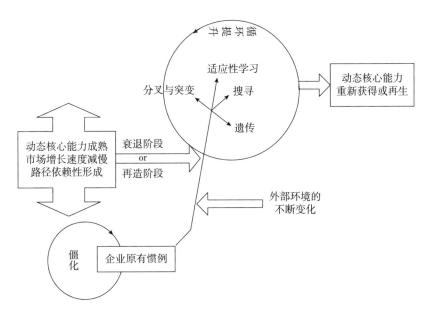

**图 8-14　先进制造企业动态核心能力的衰退与再造过程**

首先，如果新进入的竞争者对知识产权保护能力较弱，那么先进制造企业根据实际情况可以利用已经拥有的竞争优势通过遗传演化方式开展竞争；其次，如果先进制造企业在动态核心能力演化过程中能够有效克服路径依赖性带来的障碍，及时快速地扫描出环境的剧烈变化，并进行有效的新惯例搜寻和环境适应性学习就会继续保持持久能动的动态核心能力，避免走向衰退，此种状态的演化方式主要以搜寻和适应性学习演化为主；最后，如果已经出现严重的动态核心能力衰弱状态，也未能及时有效地进行惯例搜寻和适应性学习，那么先进制造企业的动态核心能力就面临再造的问题，此时的先进制造企业可以通过分岔与突变的演化方式进行动态核心能力的跃迁，从而完成动态核心能力的成功演化。

## 8.3.2 先进制造企业动态核心能力的演化路径形成

先进制造企业动态核心能力演化路径的形成过程就是演化系统内部从"无序"到"有序"的过程。"有序"是相对于"无序"来说的，"有序"的意思是指物质的系统结构或运动是确定的、有规则的。"序"是事物的结构形式，指事物或系统组成诸要素之间的相互联系。先进制造企业动态核心能力的"有序"演化的深层次含义是指，动态核心能力惯例构成要素之间的相互联系以及动态核心能力惯例构成要素，与先进制造企业组织内部其他系统的内部要素和外部环境之间相互联系，处于永恒的运动变化之中，并且这种运动变化是有规则的、有方向的且具有某种约束性或呈现某种规律。根据本书第 2 章关于先进制造企业动态核心能力演化四个基本条件的分析，可知在先进制造企业的动态核心能力初步形成阶段，演化系统内部无序程度较高，即动态核心能力系统熵 $S$ 处于高熵状态。

假若这一阶段的先进制造企业处于封闭状态，此时就不会有熵流产生。根据第 2 章的公式 $dS = d_iS + d_eS$，$ds = ds_i \geq 0$，随着熵值增加，先进制造企业动态核心能力系统内将呈现出更加无序的状态，最终会处于完全无序的定态。但先进制造企业动态核心能力的演化处于完全开放的环境中，因此熵值增加的同时，先进制造企业与外界频繁地进行信息、物质和能量的交换，形成负熵流，当 $ds_i < |ds_e|$ 时，$ds < 0$，即系统熵值增加为负，先进制造企业动态核心能力系统此时内部由无序逐步走向有序状态，直至远离平衡态的区域形成动态稳定的有序结构。具体如图 8-15 所示，先进制造企业动态核心能力的演化路径为"无序—低度有序—中度有序—高度有序—动态平衡"，演化系统的状态沿着曲线从逻辑起点 O 向 A 点移动，本书假设其演化路径方程为 $y = f(s)$。随着先进制造企业动态核心能力演化系统的有序程度不断增强，动态核心能力不断提升

并且逐渐形成最佳状态，即先进制造企业动态核心能力演化路径趋于有序的表象特征。

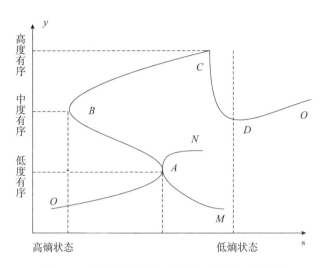

图 8-15  先进制造企业动态核心能力的演化路径

（1）萌芽阶段。根据耗散结构理论，先进制造企业动态核心能力是在一个开放系统中形成的，从无序转化为有序。根据第 2 章中对演化条件的分析可知，演化系统需要从熵增转化为熵减，而处于封闭状态的系统是不可能完成这一转化的，演化系统需要从外界引入"负熵流"保证演化系统满足 ds < 0，此时的动态核心能力系统才能开始进行演化。在动态核心能力演化处于萌芽阶段时，先进制造企业整体处于一个远离平衡态的无序状态，此时演化系统内熵值较高，系统熵增加 ds > 0，动态核心能力演化系统内各要素对演化系统的有利影响较弱，或未发生有利影响甚至存在负面影响。此时，可能存在 ds ≥ 0，而演化系统本身不断有熵值产生，根据普里戈金方程得到 ds > 0，动态核心能力演化系统在最开始时处于混乱高熵值的状态。如图 8-15 所示，此时的动态核心能力演化路径位于逻辑起点 O 之前的阶段。

（2）成长阶段。随着先进制造企业动态核心能力演化路径形成过程中各动力影响因素之间相互协调程度的提高，演化系统内部开始与外部形成有利于动态核心能力新状态形成和稳定的负熵流产生，即 ds < 0。此时，各动力影响因素对先进制造企业动态核心能力的培育和演化的形成有积极的正向作用，但由于先进制造企业处于成长阶段，这种力量还相对比较微弱，不足以抵消演化系统内部产

生的熵值。因此，依旧存在 ds < 0，但总熵值开始逐渐减小，演化系统开始由"无序"向"有序"形成，演化系统内部可能会出现分岔或者突变现象。根据图 8-15 所示，从 O 点到达 A 点前，先进制造企业动态核心能力演化过程中涉及的内外部动力影响因素作用呈现连续变化（即图 8-15 中的 OA 线段），此时演化系统尚未进入演化状态。只有当到达 A 点时，演化系统的有序结构才开始出现，在到达临界点 A 前的演化系统内部熵值逐渐减小。当演化系统处于 A 临界状态值时，有序结构不断地出现，此时的动态核心能力演化系统进入耗散结构理论中的阈值变化，同时演化系统开始出现分岔与突变。一种可能是由于动态核心能力形成过程中有涨落现象存在。因此，当演化系统微小涨落作用时，演化系统未被破坏而崩溃，此时动态核心能力的演化过程顺利地由低度有序逐渐进入到中度有序状态（演化路径也由 OA 线段逐渐延伸到 AB 线段逐渐逼近临界点 B）。或者当越过阈值 A 点时，微小的涨落有可能被演化系统的非线性作用放大，从而形成巨涨落，这种涨落可能直接导致演化系统发生突变直接跃迁到临界点 B，并由此直接进入演化的下一个阶段，即动态核心能力此时的演化惯例出现间断性跳跃，形成质变；另一种可能当逼近临界值 A 时，在阈值附近，微小的涨落也可能会导致演化系统失衡，即演化过程无法跳过 A 进入 AB 线段状态，而是又重新进入到了一个无序的状态，如进入 AN 或者 AM 轨迹路径。此时的演化系统尽管有熵流的进入，演化过程也到此终止。

（3）成熟阶段。随着先进制造企业动态核心能力演化系统运行一段时间之后，影响演化路径形成的动力影响因素之间的相互程度逐渐提高，先进制造企业内部的动态核心能力演化过程开始出现有序的组织形成，动态核心能力也逐渐形成最佳状态。此时，演化系统通过与外部环境进行充足的信息、物质和能量的交换，保证演化系统内部与外界环境之间的良性互动，使 $ds_e < 0$，且 $|ds_e| > ds_i$，并且不断增大，先进制造企业演化系统内部熵值不断减少，逐步趋向低熵状态。此时的演化系统内部可能会不断频繁进行搜寻并且产生分岔与突变现象，动态核心能力的状态被不断更新，先进制造企业动态核心能力的演化过程逐渐由中度有序走向高度有序，最终形成成熟期应有的动态平衡，此时的演化路径由 AB 线段延伸至 BC 线段接近临界点 C。

（4）衰退和再造阶段。由于路径依赖性，先进制造企业动态核心能力演化过程中动力影响因素的正负动力作用的大小都是不确定的，当动态核心能力演化系统的正动力无法抵消负动力的作用时，演化系统就会出现大幅度熵，系统将会重新进入 ds > 0 的状态。先进制造企业内部又将重新出现混乱，此时的动态核心能力状态逐渐步入衰退，甚至出现消亡，此时的演化路径由 $BC$ 线段延伸至 $CD$ 线段，演化在 $D$ 点停止。动态核心能力演化过程会随着先进制造企业的再造动态核心能力过程的发生而再次出现，即演化从 $D$ 点再次开启，演化路径由 $CD$ 延伸至 $DO$，$O$ 点为上一次演化开始的逻辑起点状态值。

# 第9章 先进制造企业动态核心能力有序演化的保障措施研究

根据第 8 章的研究,本书已经确认了先进制造企业动态核心能力的演化路径。为了提升先进制造企业的动态核心能力,保证先进制造企业动态核心能力顺利进行"有序"的演化,需要从构建有序演化的基础体系、引导体系和支撑体系三个方面提出对先进制造企业可持续发展有利高效的保障措施。

## 9.1 构建先进制造企业动态核心能力有序演化的基础体系

### 9.1.1 建立开放系统环境

先进制造企业自身系统环境必须足够开放,才能保证系统内部动态核心能力内循环系统可能与外界之间有充足的物质、能量和信息的交流及互动,从而形成先进制造企业可持续发展的永续动力。政府虽然能够通过政策引导保护先进制造企业系统的可持续发展,保证其创新科研成果获取最大的经济收益,但是封闭的先进制造企业系统无疑阻碍了创新的进行、扩散以及动态核心能力的提升。先进制造企业必须要在发展的初期就保持系统的充分开放性,降低动态核心能力系统中各个子系统结构的复杂程度,进一步降低其他创新主体的进入壁垒。通过制定相关的人才流动政策、技术市场培育政策、知识产权保护政策等措施,鼓励外部环境中的人才、信息、技术等资源能够快速被先进制造企业所吸收和利用。

为了保证先进制造企业动态核心能力演化的有序进行,除了需要保持先进制造企业的动态核心能力系统对外部环境的开放程度,还应该保证动态核心能力系统内部各个子系统之间的开放程度。动态核心能力的四个构成因子：评估能力因子、适应性学习能力因子、整合能力因子和创新能力因子都能够代表不同的企业部门，这些部门在发展的过程中可能存在交叉，但是它们之间能够对所掌握的知识进行积极的交流、对信息进行积极的共享、对资源和能量进行积极的流通。这些交流和协调行为都能形成强有力的优势互补，保证先进制造企业形成开放的动态核心能力系统内环境的资源流动和知识共享机制，推动整个动态核心能力系统向健康有序的方向演化。

## 9.1.2　拓宽资源占有宽度

先进制造企业产品在区域同质化的市场竞争中，先进制造企业对于自身动态核心能力因子，即评估能力因子、适应性学习能力因子、整合能力因子和创新能力因子的充分审视极其重要。对于内部动态核心能力因子的审视，主要通过所反映出来的先进制造企业的企业规模、运营效率以及盈利能力等方面建立的量化指标进行有效的监控，因此先进制造企业应该时刻关注自身动态核心能力因子综合作用指数与行业交易效率的关系。先进制造企业的资源配置状况能够体现先进制造企业动态竞争的优势与劣势，是先进制造企业选择专业化经营或多元化经营的关键因素。对于处于成长时期且具有一定国际竞争力的小微先进制造企业，由于其动态核心所占的资源有限，应该以专业化发展战略为主线；对于大型跨国先进制造企业而言，在政府、高校及科研院所、中介机构的大力支持和扶持下，虽然其动态核心能力占有较多的可持续发展资源，但也需要依据自身企业的实际情况，在稳定先进制造企业的高端专业化产品和服务领域的基础上，逐步谋求多元化的发展和扩张，并且持续拓宽将已有的动态核心能力资源的占有宽度。

先进制造企业进行资源拓宽最有效的方法是发挥产业集聚效应，培育具有特色的先进制造企业制造基地。先进制造业在发展过程中会非常注重产业集聚效应，因为产业集聚效应能够帮助先进制造企业完成专业化分工，降低相应的生产和交易成本，并且能够促进扩充原有的资源占有宽度。产业的集聚效应除能够将先进制造企业进行聚集以外，还能够将各个先进制造企业所拥有的特色资源进行集聚，为先进制造企业之间提供资源共享的平台。而一些稀缺资源和难以替代的无形资源，则是先进制造企业提升动态核心能力过程中要着重解决的问题。随着美、英、法等发达国家重振制造业，同时广大发展中国家将成为国际产业转移新阵地的新形势，我国先进制造企业的发展将面临前所未有的挑战。因此，创建先进制造企业聚集地能够提高先进制造业行业整体国际竞争力和企业自身动态核心能力，快速拓宽先进制造企业动态核心能力演化过程中所需要的资源占有宽度。

### 9.1.3 制定有效战略规划

先进制造企业动态核心能力有序演化的根本目的是为了保证先进制造企业能够具有可持续的竞争优势。虽然先进制造企业已经处于产业链的高端，但随着企业规模的不断扩大和企业发展战略的调整，会重新暴露发展过程中层出不穷的新问题，甚至在发生危机之后随时可能倒闭。因此，先进制造企业必须在下一个发展目标确定之后制定与之高度匹配的发展战略规划，以规避发展过程的盲目性。即先进制造企业必须抓住企业生存和发展的关键要素，准确把握战略转型时机。

根据第3章关于先进制造企业动态核心能力演化惯例序参量的阐述，识别企业序参量可以抓住先进制造企业发展过程中的关键要素。从构成要素来看，序参量主要包括评估状态变量、学习状态变量、整合状态变量和创新状态变量以及其对应的相关变量等。而序参量的确定需要与先进制造企业发展的实际情况、动态核心能力因子状态以及企业发展目标等因素紧密结合。在先进制造企业发展过程的各个阶段，起主导作用的序参量可能是一个也可能是多个。因此，确定每个阶段先进制造企业发展的序参量可以为企业发展战略规划的制定提供明确方向，使先进制造企业的动态核心能力能够循序渐进地发展壮大，动态核心能力的演化能够顺利有序地进行。

## 9.2 构建先进制造企业动态核心能力有序演化的引导体系

### 9.2.1 推进政府职能转变

在先进制造企业动态核心能力演化的不同阶段，政府所扮演的角色和发挥的作用均不同。政府应依据不同阶段先进制造企业动态核心能力演化的不同特征，积极地实现政府职能的转变。

（1）加强顶层设计，研究制定中长期发展战略。一是建立国家层面的先进制造业发展协调办公室，以巩固先进制造业的战略地位，统筹国家的各类资源，提升我国先进制造业的优势地位。二是要成立先进制造业发展专家组，研究制定我国先进制造业发展的中长期战略规划。三是总结世界金融危机以来我国"十大产业振兴规划"的实施经验，建立促进先进制造业发展的长效机制。

（2）加快落实国家相关政策，推进先进制造业的转型升级。一是全面贯彻落实国务院的《"十二五"工业转型升级》，将《规划》作为指导未来 5~10 年我国制造业发展的行动纲领，有力推进、有序实施。二是地方政府切实转变先进制造业发展的惯性思维，从"铺摊子""上项目"的要素消耗向依靠技术创新、提高劳动力素质和管理水平转变，即从依靠要素驱动向创新驱动转变。三是研究制定"先进制造业转型升级行动计划"，出台相应的政策措施，加快推进先进制造企业的转型升级。

（3）大力推进自主创新，促进高端装备制造业发展。一是加快出台国家和各地市政府层面的相关产业"十二五"规划，如《高端装备制造业"十二五"规划》《高技术产业"十二五"规划》和《战略性新兴产业"十二五"规划》等。二是统筹利用相关科技资源，做好与国家重大科技专项《高档数控机床与基础制造装备》、国家科技支撑计划《"数控一代"机械产品创新工程》等的衔接。三是抓好"智能制造装备发展专项"，通过研发和应用智能制造装备，提升国内先进制造业生产过程的智能化水平。四是以产业技术创新为重点，扶持具有独立知识产权的航空航天、海洋工程、卫星及数控机床、高速铁路等高端装备制造业。

（4）运用综合政策手段，提升我国先进制造业动态竞争力。一是加大资金投入，引导社会资本对先进制造业的投资，加速推动贷款对先进制造业的定向投放和渗透。二是要切实减轻先进制造企业的税收负担，尤其是产品具有国际竞争力的微型企业；在税收方面提供政策支持，为先进制造企业的发展注入更大动力。三是研究制定我国先进制造业研发信贷政策，运用金融手段激励先进制造企业增加研发投入，提高自主创新能力。四是运用关税、汇率手段扩大产品出口，切实保证人民币汇率的相对稳定，并在不违反 WTO 相关规定的前提下，适当降低相关先进制造产品的出口关税。五是研究制定我国先进制造业人才发展战略，出台关于我国中长期先进制造企业发展人才的规划，加强人才引进和教育培训，壮大我国先进制造业专业、稀缺、高端人才的队伍。

## 9.2.2 强化产业创新扩散

在先进制造企业动态核心能力的演化过程中，创新扩散是实现动态核心能力系统有序演化的重要途径。先进制造企业无论是在技术创新还是管理创新过程所传递的信息、技术和其他有效资源能否及时有效地在供给者和需求者之间快速传递和转移，很大程度上取决于先进制造企业的创新主体对先进制造技术创新成果的有效推广程度、技术转移和扩散渠道的畅通程度以及先进制造技术自主创新采纳者的吸收程度。因此，营造良好的先进制造技术流通环境，强化先进制造技术在先进制造企业系统内的扩散，是推动其动态核心能力有序演化的重要风向标。

首先，先进制造技术提供者是先进制造企业进行创新扩散的源头，其创新扩散的主动性和积极性严重影响着先进制造技术创新的扩散速度和成功率。因此，根据9.1.1所述，政府应及时转变政府职能，积极管理先进制造企业进行先进制造技术的创新推广；经常性地提供自主创新交流平台，供先进制造企业邀请同行中其他先进制造企业不断进行技术创新交流。在这个过程中先进制造企业尤其要注重对创新效益和知识产权的保护，以免打消先进制造企业创新主体内部员工创造力发挥以及创新扩散的积极性。另外政府须持续不断地提高整个先进制造业产业的创新能力，不仅要注重提升先进制造技术从技术创新提供者流向技术创新采纳者的效率，还应该提高技术创新采纳者对相关技术和信息以及知识的发现、确认和吸收的能力。

其次，上述过程更应注重政府的宏观调控作用，需要政府帮助先进制造企业将技术创新的提供者与采纳者联系起来，建立完备、通畅、能够提供多元化服务的技术创新扩散渠道，从而使技术创新的采纳者对先进制造企业所拥有的先进制造技术的发展前景和先进性进行更深入的了解，促进先进制造技术的创新扩散。目前在我国，"牵线搭桥式"技术转移机构提供信息服务的形式较为普遍，尚未形成跨地区和跨国界的技术中介集团，技术转移和扩散能力不足。因此，我国需要建立健全跨地区、跨国界的先进制造企业中的先进制造技术创新监测预警机制，不再只局限于传统中介机构所提供的咨询服务，而是要密切关注发达省区和国家的发展动向以及战略调整方向，对有技术转移苗头的跨地区、跨国界的公司进行及时沟通和协调。同时，研究和分析跨国公司进行技术转移对我国先进制造企业可能造成的负面影响，及时部署和出台相应政策以保证我国先进制造企业产品的知识产权。除此之外，我国应加强中西部地区与跨国公司在国内进行技术转移和产业转移的对接，鼓励跨国公司向我国欠发达地区进行技术转移和转移产能。

## 9.2.3　优化企业学习环境

在先进制造企业动态核心能力系统的演化过程中，强化先进制造企业的创新能力是推进先进制造企业系统可持续有序演化必须解决的重要问题。强化先进制造企业动态核心能力系统的创新能力应该对系统的适应性学习环境进行优化，从而引导动态核心能力系统形成有序的竞争态势，促进技术创新提供者和采纳者之间的良性互动，推进系统内部的知识溢出和共享。

在先进制造企业动态核心能力系统演化过程中，必须形成良好的系统适应性学习环境，提升系统整体的适应性学习能力，促进系统向有序的方向发展。这就需积极鼓励先进制造企业与其他企业、高校以及科研院所之间进行良好的知识互动。首先，政府应该通过宏观政策、项目实施和财税调整等有效手段，促进先进制造企业之间自发的共同研发，共建高端产品研发机构，促进先进制造企业知识资源的有效流动。政府政策的制定应该着眼于扩大整个先进制造企业系统创新实力和动态核心能力的整体提升，不仅要针对先进制造技术、管理模式和企业运营都较为成熟的大型跨国先进制造企业，还应该针对产品具有一定国际竞争力的小微企业。其次，政府还应该积极推进高校和科研机构融入到先进制造业行业网络内，推动它们之间知识的交流和合作，改变先进制造企业自身研发、高校和科研机构分块开发先进制造技术的局面。高校和科研机构只有与先进制造企业共同形成有机的生态共生网络，才能充分有效地发挥各自的价值，帮助先进制造企业获取更多的可持续发展机会。最后，先进制造企业行业内部有相当一部分是行业的龙头企业，对先进制造企业整体有序演化具有带动作用，因此应该加强有实力的龙头先进制造企业与高校和科研院所的牵头合作，承担国家重大科研课题，制定大项目适应性发展战略性目标。这样不仅能够提高先进制造企业、高校和科研机构的自主合作和学习交流，还可以降低先进制造企业承担新的先进制造技术和产品向市场推广过程中的风险，加速科技成果在行业内部的高效率扩散和转移。因此，对于先进制造企业来说，良好的适应性学习环境的形成，是先进制造企业的动态核心能力系统得以有序演化的重要保障。

# 9.3 构建先进制造企业动态核心能力有序演化的支撑体系

## 9.3.1 创建信息共享平台

先进制造企业动态核心能力系统的有序演化离不开有形资源和无形资源等创新资源主要内容的流动，因此有必要建立专门针对先进制造企业的信息共享平台。信息共享平台的建设要求先进制造企业对流入企业内部的资源进行强有力的整合，形成有效的信息资源共享体系。政府可以联合律师事务所、金融机构、咨询公司、财务公司和行业协会等中介机构，建立相应的门户网站，作为先进制造企业的宣传窗口、技术交流、合作伙伴选择的平台。这种门户网站不仅能够为先进制造企业提供相关产业政策内容、行业发展趋势分析以及新技术演化动态等能够促进先进制造企业可持续发展的动态有效信息，还能为先进制造企业以及与之合作的高校、科研院所、中介机构等提供相关的产学研案例内容。这些内容不仅能够让先进制造企业及时地掌握行业中先进制造技术的最新发展趋势和创新动态，还能促使先进制造企业根据自身动态核心能力有序演化的方向制定出适应性战略规划。这种有针对性的信息共享平台的建立能够为各先进制造企业创新主体之间提供合作平台，保证各个创新主体能够在行业内部迅速找到与自身动态竞争优势互补的组织，开展产品合作研发活动，从而实现先进制造企业自身有形资源和无形资源的整合与优化配置，提高先进制造企业对资源的整合能力。

同时，有针对性地建立先进制造企业信息共享平台，能够为各先进制造技术创新主体获取有效信息提供正规的渠道，并且能够在极大的程度上提高先进制造企业的创新速度和质量，降低创新成本和风险。因此，信息平台的建设要充分保障信息的安全性和可靠性，这需要政府同时发挥监督和规范作用。政府有义务为先进制造企业提供有效信息，为先进制造业整个行业明确既定信息统计的程序和规范，从而为先进制造企业的自主创新活动提供及时有效的动态支持，保证其动态核心能力的有序演化。此外，政府在信息供需双方的合作过程中，要充分发挥其桥梁作用及监测和协调作用，保证信息共享双方在公开、公平、公正的平台上进行合作。特别是对一个先进制造企业与另一个先进制造企业进行资源整合活动，信息共享平台可以为二者提供全程的跟踪和风险评估，成功地促成二者合作，从而提高所建立的信息共享平台的公认度。

## 9.3.2　升级技术咨询服务

升级技术咨询服务是指在创建信息共享平台的基础上，能够及时有效地向先进制造企业输送有关先进制造技术、先进制造管理模式和先进制造优惠政策等具有指导意义的内容。信息共享平台的搭建是为了使先进制造企业能够在政府、相关企业和中介机构的协助下通过互联网和电子商务等交流平台和工具获取更多及时有效的资源、信息和技术，这是先进制造企业能够进行技术咨询服务升级的基础，技术咨询服务的升级能够提高先进制造企业动态核心能力的柔韧性和稳定性。

在升级先进制造企业技术咨询服务体系的过程中，需要充分发挥行业协会的相关职能。行业协会最重要的作用就是提供信息交流和共享的平台，促进先进制造企业之间合作行为的产生。它的主要作用有以下四点：首先，行业协会为政府与先进制造企业之间、科研机构与先进制造企业之间、先进制造企业与同行之间提供信息共享和紧密合作的平台，帮助先进制造企业顺利完成先进制造技术引进、高端制造产品研发、先进管理模式升级以及生产工艺流程优化等众多难题。其次，行业协会集聚行业最新资讯和国外先进制造企业发展的最新动态，帮助先进制造企业快速获取有利于企业发展的新信息和新资源，并有利于先进制造产品和服务的推广。再次，行业协会能够辅助政府完成行业相关政策的制定，集聚行业内顶级专家的智慧，为先进制造企业的发展提供指导，加强政府对先进制造企业外围环境的监测。最后，行业协会帮助先进制造企业引进国外先进制造管理模式经验，吸收和引进先进的制造技术和高端产品设备，提高我国先进制造企业的动态核心能力，从而有利于推进先进制造企业的国际化进程和国际竞争力提升。

## 9.3.3　完善金融服务政策

先进制造企业动态核心能力演化过程的有效运行离不开资金支持，因此，有必要建立完善且有针对性地先进制造企业金融服务体系，它能保证先进制造企业动态核心能力演化的顺利进行。首先，政府需要通过宏观调控加大对科技的投入，鼓励先进制造企业行业内部的企业与高校、科研院所等科研机构进行技术创新的合作，特别对于产品具有一定国际竞争力和较强创新潜力但经济基础相对薄弱的小微先进制造企业的技术自主创新和工艺自主创新，应该给予更多的资金支持和政策倾斜，帮助其能够进行行业内部生存和成长。其次，需要构建多元化的、有针对性的科技投融资渠道。政府的科技投入无法完全满足先进制造业整体发展的资金需求。因此，可以通过给予投融资机构优惠政策的方式，引导民间相应的投融资机构对先进制造企业的产品研发和创新提供支持。同时，政府还应该在国内各大银行和先进制造企业之间构架起沟通桥梁，让银行尤其是国有银行能够充分了解处于产业链高端的制造企业所进行重大项目的潜在价值，有力改变银行对企业规模小、创新风险高的小微先进制造企业创新项目的惜贷现象。最后，政府要对拨给相关先进制造企业的资金进行合理分配和监督，政府需要根据先进制造企业制定的中长期发展战略规划，结合政府出台的相关法律法规和宏观政策等对先进制造业的产业机构分布、得到资金发放后的企业运营状况和技术创新实力等情况有深入、详细的了解及分析，最终以可行性分析报告等书面形式建立资料档案库。这样有利于使政府有针对性投入和科技贷款进行合理的配置，有利于对先进制造企业资金使用过程的监管，提高先进制造企业竞争优势的能动性，保证先进制造企业动态核心能力的有序演化。

# 结　论

本书以演化经济学和动态核心能力理论为基础，从先进制造企业资源的占用空间层面研究先进制造企业动态核心能力的演化本质。结合演化博弈理论、复杂适应系统理论、分岔与突变理论等构建了先进制造企业动态核心能力的遗传演化、适应性学习演化、搜寻演化和分岔与突变演化四种演化方式，在分析先进制造企业动态核心能力演化路径形成的动力影响因素的基础上，基于生命周期理论从时间脉络角度确定了动态核心能力演化的基本路径。从时间和空间层面研究了动态核心能力演化的整个过程，为实现先进制造企业与外界环境适应性互动的持续形成和发展提供理论基础，在一定程度上丰富了企业动态核心能力理论，拓宽了企业演化的研究视阈和思路。通过研究先进制造企业动态核心能力的演化，本书主要得到如下结论：

（1）先进制造企业的动态核心能力演化是先进制造企业不断改变自身系统结构、保持与环境之间高度适应性的重要动态过程，先进制造企业动态核心能力的形成过程是先进制造企业为了获取生存和发展所需要的具有竞争优势的稀缺资源，而与同行业其他先进制造企业进行竞争和合作的企业行为。先进制造企业动态核心能力的形成过程是先进制造企业通过竞争或合作的方式，占据对自身生存和发展最具优势资源空间的过程。先进制造企业动态核心能力演化的本质是对外部环境的适应性，通过惯例遗传、适应性学习、搜寻、分岔与突变的方式改变自身的组织结构和功能，从时间和空间层面保持与环境的相对适应性。借鉴演化经济学理论，从企业与环境的互动以及先进制造企业成为具有生命特征的有机体出发，形成先进制造企业能够适应外部环境变化的动态核心能力。本书分析认为先进制造企业动态核心能力具有全局性、适应性、动态性以及最优性特征。

（2）先进制造企业动态核心能力的演化主要遵循以达尔文核心理论"选择—遗传—变异"的基本范式。先进制造企业动态核心能力是一种更高层面的，由企业内部惯例演化引导的先进制造企业与外部环境之间相互交流的过程。在先进制造企业的整体演化过程中占主导作用的是动态核心能力的演化过程，它是先进制造企业种群通过激烈的资源竞争后获得和占据的实际生存空间。本书在达尔文核心理论基础上，提出了适应先进制造企业自身可持续发展的演化分析框架，即动态核心能力的遗传演化、动态核心能力的适应性学习演化、动态核心能力的搜寻演化、动态核心能力的突变与分岔演化。

（3）动态核心能力因子是先进制造企业动态核心能力演化的主导因素，因子之间具有协同效应，与先进制造企业系统序参量以及动态核心能力演化惯例相对应。企业惯例被学者视为企业生命体的基因，是企业演化的记忆、技巧、行事规则以及演化目标，惯例演化同样遵循先进制造企业动态核心能力的演化框架。对于先进制造企业而言动态核心能力演化的本质是先进制造企业系统的序参量，能够支配动态核心能力进行有序健康的演化。通过分析动态核心能力系统演化的外部宏观环境、行业环境以及企业内部环境影响因素等，从状态变量层面提出先进制造企业动态核心能力的演化惯例包括：评估能力惯例、适应性学习能力惯例、整合能力惯例和创新能力惯例。本书在详细阐述动态核心能力演化惯例的构成要素基础上，提出了其演化的条件包括：开放性、非平衡性、涨落现象和非线性。

（4）先进制造企业动态核心能力的遗传演化，是动态核心能力因子的基本特征及自身资源占有宽度情况的传递和延续。由于也具有系统结构性惰性以及企业行为的路径依赖效应，先进制造企业在其动态核心能力的演化过程中，通过模仿、学习等方式实现历史优良基因的继承和延续。对先进制造企业动态核心能力演化博弈模型的演化稳定策略分析表明，遗传演化的演化稳定均衡最终与先进制造企业进行新动态核心能力状态的预期收益 $R_0$ 与企业付出成本 $C$ 有关。动态核心能力遗传演化是先进制造企业动态核心能力进行演化的最基本方式，但并不意味着动态核心能力在任何时间和状态都是演化的主流方向。

（5）根据达尔文进化论的"物竞天择，适者生存"的原则，最有可能先进行演化的先进制造企业是能够适应环境的企业，即该先进制造企业对环境具有适应性。而先进制造企业主要通过自我强化式学习、纵向闭合式学习、并联共生网络学习三种学习方式不断地适应外部千变万化的市场环境；在分析动态核心能力演化过程中规则选择和发现过程的基础上，构建了动态核心能力演化的适应性学习模型；运用 Matlab 仿真软件模拟出适应度景观的三维示意图，认为先进制造企业的动态核心能力也具有适应度景观，通过对动态核心能力景观和适应度的理论分析，运用 NK 模型进行实证研究，得出了先进制造企业系统自身对环境的适应性、企业适应性学习能力以及实现先进制造企业动态核心能力可持续有效演化的关键要素及途径。

（6）先进制造企业动态核心能力的搜寻演化是一种离散的马尔科夫链决策过程。在先进制造企业内部变革需求以及外部环境适应性的推动作用下，动态核心能力状态需要不断地搜寻并实现其优化过程，从而达到理想状态。动态核心能力的搜寻演化首先需要确定搜寻的时刻和周期，然后对评估能力因子、适应性学习能力因子、整合能力因子和创新能力因子进行评价，确定当前动态核心能力的初始状态空间。在确定搜寻转移概率矩阵的基础上，通过初始状态空间转移得到目标动态核心能力状态空间，从目标状态空间与初始状态空间因子报酬的比较确定是否接受搜寻结果。先进制造企业的高层管理者对搜寻结果进行选择与决策时，能够产生接受和否定两种结果。如果高层决策者接受搜寻结果，先进制造企业就要根据动态核心能力目前的状态特征，作出复制或者迁移两种动态核心能力变迁策略。

（7）将先进制造企业整体和动态核心能力看成一个复杂适应系统，分别基于分岔理论和突变理论对动态核心能力系统逐级分岔序列、突变条件与机制进行复杂性系统研究，在此基础上得到了动态核心能力系统发生突变的内外部控制参量；在理论分析的基础上，通过企业调研、专家座谈等方式，运用 SPSS 软件进行统计计算，确定了突变条件中的控制参量权重。

（8）通过建立结构方程模型验证了高层管理者创新特质、市场需求拉动、政府扶持政策、内外部资源保障、市场竞争推动、评估能力、适应性学习能力、整合能力、创新能力这九要素是影响先进制造企业动态核心能力演化路径形成的动力影响因素，且各影响因素之间存在着显著的正相关关系。在模型验证的基础上，依据生物学演化特征和生命周期理论模拟并确定了先进制造企业动态核心能力的演化阶段和路径。保证先进制造企业动态核心能力演化的有序进行并不是先进制造企业能够自己独立完成的，需要依靠政府、企业内外部创新和学习环境、信息共享平台、技术咨询服务、金融服务等辅助形式和机构共同来完成。

先进制造企业动态核心能力的演化过程与先进制造企业动态核心能力因子以及外部环境的复杂程度相互关联，是一种复杂的系统演化过程。本书的研究过程中，在对动态核心能力的演化过程做出多次假设基础上，分别构建了动态核心能力的演化模型，试图利用各种定量化工具实现模拟和仿真这种演化规律并确定演化路径。但是由于笔者的研究水平、时间、精力以及对所涉及的多种学科理论的掌握程度和运用效力等有限，本书的研究还存在很多的缺点和不足。例如，在研究遗传演化和搜寻演化的过程中，本书引进了相关定量模型对演化规律进行了分析，不得不对先进制造企业内部企业行为和外部环境变化对动态核心能力的影响作出各种假设，在一定程度上影响模型解决实际问题的客观性，且由于在搜集先进制造企业相关数据的限制，对于以上演化过程尚处于理论研究阶段，并没有进行案例分析或实证分析。对于本书所存在的不完善方面，笔者将在未来的研究中做进一步拓展和改进。

# 参考文献

［1］Balamurugan R, Subramanian S. Hybrid Integer Coded Different Evolution–Dynamic Propramming Approach for Economic Load Dispatch with Multiple Fuel Options ［J］. Energy Conversion and Management, 2008, 49（4）：608-614.

［2］Baum J. Making the Next Move: How Experiential and Vicarious Learning Shape the Locations of Chains' Acquisition ［J］. Administrative Science Quarterly, 2000, 45（4）：766-801.

［3］Boyer K, Pagell M. Measurement Issues in Empirical Research ［J］. Advanced Manufacturing Technology, 1996, 18（2）：361-374.

［4］Brew P, Devavrat P. Strategic Planning in Unstable Environment ［J］. Long Range Planning, 2007, 2（40）：64-83.

［5］Chakravarthy B S. Strategy and Environment: A Conceptual Integration ［J］. Academy of Management Review, 1992（5）：25-39.

［6］Chandler A. Strategy and Structure ［M］. Cambridge, Massachusetts: MIT Press, 1962.

［7］Christine M H. The Core Competence Organization: Implications for Human Resource Practices ［J］. Human Resource Management Review, 1996, 6（2）：147-164.

［8］Claus E. Heinrich, Bob Betts. 适者生存 ［M］. 王天扬等译. 北京：东方出版社, 2005：55-65.

［9］Coelho L D S, Souza R C T, Mariani V C. Improved Diffrential Evolution Approach Based on Cultural Algorithm and Diversity Measure Applied to Solve Economic Load Dispatch Problems ［J］. Mathematics and Computers in Simulation, 2009, 79（10）：3136-3147.

［10］Dean J W, Yoon J. Advanced Manufacturing Technology and Organization Structure: Empowerment or Subordination? ［J］. Organization Science, 2007, 3（2）：

203-229.

[11] Dooley G, Vandeven A. Explaining Complex Organizational Dynamics [J]. Organization Science, 1999, 10 (3): 358-372.

[12] Dosi G, Teece D J, Winter S. Towards a Theory of Corporate Coherence: Preliminary Remarks [M]. Berkeley: University of California Press, 1989: 22-24.

[13] Edquist C. Systems of Innovation-perspectives and Challenges [M]. Oxford: Oxford University Press, 2005: 181-208.

[14] Faiz G. Knowledge-intensive Business Services: Processing Knowledge and Producing Innovation [J]. Post-Print, 2002: 256-284.

[15] Foss N J. Evolutionary Economics and Theory of the Firm: Assessments and Proposal Research [A] //Reijnders J. Economics and Evolution [M]. Cheltenham: Edward Elgar Publishing Limited, 1997: 69-107.

[16] Foxon T J. Bounded Rationality and Hierarchical Complexity: Two Paths from Simon to Ecological and Evolutionary Economics [J]. Ecological Complex, 2007 (2): 10-11.

[17] Frohlich M. How Do You Successfully Adopt an Advanced Manufacturing Technology? [J]. European Management Journal, 1998, 16 (14): 282-283.

[18] Geels F. Technological Transitions as Evolutionary Reconfiguration Processes: A Multi-LevelPerspective and a Case-Study [J]. Research Policy, 2002 (31): 1257-1274.

[19] Gomez P J, Lorentea J C, Cabrerab R V. Organizational Learning Capability: A Proposal of Measurement [J]. Journal of Business Research, 2005 (58): 715-725.

[20] Gordon Walker. 现代竞争战略 [M]. 北京: 中国人民大学出版社, 2006: 36-49.

[21] Helfat C E, Peteraf M A. The Dynamic Resource Based View: Capability Lifecycles [J]. Strategic Management Journal, 2003 (24): 997-1010.

[22] Holland J H. Adaptation in Natural Artificial Systems [M]. Ann Arbor: University of Michigan Press, 1975: 33-37.

[23] Holland J H. 隐秩序——适应性造就复杂性 [M]. 周晓牧译. 上海: 上海科技教育出版社, 2000: 22-35.

[24] Houben G, Lenie K, Vahoof K. A Knowledge-based SWOT-analysis System

as an Instrument for Strategic Planning in Small and Medium Sized Enterprises〔J〕. Decision Support System, 1999, 8（26）：125-135.

〔25〕Hughfletcher, Ivorhickey, Paulwinter, et al.. 遗传学〔M〕. 北京：科学出版社, 2010：10-12.

〔26〕Jermias J, Ganti L. Integrating Business Strategy：Organizational Configurations and Management Accounting Systems with Business Unit Effectiveness：A Fitness Landscape Approach〔J〕. Management Accounting Research, 2004（15）：179-200.

〔27〕Katsuhiko S, HittM A. Strategeic Flexibility：Organizational Preparedness to Reverse Ineffective Strategic Decisions〔J〕. A Cademy of Management Executive, 2004（18）：44-59.

〔28〕Kauffman S A. At Home in the Universe〔M〕. New York：Oxford University Press, 1995：22-36.

〔29〕Kauffman S A. The Origins of Order Self-Organization and Selection in Evolution〔M〕. New York：Oxford University Press, 1993：54-58.

〔30〕Kelly A. Organization Inertia and Momentum：A Dynamic Model of Strategic Change〔J〕. A Cademy of Management Journal, 1991（34）：591-612.

〔31〕Knudsen T, Madsen T K. Export Strategy：A Dynamic Capability Perspective〔J〕. Scandinavian Journal of Management, 2002（18）：475-502.

〔32〕Kotha S, Swamidass P M. Advanced Manufacturing Technology and Performance：Empirical Evidence from U. S. Manufacturing Firms〔J〕. Journal of Operations Management, 2009, 18（8）：257-277.

〔33〕Kusunoki K, Nonaka I and Nagata A. Organizational Capabilities in Product Development of Japanese Firms〔J〕. Organization Science, 1998, 9（6）：699-718.

〔34〕Leonard-Barton D. Core Capability and Core Rigidities：A Paradox in Managing New Product Development〔J〕. Strategic Management Journal, 1992（13）：111-125.

〔35〕Levinthal D A. Adaptation on Rugged Landscapes〔J〕. Management Science, 1997（43）：934-950.

〔36〕Macintosh R, Maclean D. Conditioned Emergence：A Dissipative Structures Approach to Transformation〔J〕. Management Science, 2005（4）：924-927.

〔37〕McCarthy L P. Technology Management-a Complex Adaptive System Approach〔J〕. Journal of Technology Management, 2003, 25（8）：728-745.

[38] McDonald S, Roberts J. Growth and Multiple Forms of Human Capital in An Augmented Solow Model: A Panel Data Investigation [J]. Economics Letters, 2002, 1 (74): 271-276.

[39] Mirowski P. Markets Come to Bits: Evolution, Computation and Markomata in Economic Science [J]. Journal of Economic Behavior & Organization, 2007, 63 (2): 209-242.

[40] Mitchell M., Forrest S. Genetic Algorithms and Artificial Life [J]. Working Paper, 1993 (11): 72.

[41] Morrow J L, Sirmon D G, Hitt M A, Holcomb T R. Creating Value in the Face of Declining Performance: Firm Strategies and Organizational Recovery [J]. Strategic Management Journal, 2007 (28): 450-550.

[42] Nelson R R. Technology, Institutions and Economic Growth [M]. Boston: Harvard University Press, 2005: 11-33.

[43] Nelson R R. Why Do Firms Differ, and How Does It Matter [J]. Strategic Management Journal, 1991 (12): 61-74.

[44] Noori H. Implementing Advanced Manufacturing Technology: The Perspective of Newly Industrialized Country [J]. The Journal of High Technology Management Research, 2005, 8 (1): 11-20.

[45] Oktemgil M., Greenley G. Consequences of High and Low Adaptive Capability in UK Companies [J]. European Journal of Marketing, 1997, 8 (31): 445-466.

[46] Peltoniemi M. Preliminary Theoretical Framework for the Studyof Business Ecosystems [J]. Emergence: Complexity & Organization, 2006, 8 (1): 10-19.

[47] Perelson A S., Macken C A. Protein Evolution on Partially Correlated Landscapes [J]. Proceeding of National Academy of Science, 1995 (92): 9657-9661.

[48] Pierson P. Increasing Returns, Path Dependence, and the Study of Politics [J]. American Political Science Review, 2000, 94 (2): 251-267.

[49] Robertson D. A. The Complexity of the Corporation [J]. Human Systems Management, 2004 (23): 71-78.

[50] Rumelt R P. Inertia and Transformation [A] // Montgomery C A. Resource Based and Evolutionary Theories of the Firm: Towards a Synthesis [M]. Boston: Kluwer Academic Publishers, 1995: 101-132.

[51] Sanchez R. Strategic Flexibility in Product Competition [J]. Strategeic Manage-

ment Journal, 1995 (16): 135-159.

[52] Sarkis J, Sundarraj R P. Evolution of Brokering Paradigms in E-commerce Enabled Manufacturing [J]. International Journal of Production Economics, 2002, 75 (1-2): 21-31.

[53] Schumpeter, Joseph. Capitalism, Socialism and Democracy [M]. New York: Harper & Row, 1975: 45-46.

[54] Stacey K, MacGregor M. Learning the Algebraic Methodof Solving Problems [J]. Journal of Mathematical Behavior, 2000, 18 (2): 149-167.

[55] Teece D J, Pisano G. The Dynamic Capabilities of Firms: An Introduction [J]. Industrial and Corporate Change, 1994, 3 (3): 537-556.

[56] Tseng C Y. Technological Innovation and Knowledge Network in Asia: Evidence from Comparison of Information and Communication Technologies among Six Countries [J]. Technological Forecasting and Social Change, 2009, 76 (5): 654-663.

[57] Tuominen M, Rajala A, Moller K. Revising the Structural Framework for Marketing Management [J]. Journal of Business Research, 2004, 57 (5): 495-506.

[58] Vriend N J. An Illustration of the Essential Difference Between Individual and Social Learning, and Its Consequences for Computational Analyses [J]. Journal of Economic Dynamics and Control, 2000 (24): 1-19.

[59] Welch J J, Waxman D. The NK Model and Population Genetics [J]. Journal of Theoretical Biology, 2005 (234): 329-340.

[60] Winter S G. Understanding Dynamic Capabilities [J]. Strategic Management Journal, 2003, 24 (10): 991-995.

[61] Wolfgang T, Hermann H. The Functional Aspects of Self Organized Pattern Formation [J]. New Ideas in Psychology, 2007, 25 (1): 1-15.

[62] Wright S. The Roles of Mutation, Inbreeding Cross-breeding and Selection in Evolution [C]. Proceedings of the Sixth International Congress on Genetics, 1932, 1 (6): 356-366.

[63] Wu Z, Luo Y D. Keeping International Joint Ventures Profitable and Competitive: A Dynamic Capability Perspective [A]. Indianapolis, Indiana, USA: Academy of International Business (AIB) Conference, 2007.

[64] Zairi M. Measuring Success in AMT Implementation Using Customer -

Supplier Interaction Criteria [J]. International of Operations of Operations and Production Management, 1992, 12 (10): 34-35.

[65] Zott C. Dynamic Capabilities and the Emergence of Intraindustry Differential Firm Performance: Insights from a Simulation Study [J]. Strategic Management Journal, 2003 (24): 97-125.

[66] 班纳科克. 社会进化与生物进化 [M]. 钟复光译. 北京: 全国图书馆文献缩微中心, 2008: 22-34.

[67] 曹洋, 云涛. 基于自组织理论的民营科技企业内的生成长动力研究 [J]. 中国科技论坛, 2007 (1): 37-41.

[68] 陈传明, 陈松涛, 刘海建等. 企业组织刚性影响因素的实证研究 [J]. 南京社会科学, 2004 (5): 24-31.

[69] 陈劲, 王焕祥. 演化经济学 [M]. 北京: 清华大学出版社, 2008: 11-17.

[70] 陈敬贵. 企业演化机制研究 [D]. 成都: 四川大学博士学位论文, 2006.

[71] 陈禹. 复杂适应系统（CAS）理论及其应用——由来、内容与启示 [J]. 系统辩证学学报, 2001, 9 (4): 35-39.

[72] 戴园园, 梅强. 我国高新技术企业技术创新模式选择研究——基于演化博弈的视角 [J]. 科研管理, 2013, 34 (1): 3-10.

[73] 樊平毅. 随机过程理论与应用 [M]. 北京: 清华大学出版社, 2005: 33-39.

[74] 格雷姆·萨拉曼, 戴维·阿施. 战略与能力 [M]. 锁箭译. 北京: 中国人民大学出版社, 2005: 22-29.

[75] 龚光鲁, 钱敏平. 应用随机过程教程 [M]. 北京: 清华大学出版社, 2004: 12-14.

[76] 桂萍, 谢科范. 企业核心竞争力的生命周期 [J]. 科研管理, 2002 (3): 20-24.

[77] 郭炳发. 霍兰的复杂适应系统理论及其应用 [J]. 华中科技大学学报(社会科学版), 2004 (3): 70-71.

[78] 郭毅, 胡美琴, 王晶莺等. 组织与战略管理中的新制度主义视野: 理论评述与中国例证 [M]. 上海: 上海人民出版社, 2009: 33-36.

[79] 韩兵. 适应性企业战略生态位演变研究 [D]. 哈尔滨: 哈尔滨工程大

学博士学位论文，2011.

［80］韩凤晶，石春生. 新兴产业企业动态核心能力构成因素的实证分析——基于中国高端装备制造业上市公司的数据［J］. 中国软科学，2010（12）：166-175.

［81］韩凤晶，谭旭红，石春生. 企业家精神对企业动态核心能力影响的实证研究［J］. 哈尔滨理工大学学报，2009（8）：129-132.

［82］韩国文. 演化经济学视野下的金融创新［M］. 武汉：武汉大学出版社，2006：24-28.

［83］侯艳龙. 基于 CAS 理论的企业动态核心能力适应机制研究［J］. 经济师，2009（10）：248-249.

［84］黄春萍. 基于 CAS 理论的企业系统演化机制研究［D］. 天津：河北工业大学博士学位论文，2007：62-69.

［85］黄凯南. 现代演化经济学基础理论研究［M］. 杭州：浙江大学出版社，2010：41-55.

［86］黄敏镁. 基于演化博弈的供应链协同产品开发合作机制研究［J］. 中国管理科学，2010，18（6）：155-162.

［87］黄庆华，牛飞亮. 企业网络理论与新古典主义企业理论范式异同——基于演化经济学视角［J］. 南京社会科学，2010（2）：31-35.

［88］黄烨菁. 何为"先进制造业"？——对一个模糊概念的学术梳理［J］. 学术月刊，2010（7）：20-24.

［89］简兆权，毛蕴诗. 动态核心能力的形成及更新机制研究［J］. 科学学与科学技术管理，2003（7）：114-117.

［90］杰弗里. 制度与演化经济现代文选［M］. 北京：高等教育出版社，2005：33-36.

［91］金雪军，杨晓兰. 基于演化范式的技术创新政策理论［J］. 科研管理，2005（2）：55-60.

［92］库尔特. 演化经济学：纲领与范围［M］. 北京：高等教育出版社，2004：22-35.

［93］李春艳，刘力臻. 产业创新系统生产机理与结构模型［J］. 科学学与科学技术管理，2007（1）：50-55.

［94］李放，刘扬. 面向全球价值网络的中国先进制造模式动态演进与市政研究［J］. 北京交通大学学报（社会科学版），2011，10（1）：50-53.

[95] 李慧，崔茜茜. 对长三角先进制造业发展问题的研究 [J]. 上海经济研究，2008 (4)：52-60.

[96] 李锐. 企业创新自组织演化机制及环境研究 [D]. 哈尔滨：哈尔滨工业大学博士学位论文，2010.

[97] 理查德·R. 纳尔逊，悉尼·G. 温特. 经济变迁的演化理论 [M]. 北京：商务印书馆，1997：11-13，22-29.

[98] 梁广华. 企业动态核心能力的形成 [J]. 华东经济管理，2009，23 (1)：87-91.

[99] 梁桂川. 动态核心能力观简介 [J]. 现代管理科学，2006 (1)：28-30.

[100] 林婷婷. 产业技术创新生态系统研究 [D]. 哈尔滨：哈尔滨工程大学博士学位论文，2012：34-38.

[101] 刘尔琦. 探讨高科技企业整体式管理模式 [J]. 中国创业投资与高科技，2004 (5)：43-44.

[102] 刘刚. 企业成长之谜——一个演化经济学的解释 [J]. 南开经济研究，2003 (5)：9-14.

[103] 刘益，李垣，汪应洛. 柔性战略的理论、分析方法及其应用 [M]. 北京：中国人民大学出版社，2005：13-23.

[104] 刘治江. 学习与创新：企业核心能力的本源 [J]. 经济问题，2007 (3)：59-61.

[105] 卢珊，赵黎明. 基于协同理论的创业投资机构与科技型中小企业演化博弈分析 [J]. 科学学与科学技术管理，2011 (7)：121-123.

[106] 陆燕荪. 科研院所对于基础共性技术研究缺位 [C]. 2010 中国制造业高峰论坛论文集，2010.

[107] 吕君. 基于马尔科夫链的闭环供应链系统收益研究 [J]. 软科学，2010 (3)：122-126.

[108] 罗建强，韩玉启，李娜. 基于 Markov 链的供应链产品市场预测分析 [J]. 工业工程与管理，2007 (3)：13-15.

[109] 罗珉，刘永俊. 企业动态能力理论架构与构成要素 [J]. 中国工业经济，2009 (1)：75-79.

[110] 马旭东. 演化博弈论在制度变迁研究中的适应性分析 [J]. 中央财经大学学报，2010 (3)：78-82.

[111] 迈克尔·波特. 竞争论 [M]. 北京：中信出版社，2009：29-33.

［112］迈克尔·希特. 战略管理：概念与案例［M］. 北京：中国人民大学出版社，2009：10-32.

［113］牟绍波，任家华. 基于动态核心能力的产业集群持续竞争优势的获取［J］. 科技管理研究，2008（9）：268-270.

［114］潘安成，于水. 基于组织忘记的企业动态能力成因机理研究［J］. 管理学报，2009，6（5）：648-657.

［115］潘安成，邹媛春. 组织忘记、组织学习与企业动态能力［J］. 科研管理，2010，1（1）：34-37.

［116］裴新澎. 生物进化控制论［M］. 北京：科学出版社，1998：11-33.

［117］齐庆祝. 企业能力的维度、层次及层次演进研究［D］. 天津：天津大学博士学位论文，2004.

［118］钱辉. 生态位、因子互动与企业演化［D］. 杭州：浙江大学博士学位论文，2004.

［119］任佩瑜，林兴国. 基于复杂性科学的企业生命周期研究［J］. 四川大学学报（哲学社会科学版），2003（6）：35-39.

［120］任学锋，张威. 高端装备制造业核心能力的动态管理［C］. 新世纪现代工业工程国际会议，2001.

［121］商孟华. 基于演化范式的股票定价理论研究［D］. 济南：山东大学博士学位论文，2007.

［122］尚会永. 企业演化的一般理论结构［J］. 当代经济研究，2007（6）：42-45.

［123］申亮. 我国环保监督机制问题研究：一个演化博弈理论的分析［J］. 管理评论，2011，23（8）：46-51.

［124］盛昭瀚，蒋德鹏. 演化经济学［M］. 上海：上海三联书店，2002：8-10.

［125］苏屹，李柏洲. 区域创新系统生命周期演化的动力要素研究［J］. 科学学与科学技术管理，2009（6）：104-109.

［126］孙冰，李柏洲. 企业技术创新动力系统的耗散结构研究［J］. 生产力研究，2006（9）：244-246.

［127］孙冰. 企业自主创新动力系统的协同论解释［J］. 商业经济与管理，2008（4）：33-37.

［128］孙锐，赵大丽. 动态联盟知识共享的演化博弈分析［J］. 运筹与管理，2009（1）：92-96.

［129］谈正达，王文平，谈英姿.产业集群的知识共享机制的演化博弈分析［J］.运筹与管理，2006（2）：56-59.

［130］汤临佳.企业集群适应能力演进研究［D］.杭州：浙江工业大学博士学位论文，2011.

［131］王琛，徐波，阎海燕.创新惯例为基础的产业集群知识积累机制研究［J］.科学管理研究，2010（6）：75-78.

［132］王焕祥，孙雯，段学民.改革开放30年我国区域创新系统的演化特征及动力分析［J］.科学学与科学技术管理，2008（12）：44-47.

［133］王丽华.谈企业动态核心能力的构建［J］.企业家天地，2010（4）：11-12.

［134］王永贵，张玉利，杨永恒，李季.对组织学习、核心竞争能力、战略柔性与企业竞争绩效的理论剖析与实证研究——探索中国企业增强动态竞争优势之路［J］.南开管理评论，2003（4）：54-60，80.

［135］吴光飙.企业发展的演化理论［M］.上海：上海财经大学出版社，2004：22-28.

［136］吴价宝.基于组织学习的企业核心能力形成机理［J］.中国软科学，2003（11）：48-50.

［137］吴明隆.结构方程模型——AMOS的操作与应用［M］.重庆：重庆大学出版社，2010：33-39.

［138］吴裕明，蒋文辉.论高新技术企业动态核心能力形成与更新机制［J］.佛山科学技术学院学报，2008（9）：47-51.

［139］吴裕明，焦蒋文辉.论高新技术企业动态核心能力形成与更新机制［J］.佛山科学技术学院学报（社会科学版），2008，26（5）：47-52.

［140］武建龙，王宏起.企业动态核心能力识别方法及实证研究［J］.科技进步与对策，2011（2）：6-9.

［141］夏炜，蔡建峰.企业竞争优势的演化——基于惯例的视角［J］.科学学与科学技术管理，2008（11）：164-168.

［142］项保华.战略管理——艺术与实务［M］.上海：复旦大学出版社，2007：1-9.

［143］肖高，刘景江.先进制造企业自主创新能力提升：关键土建与案例研究［J］.研究与发展管理，2007，28（3）：14-17.

［144］肖高.先进制造企业自主创新能力结构模型及与绩效关系研究［D］.

杭州：浙江大学博士学位论文，2007：32-44.

[145] 谢洪明，薛寒飞，程昱，蓝海林. 文化、学习及创新如何影响核心能力——华南地区企业的实证研究 [J]. 管理评论，2007，19（10）：43-49.

[146] 邢以群，张睿鹏. 企业惯例演化过程及其机理探讨 [J]. 经济论坛，2005（19）：73-75.

[147] 熊彼特. 经济发展理论 [M]. 何胃等译. 北京：商务印书馆，1990：25.

[148] 徐东升，周伟华. 基于马尔科夫决策过程的货物流的配给策略 [J]. 管理工程学报，2009（4）：142-147.

[149] 徐建中，王莉静. 基于自我分类理论的企业生态化发展模式研究 [J]. 科技进步与对策，2009，12（23）：113-115.

[150] 许国志. 系统科学 [M]. 上海：上海科技教育出版社，2000：32-49.

[151] 杨勇华. 论基于演化范式的创新型区域建设政策 [J]. 广东行政学院学报，2010（1）：71-75.

[152] 杨勇华，吴有根. 基于演化范式的技术创新动力机制研究 [J]. 当代经济管理，2009（12）：1-3.

[153] 伊丹敬之. 经营战略的内在逻辑 [M]. 北京：中国审计出版社，1992：1-6.

[154] 易法敏，樊胜，左美云. 核心刚性与动态核心能力 [J]. 经济问题探索，2005（6）：66-69.

[155] 俞海宏，黄志伟. 先进制造业基地的先进性因素分析 [J]. 中国水运（理论版），2006，8（8）：120-121.

[156] 俞荣建. 基于共同演化范式的代工企业 GVC 升级机理研究与代工策略启示——基于二元关系的视角 [J]. 中国工业经济，2010（2）：16-25.

[157] 袁以美. 马尔科夫模型在汽车市场预测中的应用 [J]. 企业经济，2008（3）：112-114.

[158] 约翰·福特斯. 演化经济学前沿 [M]. 北京：高等教育出版社，2005：21-45.

[159] 韵江，菊蕾. 管理变异与新战略发动——基于战略演化的视角 [J]. 财经问题研究，2009（2）：29-36.

[160] 张保胜. 创新网络治理、动态嵌入与 GVC 升级——以先进制造业为例 [J]. 技术经济与管理研究，2011（3）：39-42.

[161] 张铁男，韩兵，张亚娟. 基于 B—Z 反应的企业系统协同演化模型

[J]．管理科学学报，2011，14（2）：42-52.

[162] 张铁男．适应性企业战略管理 [M]．北京：中国发展出版社，2006：23-25.

[163] 张铁男，张亚娟，韩兵．种群学习环境下的企业变革研究 [J]．科学学与科学技术管理，2009（9）：158-162.

[164] 张文修，梁怡．遗传算法的数学基础 [M]．西安：西安交通大学出版社，2003：22-24.

[165] 张昀．生物进化 [M]．北京：科学出版社，1998：1-9.

[166] 张知彬．进化与生态复杂性 [M]．北京：海洋出版社，2002：115-118.

[167] 赵建华，焦晗．装备制造业企业技术集成能力及其构成因素分析 [J]．中国软科学，2007（6）：75-80.

[168] 浙江大学企业成长研究中心．企业成长升级"解码" [M]．北京：社会科学文献出版社，2009：33-44.

[169] 郑锦荣，徐福缘．基于技术创新能力的先进制造企业市场表现研究 [J]．研究与发展管理，2009，21（6）：44-49.

[170] 郑筱芸．动态能力之前置因素与后续效果之探讨 [D]．台北：东华大学企业管理研究所，2005（6）.

[171] 周轶昆．基于厂商学习的产业创新机制 [D]．广州：暨南大学博士学位论文，2007：11-23.

[172] 周玉泉，李垣．合作学习、组织柔性与创新方式选择的关系研究 [J]．科研管理，2006，27（2）：9-14.

[173] 朱海就．知识创新：论先进制造业基地建设 [J]．科技进步与对策，2006（10）：108-110.